묵자에게 배우는 처세술

묵자에게 배우는 처세술

초판 1쇄 2014년 7월 31일

지은이 | 노학자
옮긴이 | 고예지
펴낸이 | 채주희
펴낸곳 | 해피 & 북스

서울시 마포구 신수동 448-6
대표전화 (02)6401-7004 팩스 (02)323-6416

출판등록 제 10-1562호(1985. 10. 29)

© 2014 by Elman Publishing Co. 2014, Printed in Korea

ISBN 978-89-5515-540-2
값 13,800원

저자와 협의하여 인지를 생략함.

*무단 전재 및 복제는 금합니다.
*잘못된 책은 바꾸어 드립니다.

적을 내 편으로
만들어라!

동양철학에서 배우는 인문학

묵자(墨子)에게 배우는 처세술

노학자 지음 | 고예지 옮김

해피&북스

차례

머리말 · 08
묵자의 일생 · 12

| 01 | 남에게 너그럽고, 자신에게 엄격하라 · 17
| 02 | 남의 의견을 겸허하게 받아들이라 · 24
| 03 | 인재를 잘 활용하라 · 29
| 04 | 군자가 갖춰야 할 네 가지 성품 · 36
| 05 | 말과 행동이 같아야 한다 · 42
| 06 | 친구를 잘 선택하라 · 48
| 07 | 규범을 지키라 · 54
| 08 | 뿌린 대로 거둔다 · 59
| 09 | 경영자의 일곱 가지 재앙 · 65
| 10 | 앞날에 대비하는 사람만이 성공한다 · 72

| 11 | 절제 있는 생활을 하라 • 78
| 12 | 작은 것을 위해 큰 것을 버리지 말라 • 83
| 13 | 인재를 회유하고 단결시키는 전략 • 90
| 14 | 상벌을 확실히 구분하여 활용하라 • 99
| 15 | 겸애의 마음을 가지라 • 105
| 16 | 재주 있는 사람은 능력을 함부로 드러내지 않는다 • 114
| 17 | 근검절약을 생활화하라 • 122
| 18 | 악행은 절대 해선 안 되며, 선행은 결코 게을리 하지 말라 • 129
| 19 | 자신감, 자립심, 자기단련 • 135
| 20 | 부모님께 효도하라 • 143

| 21 | 신뢰받는 사람이 되라 ········· • 150

| 22 | 원칙 있는 삶을 살라 ··········· • 157

| 23 | 현실에 안주하지 말고 꾸준히 노력하라 ······ • 165

| 24 | 상대의 장점을 배우고 자신의 단점을 보완하라 ···· • 172

| 25 | 아는 것이 힘이다 ············ • 179

| 26 | 돈을 위해 일하지 말라 ·········· • 186

| 27 | 매사에 신중을 기하라 ·········· • 195

| 28 | 능력을 기준으로 인재를 선발하라 ······ • 202

| 29 | 어질고 올바른 마음가짐을 기르라 ······ • 208

| 30 | 과감하게 자신의 길을 걸어가라 ······· • 216

| 31 | 적극적이고 능동적으로 행동하라 • 222
| 32 | 형식에 지나치게 얽매이지 말라 • 228
| 33 | 전진을 위한 후퇴는 현명한 선택이다 • 235
| 34 | 남을 바로잡고자 한다면 먼저 자신을 바르게 하라 • 242
| 35 | 다른 사람의 충고에 귀 기울이라 • 248
| 36 | 도에 어긋나지 않게 재물을 구하라 • 254
| 37 | 세상에 우연한 성공은 없다 • 261
| 38 | 겉만 보고 판단하지 말라 • 268
| 39 | 우선순위를 정하고 효율적으로 행동하라 • 275
| 40 | 맡은 바 최선을 다하라 • 282

머리말

묵자의 이름은 적翟이며, 전국 시대의 유명한 사상가, 정치가, 군사가, 교육자이자 묵가학파의 창시자이다. 송宋나라 사람이며, 말년에는 노魯나라에 은거한 것으로 알려져 있다.

묵자는 평민계급에 속하는 공인(수공업자)이었으나, 자기 스스로를 천민이라고 칭했다. 그는 한때 유학儒學을 공부했으나, 번거롭고 어려운 예절禮과 과도한 장례의식 등이 백성들을 가난하게 만든다고 생각하게 된 후에는 유학을 버리고 스스로 새로운 학파를 세웠다.

묵자는 '겸애兼愛', '비공非功', '상동尙同,' '절용節用', '절장節葬', '비락非樂', '천지天志', '명귀明鬼', '비명非命' 등 사상을 주장했으며 그중에서도 특히, '겸애兼愛', '비공非功'을 중심으로 한 '절용節用'과 '상현尙賢'의 기본사상을 강조했다.

묵자는 자신의 사상이론을 널리 알리기 위해 많은 제자들을 받아들였으며, 그 자신 역시 많은 곳을 유람하며 사상을 전파했다. 수백에 달하는 묵자의 제자들은 정鄭, 위魏, 초楚, 월越 등 여러 나라에 그들의 행적을 남겼다. 당시 백성들은 제薺, 노魯, 송宋나라 등 지역에서 활동하던 묵자의 제자들을 가리켜 동방의 묵자라 불렀으며, 초와 월나라에서 활동했던 제자들을 가리켜 남방의 묵자라 불렀다. 특히, 진秦나라에서는 묵가세력이 가장 강력한 세력을 형성했다. 묵자의 사상은 대부분 당시 통치자들로부터 크게 환영받았다. 이로써 묵가는 전국 시대의 주요한 학파 중의 하나이자, 유가와 함께 저명한 학파로 칭송을 받았다.

  묵가사상은 방대할 뿐만 아니라, 그 사상의 발자취 역시 무질서하고 번잡한 상황이다.『순자荀子』,『한비자韓非子』,『장자莊子』,『여씨춘추呂氏春秋』,『회남자淮南子』등에도 각기 묵자에 관한 기록이 있지만, 대다수는『묵자』에 기록되어 전승되고 있다.

『묵자』는 묵가사상의 결정체이다. 『한서漢書』「예문지禮文志」에서는 『묵자』가 본래는 71편이었으나, 그중 18편이 유실되어 현재는 15권으로 구성된 53편만이 전해질 뿐이라고 적고 있다. 학계에서는 일반적으로 『묵자』를 묵자 본인이 집필한 것이 아닌, 훗날 그 제자들에 의해 완성된 저작으로 보고 있다. 『묵자』에는 묵자의 모든 사상이 총체적으로 수록되어 있다.

묵자의 박학다식함은 그의 저서에 충분히 드러나 있다. 『묵자』에 담긴 치밀하고 상세한 묵가의 가르침은 정치, 군사, 경제, 철학, 윤리, 논리, 과학기술 등 다양한 분야에서 폭넓게 활용되고 있으며, 그들 분야의 발전에도 크게 기여했다. 또한 현대인들이 묵자와 묵가사상을 연구하는 중요한 자료를 제공하고 있다.

이 책은 『묵자』 원전의 핵심이론들을 엄선하여 현대적 관점에 맞추어 새롭게 재해석한 것이다. 각 장마다 이론적인 설명과 함께,

머리말

동서고금을 막론하여 그의 이론을 가장 잘 나타낼 수 있는 이야기를 중심으로 구성되었다. 이 책이 독자들로 하여금 묵자의 지혜를 깨우치는 데 큰 도움이 되리라 믿는다.

노학자
2007년 봄, 베이징의 도서관에서

> 묵자의 일생

선진先秦시대 최고의 사상가

『사기史記』「맹자순경열전孟子荀卿列傳」에서는 묵자에 관해 다음과 같이 기록하고 있다.

"묵적은 송나라 대부大夫이다. 성城을 지키며 싸우는 솜씨가 뛰어났으며, 절약을 주장했다. 어떤 이들은 그가 공자孔子와 같은 시대 사람이라고도 하고, 또 어떤 이들은 그가 공자 이후의 사람이라고 말하기도 한다."

묵자의 생애에 관한 논의는 지금까지도 계속되고 있다. 근대 이후부터는 묵자를 기원전 476년에서 기원전 390년 전후의 사람으로 보는 것이 가장 일반적이다. 학계 일부에서는 묵자가 본래는 송나라 사람이지만, 말년에 노魯나라에 은거했다고 주장하는 목소리도 있다. 그래서 묵자를 노魯나라 사람으로 보는 학설도 있다.

묵자는 신분이 높지 않았다. 일부 학자들은, "위로는 왕을 섬길 일이 없고, 아래로는 밭을 갈아 농사지을 어려움이 없다"라는 구절을 근거로 묵자가 수공업에 종사하던 지식인이었다고 주장한다.

그리고 바로 이 같은 출신배경이 절약과 노동, 의지단련을 강조하는 묵가사상의 밑바탕이 되었다. 묵자는 "양量만큼만 먹고 몸만큼만 입는 절약과 검소함을 실천하기 위해" 검소한 음식을 먹고, 거친 천으로 만든 옷을 입고 나막신을 신고 생활했다.

묵자는 배우는 것을 좋아하여 여러 분야에 두루 지식을 쌓았다고 한다. 『사기』에서는 묵자에 관해 다음과 같이 기록했다.

"유가의 학설을 배웠으며, 공자의 영향을 받았다."

그는 평생 천하를 유랑하며 많은 발자취를 남겼다. 북쪽으로는 제齊나라, 서쪽으로는 위韋나라로 제자를 보냈으며, 또한 유세를 위해 여러 차례 초楚나라를 찾았다. 초년에는 영(郢, 초나라의 도성)에 머물렀으며, 말년에는 노양(魯陽, 초나라의 읍, 지금의 허난성 루산현)에 기거했다. 월越나라에도 가고자 했으나 그 결과는 알 수 없다.

묵자의 사상과 그 행적은 대다수가 『묵자』에 기록되어 있다. 『묵자』는 그 내용 자체에도 깊이가 있을 뿐만 아니라, 그 내용이 활용될 수 있는 분야 또한 정치, 군사, 철학, 윤리, 논리학, 과학기술 등에 이르기까지 광범위하다. 때문에 『묵자』는 오늘날 학자들이 묵가사상을 연구하는 중요한 자료로 사용되고 있다. 그중에서도 송宋나라를 침공한 초楚나라를 막아낸 묵자의 일화는 잘 알려져 있다.

초나라가 송나라를 공격하고자 했다. 이에 당시 유명한 기술자 공수반에게 성城을 공격하기 위한 구름사다리를 만들어 줄 것을 부탁했다. 이 소식을 접한 묵자는 곧 금활禽滑에게 자신이 제작한 성을 수비하는 기기와 300명의 제자들을 이끌고 송나라를 지켜줄 것을 선언했다. 뿐만 아니라, 직접 초나라를 찾아가 생명의 위험을 무릅쓰고 초나라 왕과 공수반을 설득했다. 결국, 묵자의 활약으로 초나라와 송나라는 전쟁을 면할 수 있었다.

묵자는 자신의 제자들이 여러 나라의 정치 일선에서 활동하면서 묵가사상을 전파하게 했다. 그러나 이는 명예나 업적을 위한 것이 아니라, 오로지 세상에서 이로운 것을 일으키고 해로운 것을 제거

> 묵자의 일생

하기 위함이었다. 묵가의 제자들은 약소국들을 외부의 침략으로부터 지켜내는 것을 천하를 위한 자신들의 의무라고 믿었다.

『묵자』에 기록된 묵자의 마지막 일화는 그가 노魯나라 양문군陽文君을 설득하여 정鄭나라를 전쟁의 위협에서 구해냈다는 내용이다. 이때 이미 그의 나이가 80세를 넘었으며, 이후의 행적에 대해서는 더 이상 기록된 바가 없다.

역사학자인 첸무錢穆는 묵자가 초나라 노양魯陽에서 생을 마감했다고 보고 있다. 실제로도 노양현에는 묵자의 말년 행적을 보여주는 증거들이 많이 발견되고 있다. 전해 내려오는 바에 따르면, 묵자는 말년에 노양의 흑은사黑隱寺란 곳에 은거했으며, 죽은 후에는 그 부근의 묵자동墨子洞에 장사지냈다고 한다. 노양현에서는 지금까지도 묵자가 남천문南天門 산봉우리에서 신선이 되었다고 믿고 있는 사람들도 있다. 비록 신화 같은 이야기들이지만, 그곳에는 묵자 말년의 행적을 알 수 있는 실마리가 숨겨져 있을지도 모른다.

남에게 너그럽고, 자신에게 엄격하라

> "군자자난이이피 君子自難而易彼, 중인자이이난피 衆人自易而難彼"
>
> 묵자 · 친사 親士
>
> 보통 사람들은 자신에게 너그럽고 남에게 엄격하다. 그러나 군자는 오히려 자신에게 엄격하고 남에게 너그러움을 베푼다.
> "남에게 너그럽고 자신에게 엄격하라"라는 가르침을 통해, 자신을 반성하고 돌아보며 스스로를 단속할 수 있다. 이것은 사람들이 갖춘 포용력과 교양, 그리고 마음가짐을 표현하며, 그 인생의 경지를 보여 준다. 이 지구상에서 가장 넓은 면적을 차지하는 것은 바다이며, 그 바다보다 더 광활한 것이 하늘이다. 그러나 이들보다 더욱 광활한 존재가 있으니, 그것이 바로 너그러운 인간의 마음가짐이다.

"남에게 너그럽고 자신에게 엄격하라"라는 가르침은 가장 기본적인 인간의 도리 중의 하나이다. 특히 오늘날과 같이 화합을 강조하는 세계에서 이 가르침은 작게는 인간관계에서부터 크게는 사회전체에 이르기까지 함께 살아가는 사회의 완성을 실현시키기 위한 유일한 방법일지도 모른다.

「친사」에는 이런 말이 있다.

"사람들이 보통 자신에게는 너그럽고 남에게 엄하지만, 군자는 오히려 자신에게는 엄격하고 남에게 너그럽다는 뜻이다. 군자는 자신이 어떤 상황에 처하더라도 결코 자신이 세운 뜻과 의지를 쉽게 바꾸지 않는다. 군자는 어떤 사람과 함께 있어도 절대로 남을 원망하는 마음을 품지 않으며, 항상 자신의 신념을 믿는다. 그러므로 스스로 나서서 어려운 일을 하는 사람은 반드시 자신의 목표를 달성할 수 있으나, 자신이 하고 싶은 일만을 하는 사람은 미움받기 쉽다."

이러한 묵자의 가르침은 원만한 인간관계와 성공적인 사업, 그리고 조화로운 사회생활을 영위하기 위해 우리가 반드시 본받아야 할 태도이다.

"자신을 엄하게 다스린다"라는 말은 곧 자신에 대해 높은 기대치를 가지는 것이다. 이를 실천하기 위해서는 다른 사람들에게 상처 주는 말이나 행동을 하지 않도록 항상 주의하고, 문제가 생기면 적극적으로 나서서 책임지며, 스스로에 대해 객관적으로 평가하고 반성하는 태도를 갖추어야 한다. 군자는 어려운 상황 속에서도 묵묵히 힘든 일을 도맡아 해결한다.

또한, "남에게 너그럽게 대한다"라는 것은 상대에게 잘못이 있을지라도 그를 원망하지 않는다는 뜻이다. 즉, 남에게 지나친 기대를 하지 않고 최대한 그의 결점과 잘못을 이해하고 수용하려는 자세이다. 남의 단점을 비난하기보다, 그의 장점을 더욱 크게 발휘할 수 있도록 도와주는 태도를 지녀야 한다.

전국 시대, 세력이 강성했던 진秦나라는 약소국들을 괴롭히며 횡포를 부렸다. 그러나 조趙나라는 인상여藺相如의 도움으로 진나라의 모욕과 괴롭힘에서 무사히 벗어날 수 있었다. 이에 조나라 혜문왕은 인상여에게 대장군 염파廉頗보다 높은 상국相國의 벼슬을 내렸다. 염파는 본래 조나라의 명장으로서, 조나라를 위해 수많은 공을 세운 인물이었다. 인상여가 자신보다 더 높은 벼슬에 봉해졌다는 소식을 접한 염파 장군은 크게 분노했다.

"인상여를 만나게 되면 반드시 망신을 주고 말 것이다. 어디 그가 내게 어떻게 맞설 수 있는지 볼 것이다!"

이 말을 전해들은 인상여는 염파와 마주치지 않기 위해 일부러 그를 피해 다니기 시작했다. 그리고 집안의 아랫사람들에게 또한 염파의 집 사람들을 보면 반드시 양보하고 피할 것을 거듭 당부했다. 그러자 인상여의 아랫사람들은 그를 두고 염파가 두려워 감히 정면으로 맞서지 못한다고 비난하기 시작했다. 어느 날, 그는 아랫사람들을 모아 놓고 이렇게 말했다.

"내가 소양왕도 두려워하지 않았는데, 하물며 염파 장군을 두려워하겠느냐? 지금 진나라가 쉽게 우리를 공격하지 못하는 것은 염파 장군과 내가 안팎으로 지키고 있기 때문이다. 내가 두려운 것은 진나라가 우리 둘 사이의 반목을 눈치 채면, 행여 그것이 나라의 안위에 해를 미치지 않을까 하는 것뿐이다! 그렇다면 나라의 운명과 나 개인의 체면 중, 무엇이 더 중요한가 생각해 보거라."

이 말을 전해들은 염파는 부끄러움에 몸 둘 바를 몰랐다. 그는 곧 윗옷을 벗고 싸리나무를 짊어진 채 인상여를 찾아가 용서를 구했다. 이는 벌을 달게 받아 사죄하겠다는 의미였다. 그 이후, 인상여와 염파는 생사를 같이 하는 절친한 벗이 되었고, 그들이 뜻을 같이하여 진나라로부터 나라를 지켜낼 수 있었다.

오늘날까지 전해지는 인상여와 염파 장군의 이야기는 바로 자신에게 엄격하고 남에게 너그러움을 베풀 것을 권하는 모습을 잘 보여주고 있다.

묵자는 「친사」에서 자신에게 엄격할 것을 강조하며 이 같은 말을 남겼다. 세상에는 편안하게 지낼 곳이 없는 것이 아니라, 자신의 마음에 평안함이 없기에 안식처가 없는 것이며, 만족할 만한 재산이 없는 것이 아니라, 자신이 가진 것에 만족하지 못하는 것뿐이다. 또한 「친사」 이외에도 여러 부분에서 남에게 너그러움을 베풀 것을 강조했다. "남에게 너그러움을 베푸는 정신"은 곧 묵가사상의 핵심이라 할 수 있는 겸애兼愛와 비공非攻 사상의 본질이기도 하다.

매일같이 각양각색의 사람들과 부딪히며 살아가는 현대 사회인들은 때때로 남에게 부탁을 해야 하거나 혼자 힘으로 문제를 해결해야 하는 상황과 맞닥뜨리게 된다. 우리는 그 사람의 언행과 행동 그리고 다른 사람들을 대하는 태도를 통해 그의 교양수준을 충분히 짐작할 수 있으며, 그가 조직에 잘 융합될 수 있는 사람인가의 여부를 판단할 수 있다. "사심이 없으면 천지가 넓고, 사람이 구함이 없는 경지에 이르면 품위가 저절로 높아진다"는 옛 선인들의 말처럼, 사람은 '나'라는 벽을 넘어섰을 때 비로소 남에게 너그럽고 스스로에게 엄격할 수 있다. 이 가르침을 잘 실천하면 우리를 원만하고 조화로운 인간관계와 도덕함양의 길로 이끌 것이다.

역사에서 배우기

저우언라이周恩來 총리는 생전에 오랫동안 불문율처럼 지켜왔던 열 가지의 규범이 있었다.

첫째, 자녀들이 할 일을 뒷전으로 미루면 그를 만나러 오는 것을 금지했다. 때마침 근처에 일이 있어 들렀을 경우만을 예외로 허락했을 뿐이었다.

둘째, 그를 찾아오는 이는 모두 일률적으로 국무원 내의 호스텔에 머무른다.

셋째, 식당에서는 반드시 줄을 서서 차례대로 식사해야 한다. 직장이 있는 사람인 경우, 직접 식권을 구입하여 식사해야 하며, 무직자인 경우에는 저우周 총리가 대신 식권을 구입해 준다.

넷째, 공연을 관람할 경우, 반드시 입장권을 구입하여 관람한다. 절대로 초대권을 사용하지 않는다.

다섯째, 결코 남을 대접하거나 선물을 보내지 않는다.

여섯째, 국가소유의 차량을 사적으로 이용하지 않는다.

일곱째, 자기 힘으로 할 수 있는 일은 절대로 남에게 시키지 않는다.

여덟째, 고되고 소박한 생활을 한다.

아홉째, 장소를 막론하고 결코 총리와의 관계를 밝혀서는 안 되며, 더욱이 그것을 자신의 과시욕을 만족시키는 수단으로 사용해선 안 된다.

열째, 사익私益을 꾀하지 말며, 특권계층을 조성하지 않는다.

저우 총리가 만든 열 가지 규범은 그의 청렴결백함과 자신을 단속하는 절제된 성품을 있는 그대로 보여 준다. 그는, "인간에게는 반드시 결점이 있다. 세상에 완벽한 인간은 없으며, 앞으로도 그런 인간은 영원히 없을 것이다"라는 말을 좌우명으로 삼았다. 그는 항상 부지런하고 성실했으며, 자신을 단속하여 실수를 최소한으로 줄이고자 노력했던 인물이었다. 그는 이렇게 스스로를 엄격하게 대했지만, 남들에게는 오히려 한없는 관대함을 베풀었다.

하루는 이발사가 저우 총리에게 면도를 하고 있을 때였다. 총리의 갑작스런 기침소리에 놀란 이발사가 그만 총리의 얼굴에 상처를 내고 말았다. 당황한 이발사는 어쩔 줄 몰라 했다. 그러나 저우 총리는 너그러운 목소리로 이렇게 말했다.

"자네 잘못이 아닐세. 내가 기침하기 전에 내색이라도 했어야 했네. 내가 갑자기 움직였는데 자네가 그걸 어떻게 알겠는가?"

자신에게는 엄격하지만, 남에게는 관대함을 베풀 줄 알았던 저우 총리의 태도는 그의 고매한 인격과 굳은 절개를 잘 보여 준다. 그리고 또한 인간적인 매력을 지닌 위대한 한 시대의 지도자의 이미지를 완성시켰다.

자신에게 엄격하고 남에게 관대한 태도는 인간관계 속에서 발생하는 불필요한 마찰과 분쟁을 줄여줄 수 있는 '삶의 윤활제'이다. 이 같은 처세법은 자신의 삶에 큰 힘을 더해 줄 수 있다. 관대함은 상대방을 이해하는 마음에서부터 비롯된다. 객관적으로 남을 평가하는 과정을 통해, 그 안에서 우리는 자신의 부족함을 깨달을 수 있다. 동시에 이 같은 태도는 상대 역시 나의 부족함을 관대하게 받아들이고 이해할 수 있도록 인도한다. 이것이 바로 지식과 교양을 겸비한 사람들의 모습이다.

군자는 남의 험담을 들어도 묻지 않으며, 남을 비난하거나 공격하는 말은 입 밖에 내지 않는다. 또한 남을 해치려는 생각을 마음에 품지 않는다.

묵자·수신

남의 의견을 겸허하게 받아들이라

"강하불오江河不惡, 소곡지만기야小谷之滿己也, 고능대故能大.
성인자사무사야聖人者事無辭也, 물무위야物無違也,
고능위천하기故能爲天下器."

묵자 · 친사親士

장강과 황하는 작은 시냇물이 자기에게 흘러들어와 가득 차는 것을 싫어하지 않았기에 큰 강이 되었다. 성인은 일을 거절하지 않으며, 남의 의견을 수용할 줄 안다. 그러므로 세상이 필요로 하는 인재가 될 수 있는 것이다.

세상에는 순수한 100%의 금도, 완벽한 사람도 존재하지 않는다. 사람마다 제각기 장단점이 있기 마련이다. 그러므로 남이 나의 장점을 지적할 때에는 그 충고를 겸허한 태도로 수용할 수 있어야 한다. 이것이 가능해질 때, 인간은 자신의 부족함을 보완해 가며 성장할 수 있다.

묵자는 이렇게 말했다.

"황하와 장강은 작은 시냇물이 흘러들어 옴을 싫어하지 않았기 때문에 더 큰 규모의 강이 될 수 있었고, 옛 성현들은 남의 의견을 수용하는 태도를 갖추었기에 큰 인물이 될 수 있었다"

그러나 그로부터 이천 년이 지난 오늘날 우리 사회에는 이 같은 묵자의 가르침을 거스르는 이들이 점점 더 늘어나고 있다.

그들은 자신의 좁은 사고에만 갇혀서 스스로를 가장 완벽한 존재로 착각하고 의기양양해 한다. 그들이 다른 사람의 의견이나 생각, 충고를 대할 때 가장 먼저 보이는 반응은 배척과 제압 그리고 거절이다. 이처럼 자기중심적인 처세법은 원만한 인간관계와 의사소통을 방해하며, 결국은 그 자신의 발전과 성장에도 악영향을 미친다. 묵자와 그 제자 경주자耕柱子의 일화는 이들에게 새로운 깨달음의 실마리를 전해 줄 수 있을 것이다.

경주자는 한 시대를 풍미했던 최고의 사상가 묵자가 가장 총애했던 제자였지만, 또한 그로부터 가장 꾸지람을 많이 듣던 제자이기도 했다. 때문에 경주자는 늘 억울하다는 생각을 떨쳐 버릴 수 없었다. 다른 사람들은 모두 자신의 뛰어남을 인정하는데, 유독 묵자만이 자신을 꾸짖는다는 사실은 그의 자존심을 상하게 할 수밖에 없었다. 어느 날, 경주자가 묵자에게 자신의 불만을 털어놓았다.

"스승님, 수많은 제자들 가운데에 왜 유독 저만 꾸짖으십니까? 제가 다른 제자들에 비해 그렇게 많이 부족한 것입니까?"

이에 묵자가 되물었다.

"지금 태행산太行山을 오르려 한다면, 너는 내게 좋은 말이 끄는 마차를 권하겠느냐, 아니면 늙은 소가 끄는 우차를 권하겠느냐?"

"아무리 우둔한 사람이라 해도 마차를 탈 것입니다."

"우차를 타지 않는 이유가 무엇이냐?"

"이유는 간단합니다. 좋은 말은 충분히 중책을 맡겨 부릴 만하기 때문입니다."

묵자가 말했다.

"바로 그렇다. 내가 항상 너를 꾸짖고 바로잡아 주려는 것 역시 네가 충분히 중임을 맡길 만한 인재이기 때문이다."

이 일화는 겸허한 자세로 상대방의 의견을 수용하여 자기발전을 도모하라는 교훈을 주고 있다.

자신이 한 일에 대해 부족함이나 잘못을 지적해 줄 수 있는 누군가가 있다는 사실은 대단한 행운이다. 상대방이 어떤 의도를 가지고 지적했는지, 그 비평을 받아들일 것인지 하는 문제는 중요하지 않다. 그 과정을 통해 그는 최소한 자신의 부족한 점을 바로잡을 수 있는 기회를 갖게 되기 때문이다. 오히려 어떤 이의 잘못에 대해 그 주위의 사람들이 관심조차 없다면, 그는 자신이 옳다는 착각에 도취되어 아무것도 깨닫지 못할 것이다. 이것이야말로 가장 큰 비극이다.

따라서 의견을 제안하거나 평가하는 입장에 서게 될 경우, 반드시 객관적이고 겸허한 태도로 상대방의 의견을 수용해야 한다. 또한 자신이 제시한 의견이나 평가에 대해 아무런 의견도 나오지 않는다면, 오히려 스스로 나서서 적극적으로 남들의 의견을 구해야 한다. 어진 사람은 어질다고 보고, 지혜로운 사람은 지혜롭다고 본다고 했다. 같은 대상에 대해서도 사람마다 각기 다른 의견을 가지고 있다. 그러므로 그 각각의 뛰어난 점을 수용할 수 있다면, 우리는 문제의 핵심을 정확히 파악하고 해결할 수 있을 것이다.

역사에서 배우기

중국의 삼협三峽댐 건설이 성공했을 당시, 어느 기자가 상하양원 원사이자 삼협공정개발총공사三峽工程開發總公司의 기술위원회 주임 판자정潘家錚에게, "삼협공정 성공에 가장 크게 공헌한 인물은 누구입니까?"라는 질문을 던졌다. 이때, 판자정은 한 치의 망설임도 없이 다음과 같이 말했다.

"삼협공정에 대해 수없이 반대의견을 제기했던 사람들이야말로 이 사업을 성공으로 이끈 최고의 공헌자들입니다."

그는 반대의견을 가진 사람들이 제기했던 문제들이야말로 오늘날 삼협공정의 성공을 탄생시킨 주역이라고 믿었다. 즉, 사업지원을 위한 국력의 충분성, 해당지역 주민들의 이주 문제, 생태계 보호, 문화재 보호 등 반대자들이 제기했던 수많은 문제점들이 있었기에, 삼협공정은 더 많은 사항들을 고려하고 배려하는 과정을 통해 완성될 수 있었음을 말하는 것이다. '반론反論과 이견異見'의 존재가치와 의의는 바로 여기에 있다.

외국에서는 대규모 정책을 추진하기에 앞서 그 분야의 전문가들을 중심으로 한 비평회를 개최하는 경우가 많다. 다양한 관점에서 제기되는 문제점들을 통해 정책의 취약점을 보완하기 위함이다. 이러한 비평회는 오히려 다양한 의견들을 수렴하여 더 완성도 높은 방안을 탄생시키기 위한 촉매역할을 하기도 한다.

반론도 이견도 모두 한 종류의 판단이자, 사고방식일 뿐이다. 이미 성공한 전례들이 말해주듯, 훌륭한 정책들은 '만장일치'로 단번에 탄생하는 것이 아니라, 많은 의견충돌을 극복하는 과정을 기반으로 완성된다.

겸손은 사람을 발전시키고, 자만은 사람을 퇴보시킨다. 위인들은 자신이 남들보다 뛰어남을 정확히 알고 있지만, 결코 그 때문에 겸손함을 잃지는 않는다. 큰 인물일수록 그들은 오히려 자신의 부족함을 더욱 크게 인식한다. 때문에 남에게 지적을 받아도 이를 겸허하게 받아들인다. 이것이 바로 끊임없는 자기계발을 통해 위대한 업적을 성취하는 위인들의 성공비결이다.

장강과 황하의 물은 한 근원의 물줄기에서 만들어진 것이 아니며, 가죽옷 한 벌은 한 마리 흰 여우의 털가죽으로 만들어지는 것이 아니다. 이치가 이와 같으니 자신과 같은 의견만을 수용하고, 그렇지 않다고 해서 배척해서야 되겠는가?

묵자 · 친사

남의 의견을 겸허하게 받아들이라

03 인재를 잘 활용하라

"천지불소소天地不昭昭, 대수불료료大水不燎燎, 대화불료료大火不燎燎, 왕덕불요요지王德不堯堯者, 약천인지장야若千人之長也?"

묵자 · 친사親士

묵자는 하늘과 땅은 환한 것만으로 밝은 것이 아니고, 큰 물은 세차게 흐르는 물만으로 큰 것이 아니며, 큰 불은 밝게 타기만 하지 않는다. 군왕은 귀함과 천함을 차별하지 않고 인재를 수용할 수 있을 때에야 비로소 만인의 우두머리가 될 자격이 있다.

울타리 하나는 세 개의 말뚝으로 유지되고, 의협심이 있는 한 사람의 뒤에는 세 명의 조력자가 있는 법이다. 한 사람의 힘으로 성공을 손에 넣기란 결코 쉽지 않은 일이다. 대업을 이룬 성공자들은 동서고금을 막론하고 모두 우수한 인재들을 모은 집단을 구축했다.

"군졸은 얼마든지 얻을 수 있지만, 장군이 될 만한 인재는 한 사람도 구하기 어렵다"라는 말이 있다. 인재들이 가진 뛰어난 능력들을 한 곳에 모아, 자신을 위해 사용할 수 있다면, 그 인재들의 능력을 운영하는 이는 자신의 원대한 이상과 포부를 실현할 수 있을 것이다.

묵자는 「친사」에서 인재의 중요성을 충분히 강조하고 있다.

"하늘과 땅은 환한 것만으로 밝은 것이 아니고(아름다움과 추함을 모두 수용한 것), 큰 물은 세차게 흐르는 물만으로 큰 것이 아니며(내와 못을 모두 받아들임), 큰 불은 밝게 타오르는 것만으로 크게 타오르지 않는다(풀과 나무를 모두 수용함). 왕의 덕은 높음만으로 높은 것이 아니다(귀함과 천함을 차별하지 않고 모두 수용함). 이와 같을 때 비로소 만인의 지도자가 될 수 있는 것이다. 수많은 인재들을 모아 그들의 능력을 사용하니, 큰일을 이루지 못할 것을 근심하겠는가?"

한나라 고조 유방劉邦이 한신韓信에게 물었다.

"내가 군사를 몇 명이나 능히 거느릴 수 있다고 생각하는가?"

그러자 한신은 이렇게 대답했다.

"폐하께서는 10만 명의 군사를 거느릴 수 있을 뿐입니다."

유방이 다시 물었다.

"그렇다면 그대는 어떠한가?"

한신이 웃으며 대답했다.

"신은 많으면 많을수록 좋습니다!"

유방은 비록 한신보다 군사를 거느리는 능력은 뛰어나지 못했지만, 그렇다고 해서 그것이 그가 황제에 오르는 것을 막지는 못했다. 이에 유방이 말했다.

"나는 군막 안에서 계획을 짜서 천 리 밖에서 싸워 이기게 하는 데는 자방子房을 따르지 못하고, 나라를 안정시키고 백성들을 보살피는 것에 있어서는 소하蕭何를 따르지 못하며, 전쟁에 나서면 반드시 승리하고 공격하면 반드시 정복하는 것에 있어서는 한신을 따르지 못한다. 이 세 인물은 모두 뛰어난 인재들이다. (그러나) 나는 그들을 거느릴 수 있는 능력이 있으므로, 천하를 얻은 것이다."

　유방은 인재들을 모으고 그들의 능력을 적재적소에 활용하는 능력을 갖추고 있었다. 때문에 그는 천하를 얻는 큰 계획을 성공시킬 수 있었다.

　수호지에 나오는 양산박梁山 호걸好漢들 역시 인재들을 적절히 등용하여 큰일을 이룬 좋은 예이다. 양산의 108명 호걸들은 하나같이 모두 뛰어난 재주를 지니고 있었다. '지다성智多星' 오용吳用은 학식이 풍부하고 지혜가 뛰어났으며, 여러 차례 계책을 세워 전쟁을 승리로 이끌었다. '소이광小李廣' 화영花榮은 백발백중의 활솜씨를 자랑하는 활의 명수로, 그 활솜씨로 여러 차례 뛰어난 공을 세웠다. '신행태보神行太保' 대종戴宗은 어린 시절부터 남달리 빠른 걸음을 걷는 능력을 익혔다. '낭리백조浪里白條' 장순張順은 물에서는 그를 따를 자가 없을 정도였으므로, 이규李逵와 함께 '흑백수륙쌍살黑白水陸雙煞'이라 불렸다. 양산박에는 한순간에 이처럼 뛰어난 영웅호걸들이 사방에서 모여들었고, 그들은 양산을 터전으로 자신들의 능력을 발휘할 수 있는 곳을 확보했다. 또한 송강宋江의 인솔 아래 "하늘을 대신하여 도를 행한다"는 뜻을 내걸고 어리석고 부패한 조정 관리들과 맞서 싸웠다.

　인재를 잘 활용할 줄 아는 사람은 쉽게 성공하고 그렇지 못한 사람은 일과 자신을 그르치고 평생 후회하기 쉽다. 재주와 지혜가 뛰어났던 촉한蜀漢 시대의 제갈량諸葛亮은 위로는 천문天文을, 아래로는 지리地理를 모두 알았지만, 안타깝게도 인재를 활용하는 것에는 뛰어나지 못했다. 군사 전략과 정치적 계책에서나, 혹은 백성을 교화시키고 안정시키는 것에서나, 일의 크고 작음을 가리지 않고 반드시 자기 스스로 그 일을 처리하고자 했다. 그와 같이 충직한 신하가 나라와 군주를 위해 몸을 아끼지 않고 일하는 것은 전혀 이상한 일이 아니다. 잘못이라고 한다면 책임감이 지나친 나머지 자신이 모든 일을 다 도맡아 해야 한다고 생각했다는 것뿐이다. 결국 과로에 지친 그는 통일의 대업을 미처 달성하지 못하고 안타깝게 세상을 떠날 수밖에 없었다. 이로써 한 시대를 풍미했던 전대미문의 천재가 사라지고 말았다.

인재활용의 중요성은 이미 많은 이들이 공감하는 바이다. 그러나 관리자, 경영자, 또는 정치가들은 단순히 그 중요성을 알고 있는 것에 그칠 것이 아니라, 인재중용과 활용에 대해 언급하고 있는 「친사」편의 내용을 좀 더 확실히 이해하고자 노력해야 한다.

중국의 빌 게이츠라 불리는 마윈馬雲은 야후 직원들과 함께 한 자리에서 이렇게 말했다.

"게으름을 피울 때도 요령이 필요합니다. 일을 덜하고 싶다면 적어도 타당한 기준을 가지고 게으름을 피우기 바랍니다."

그의 말에는 두 가지 의미가 숨어 있다. 하나는 게으름을 피우더라도 자신의 목표를 실현할 수 있는 제대로 된 수준의 게으름을 피울 수 있어야 한다는 것이며, 다른 하나는 우수한 인재들을 모은 후에도 그들 모두가 나를 위해 일할 수 있게 만들어야 한다는 것이다.

역사에서 배우기

전국 시대 말기 사군四君 중의 한 사람인 제나라의 맹상군孟嘗君은 뛰어난 능력을 가진 식객(食客, 세력 있는 대갓집에 얹혀 있으면서 문객 노릇을 하던 사람)을 삼천 명이나 거느리고 있었다. 이들은 맹상군에게 어려움이 생기면 전력을 다해 그를 도와 문제를 해결했다.

진나라 소양왕昭襄王은 그를 재상으로 삼고 싶어 했지만, 맹상군을 시기하는 조정대신들의 감언이설에 속아 그를 잡아가두게 된다. 맹상군이 옥에 갇히자, 그의 식객들은 소양왕의 총애를 받는 후궁인 연비燕妃를 찾아가 맹상군을 풀어줄 것을 간청한다. 그러나 연비는 이렇게 말했다.

"소양왕이 가지고 있는 것과 똑같은 흰 여우 가죽옷을 선물로 준다면, 그를 구할 방법을 생각해 보겠소."

연비의 말을 전해들은 맹상군은 답답함을 감추지 못했다.

"흰 여우는 그 한 마리뿐인데, 지금 어디서 또 흰 여우를 찾겠는가?"

바로 이때, 식객 한 사람이 나서서 맹상군에게 해결책을 제시했다.

그날 저녁, 이 식객은 몰래 황궁에 숨어들어 갔다. 그는 개 짖는 소리를 흉내 내어 보초들을 유인해 낸 뒤, 당초 맹상군이 소양왕에게 바쳤던 흰 여우 가죽옷을 손쉽게 훔쳐냈다. 맹상군은 흰 여우 가죽옷을 이용해서 연비의 환심을 사는데 성공했고, 곧 연비의 도움으로 감옥에서 풀려났다.

소양왕의 마음이 바뀔 것을 두려워한 맹상군은 감옥에서 풀려나자마자 곧바로 어둠을 틈타 제나라를 향해 출발하여, 한밤중에는 진나라 국경 근처의 함곡관函谷關까지 도달할 수 있었다. 이 관문만 넘으면 소양왕도 맹상군을 어쩔 수 없을 터였다. 그러나 성문이 굳게 닫혀 국경을 넘을 수가 없었다. 맹상군은 안절부절못했다.

'성문은 첫닭이 울기 전에는 결코 열리지 않을 것이다. 동이 틀 때까지 기다렸다가는 소양왕에게 다시 잡힐지도 모르는데, 어떻게 해야 한단 말인가?'

이때, 식객 중 한 사람이 나서서 이번에는 닭 울음소리를 흉내 냈다.

"꼬끼오~!"

순간 성 안의 모든 닭들이 같이 울기 시작했고, 이 소리를 들은 병사들은 날이 밝은 것으로 착각하고 성문을 열었다. 이렇게 해서 맹상군 일행은 무사히 함곡관을 빠져 나와 제나라로 탈출할 수 있었다.

한 사람이 얼마나 대단한 재능을 지녔는가는 중요하지 않다. 아무리 하찮은 능력일지라도 누군가에게 필요한 도움을 줄 수 있는 능력이라면, 그는 곧 중용될 것이다. 인재를 잘 활용하는 능력은 기업경영에서 중요한 의미를 가진다. 인재는 기업을 유지시키고, 이윤을 창출한다. 인재야말로 모든 사업성공의 전제조건이자 밑거름이다. 갈수록 치열해지는 오늘날의 시장경쟁 속에서 인재활용술은 관리자와 기업발전의 발전 및 쇠퇴의 경계를 구분짓는다.

인재가 없으면, 군주와 국가의 대사를 상의할 수 있는 이가 없으므로, 인재를 중용하는 것보다 더 다급한 일은 없다. 인재를 소홀히 하고 돌보지 않았던 국가는 결코 오래도록 태평성세를 누리지 못했다.

묵자 · 친사

인재를 잘 활용하라

군자가 갖춰야 할 네 가지 성품

"군자지도야君子之道也, 빈즉견렴貧則見廉, 부즉견의富則見義, 생즉견애生則見愛, 사즉견애死則見愛"

묵자 · 수신修身

군자의 도라는 것은 가난할 때는 청렴함을 보여 주고, 부유할 때는 의로움을 보여 주며, 살아있는 사람에게는 어질고 자애로움을, 죽은 사람에게는 슬픔을 보여주는 것이다.

이 세상에는 군자와 소인이 있다. 군자의 행동과 인격적 매력은 주변의 사건과 주위 사람들에게 적극적인 영향을 미친다. 그러므로 그들은 늘 한결같은 사회의 인정을 받으며 지도자의 위치에 서게 된다.

예로부터

군자와 군자의 기준에 관한 학설과 주장은 헤아릴 수 없이 많았다. 「역경易經」에서는, "군자는 사람들과 즐거움을 함께하며, 소인은 사람들과 즐거움을 달리한다. 군자는 먼 사람들과 함께하고, 소인은 가까운 사람들과 함께한다"라고 했으며, 공자는 "군자는 언제나 태연자약하나, 소인은 언제나 근심걱정으로 지낸다" "군자는 사람을 넓게 사귀어 패거리를 짓지 않으나, 소인은 패거리를 지을 뿐 사람을 넓게 사귀지 못한다" "군자는 의리에 밝고, 소인은 이해에 밝다"라고 했다. 장자庄子는, "군자의 사귐은 담백함이 물과 같으나, 소인의 사귐은 달기가 단술과 같다"고 했다. 그렇다면 묵자는 무엇으로 군자의 기준을 삼았을까?

묵자는「수신」에서 군자의 네 가지 기준에 대해 다음과 같이 설명했다.

"가난할 때에 청렴함을 보여 주고, 부유할 때는 의로움을 보여 주며, 살아있는 사람에게는 어질고 자애로움을, 죽은 사람에게는 슬픔을 보여 주는 것이다."

이 네 가지 기준은 인간이 군자의 풍모를 갖추기 위한 가장 기본적인 조건들을 전체적으로 요약하고 있다.

경제적으로 가난할 수는 있지만, 그 의지력까지 가난해서는 안 된다. 진정한 군자는 가난이나 부유함 같은 환경에 흔들림 없이 군자의 도리를 지켜 나간다. 묵자는 군자란 가난할 때에도 청렴함을 보일 수 있어야 한다고 했다. 사람은 가난할 때에 간절히 변혁을 바란다. 그러나 이 변혁이란 재물을 위해 도덕과 신념을 저버리는 것이 아니라, 이치와 법도, 도리에 어긋남 없는 변혁이어야만 한다. 깊은 숲 속의 돌보는 이 없는 꽃이라 해서 그 꽃이 향기를 내뿜지 않는 것이 아니며, 어짊을 수양하고 덕을 쌓는 군자는 가난하다고 해서 그 뜻을 바꾸지 않는다. 어려운 환경에 처했을 때에도 청렴함과 도덕성을 지켜나갈 수 있는가는 바로 그 사람의 성품을 반영하는 중요한 요소이다.

부자는 인색해선 안 되지만, 인색하지 않다고 해서 그것이 전부

가치 있게 사용되는 것도 결코 아니다. 사람은 합법적으로 재산을 소유할 수 있는 권리가 있다. 때문에 주위에 인색한 사람이 있어도 인정상 비난할 뿐, 공식적으로 비난할 수는 없다. 사람은 누구나 빈손으로 태어나 빈손으로 떠난다. 진정한 의로움을 실천하는 군자는 오직 사회와 그 이웃들에게 이익을 환원할 수 있는 사람이다.

묵자는 살아있는 자들에게 어짊과 자애를 베풀며, 죽은 자들에게는 슬픔을 보이는 것을 군자의 기준이라고 했다. 어짊과 자애를 베푸는 것仁愛은 도덕사상의 핵심이다. 어짊仁은 남을 사랑하는 마음에서 비롯되며, 남을 사랑하는 마음愛人은 곧 훌륭한 인격을 갖추기 위한 기본자질이자, 인본주의 사상의 근본이다. 사람들 사이의 사랑은 강력한 의지와 민족성을 내포하고 있다. 바로 이것을 통해 인간사회의 평화와 행복이 유지될 수 있다.

묵자가 말한 군자의 기준을 오늘날의 의미로 재해석하자면, 마음에 거리낌이 없이 항상 공정하며, 비록 생활이 가난하더라도 그 세운 뜻을 지켜 나가는 사람이라 할 수 있다. 또, 부유할지라도 남을 무시하지 않고 겸손과 덕, 의로움으로 좋은 일에 앞장서는 사람, 나보다 약한 이들을 배려하고 옳고 그름을 명확히 구분할 줄 아는 사람이라 할 수 있다. 이 같은 성품들은 모든 이들이 공감하고 찬양하는 바이며, 바로 우리가 스스로 실천하기 위해 노력해 나아가야 할 과제들이다.

역사에서 배우기

중국 가수 총페이丛飞의 본명은 장총張崇이며, 1969년 10월 랴오닝遼寧성省 판진盤錦 시市의 한 농촌에서 태어났다. 초등학교 2학년 시절에 학업을 중단했다가, 나중에 심양음악대학瀋陽音樂學院에 입학했다. 1992년 음악대학을 졸업한 후 한동안 광조우廣州에서 사회경험을 쌓던 그는 1994년 광둥廣東 성省에서 개최한 노래경연대회에 입상한 후, 심수深圳 시 의무노동자 연합예술단의 단장이 되었다.

1994년, 그는 쓰촨四川 성 청두成都에서 열린 실학아동 취학지원 자선공연을 계기로 빈곤아동 구제를 위해 활동하기 시작했다. 그 이후, 그는 20여 차례에 걸쳐 구이저우貴洲, 후난湖南, 쓰촨, 산둥 등 빈곤지역을 찾아 실학아동들을 위한 학비모금을 추진했다. 1995년, 그는 정식으로 첫 번째 실학아동을 위한 장학금을 지원했다. 그 이후로 지금까지 그가 지원한 장학금의 지원을 받은 실학아동의 수는 이미 178명에 달한다. 그 아이들 중에는 포의족布衣族, 묘족苗族, 백족白族, 강족羌族 등 10여 개 중국 소수민족의 아동들이 포함되었다.

이렇게 많은 아이들의 학업을 돕는 일이 결코 쉬운 일은 아니었지만, 아이들의 미래를 위해서라면 그는 어떤 고생도 마다하지 않았다. 그의 대중적인 인기와 오랜 공연경력을 생각한다면, 그는 다른 가수들과 마찬가지로 풍족한 생활을 할 수 있는 고수입자였다. 그러나 178명의 '양아들과 양딸'들을 교육시키고 있는 그였기에, 풍족한 날보다는 부족한 날들이 더 많았다. 그가 기부한 물건과 돈의 가치가 거의 300만 위안에 달했다는 사실은 이 사실을 더욱 분명히 알려 준다.

심수에서 생활했던 10여 년 세월 동안, 그는 단 한 번도 자신을 위해 통장을 만들어 본 적이 없었다. 그가 가진 유일한 통장이라고는 집을 장만할 때 대출금을 상환하기 위한 목적으로 개설했던 것 하나뿐이었다. 그는 사실상 매달 2천 위안의 대출금을 갚는 것도 힘들 정도의 생활을 했다.

사람들이 총페이의 집에 처음 들어설 때 그 '누추함'에 놀라게 된다. 집의 문 5개 중 3개는 고장 나 있고, 눈에 띄는 가구라고는 단 하나도 찾아볼 수 없었다. 가전제품들은 모두 중고시장에서 구입한 염가제품이었으며, 옷장 안에는 그와 오랜 세월을 동거동락해 온 흰색 무대의상이 한 벌 걸려있을 뿐이었다. 나중에서야 알게 되었지만, 그 무대의상조차 하자가 있어 헐값에 나온 물건을 장만한 것이었다.

2005년 4월 22일, 총페이는 위암진단을 받고 병원에 입원했다. 그리고 2006년 4월 20일, 심수시 인민의원에서 세상을 떠났다. 37살 그는 죽기 전에 자신의 각막을 기증하겠다는 유언을 남겼고, 덕분에 2명의 환자가 빛을 되찾았다. 마지막까지 숭고함을 잃지 않았던 그의 사랑은 영원한 사회의 빛으로 사람들 마음에 길이 남을 것이다.

총페이의 숭고함은 그가 얼마나 많은 실학아동들을 위해, 얼마나 큰 금액을 기부했는가를 통해 평가받는 것이 아니다. 그가 사람들 마음 깊이 숭고함으로 남아 있는 이유는 그가 실천을 통해 마음에서 우러난 자선慈愛을 베풀었다는 점이다. 자선은 끝이 존재하지 않는 길이다. 반면, 인간의 생명과 재물은 절대적으로 유한한 존재이다. 이런 유한한 인간이 끝도 보이지 않는 무한한 목표를 향해 후회 없이 봉사하고 희생하는 것이 과연 쉬운 일일까? 그러나 총페이는 그 일을 훌륭하게 해냈다! 이것이 바로 군자의 길이며, 이야말로 진정한 군자라 할 만하다.

군자의 다음 네 가지 품행은 거짓으로 꾸밀 수 없는 것이며, 반드시 군자 자신이 갖추어야 할 덕목이다. 무릇 내적으로는 마음에 무한한 자애를 갖추어야 하며, 몸의 행동거지는 비할 데 없이 겸허하고 예절을 갖춰야 한다. 입으로 말하는 바는 법도에 맞고 소박해야 하고, 위 품행들을 온몸으로 원활히 통하게 한다. 백발이 되어서도 이 품행을 버리지 않는 이는 오직 성인뿐일 것이다!

묵자·수신

군자가 반드시 갖춰야 할 네 가지 성품

말과 행동이 같아야 한다

"선무주어심자善無主於心者, 불류不留, 행막변어신자行莫辯於身者, 불립不立, 명불가간이성야名不可簡而成也, 예불가교이립야譽不可巧而立也, 군자이신대행자야君子以身戴行者也."

묵자·수신修身

마음에서 우러나지 않은 선함은 오래 가지 않으며, 말과 행동이 일치하지 않으면 명예를 이룰 수 없다. 명성은 쉽게 얻어지지 않으며, 감언이설로 얻어지는 것도 아니다. 그러므로 군자는 반드시 말과 행동을 일치시켜야 한다.

말과 행동이 같아야 하는 것은 사람이 세상을 살아가는 기본적인 도리이다. 말로만 큰소리칠 뿐 행동으로 실천하지 않는 사람은 자신에게 아무런 보람이 없을 뿐 아니라, 남에게도 아무런 도움이 되지 않는다. 그리고 무엇보다 믿음을 기본으로 삼는 인간의 도리에 위배된다.

아무리 작은 일이더라도 그 말과 행동이 일치하고, 겉과 속이 같으며, 항상 진정한 선과 아름다움을 추구해야 한다. 이것이 인간이 살아가는 세상의 도덕기준이자 행동법칙이다. 묵자는 마음에서 진정으로 우러나오지 않은 선함은 오래 지속될 수 없고, 스스로 판단하지 않고 행동에 옮기는 사람은 바로 설 수 없다고 생각했다. 명성은 간단히 얻을 수 없으며, 명예 역시 감언이설로 세울 수 없다. 따라서 군자는 마땅히 말과 행동을 같게 해야 한다

사람들의 존경을 받는 것은 모든 이들이 선망하는 바이다. 그러나 이것은 거짓이나 교묘한 말, 아첨으로는 얻을 수 없으며, 내면에서 우러난 말과 행동이 겉으로 드러났을 때만이 가능한 일이다. 이것이 바로 묵자가 주장하는 바이다.

우리 주변에는 종종 공개와 비공개 상황, 사람들의 앞과 뒤, 상사와 동료, 부하를 전혀 다른 태도로 대하는 사람들이 있다. 이런 이들이 바로 말과 행동, 겉과 속이 전혀 다른 사람들이며, 이들은 때때로 성실함을 장점이 아닌 수치로 생각하기도 한다. 예로부터 군자들은 항상 스스로 말한 것을 행동으로 옮겼으며, 그 과정과 결과는 많은 이들에게 큰 감동을 전했다. 묵자는 이렇게 말했다.

"말한 바를 그대로 실천할 수 있는 사람은 말하되, 그 말한 바를 실천할 수 없는 자는 말하지 말라."

지키지도 못할 말을 자주하는 사람은 공연히 말만 할 뿐, 아무런 보람이 없다. 지킬 수 없는 말을 수도 없이 하는 이들은 대부분 그 이후에 자신이 할 수 있는지의 여부와 할 것인지의 여부는 전혀 생각지도 않고 일단 말부터 내뱉은 후에 생각한다. 그나마 최소한 어떤 결과를 가지고 현실을 과장하여 허풍을 떠는 사람들은 전자前者보다는 조금 나은 편이다. 이들은 평소 태도가 불성실하고 노력하지 않는 사람인 경우가 많다. 그러나 이런 태도가 계속되면, 주위 모든 이들의 믿음을 잃게 된다.

언행일치는 세상살이의 기본적인 조건이다. 그러나 이는 쉬운 일이 아니다. 언행일치의 귀함은 몸소 체험하고 애써 실천한다는 점에 있다. 거짓, 허풍, 속임수 등 말과 행동이 일치하지 않는 행동을 노력으로 변화시켜 작은 일부터 고쳐 나가려 노력한다면, 반드시 언행일치의 경지에 도달할 수 있을 것이다.

역사에서 배우기

모범적인 공산당 간부인 뉴위루牛玉儒는 "인민을 위해 봉사한다" 는 자신의 말을 직접 행동으로 보여주었다.

"힘든 일이 있으면 나를 찾아주십시오."

그가 항상 사람들에게 건네는 말이다. 그는 만나는 사람들에게 모두 자신의 휴대전화 번호를 알려 주면서 이렇게 말하곤 했다.

"중국 인민들에 관한 일이라면, 그것이 바로 나에게 가장 중요한 일이다."

2003년, 그는 후허하오터(呼和浩特, 내몽고자치구의 주요도시-역주) 시 도로포장 공사현장을 방문했다. 이때, 그는 완성된 도로현장 중, 맹인도로 위에 버젓이 전봇대가 서 있는 것을 발견했다.

"사람들을 다치게 하려고 작정이라도 한 건가?"

좀처럼 화를 내지 않는 그였지만, 그때만은 불같이 화를 냈다. 그는 도로건설을 추진하던 시공회사를 강력하게 비난하고, 당장 맹인도로를 다시 건설할 것을 요구한 후, 후허하오터 시의 관련부서와 연락을 취하여 시내에 있는 모든 맹인도로 안전상태에 대한 전면조사를 요청했다. 뉴위루의 수행원은 뉴위루가 그렇게 크게 화를 내는 것을 난생 처음으로 보았다.

후허하오터 시장위원회 감독관실 주임 동리췬董利群은 다음과 같은 통계를 내놓았다. 2003년 4월부터 2004년 7월까지 뉴위루가 처리한 국민들의 청원편지와 국민이익과 직결된 공문안건은 총 314건이었다. 그는 평균 이틀에 1건은 이 같은 안건을 처리했으며, 실무감독관에게 문제해결 여부를 끝까지 추적하도록 당부하는 것도 잊지 않았다.

"우리가 경제를 일으키고 건설 사업을 추진하는 최종목표는 바로 시민들이 더 좋은 환경에서 더 나은 생활을 누리도록 하기 위한 것입니다."

뉴위루가 여러 차례 했던 이 말은 그가 실천해 온 모든 행동들의 출발점과 목표를 종합적으로 보여 준다. 특히 소시민들을 항상 배려하려는 그의 노력은 그들을 생각하는 각별한 마음을 충분히 보여준다.

후허하오터 시위원회 서기가 된 후, 뉴위루가 설정한 목표 중의 하나 역시 전임서기관의 뒤를 이어 칭청淸城 개조의 바통을 이어받아, 도시건설의 박차를 가하고 시민들에게 만족스런 생활환경을 제공하는 것이었다. 사스SARS가 지나간 후, 그는 내리쬐는 땡볕과 싸우며 후허하오터 시의 도로 건설현장 곳곳의 시찰에 도시의 주요도로는 물론, 소시민들의 생활과 밀접한 곳곳의 작은 골목들과 도로의 정비에도 큰 관심을 기울였다.

"큰 도로만 깔끔해서는 안 됩니다. 실제 시민들의 삶의 터전은 좁은 골목이지 않습니까!"

그의 이런 마음씀씀이는 다음 일화를 통해 헤아려 볼 수 있다. 그는 어느 날, 저녁 자율학습을 마친 학생들이 불빛 하나 없는 위험천만한 길로 귀가하고 있는 사실을 목격했다. 조사를 통해 시내 곳곳에 이처럼 위험한 골목이 46곳에 이른다는 사실을 확인한 그는 각 관련 도시건설부에 연락하여 가능한 빠른 시일 내에 시민들의 불편을 덜어줄 것을 당부했다. 얼마 후, 후허하오터 시의 그 46곳 골목에는 모두 가로등이 설치되었다.

그는 바오터우包頭 시장을 역임할 당시에도 항상 어려움을 마다하지 않고 시민들의 어려움을 덜어주기 위해 사력을 기울였다. 당시 그의 도움으로 어려움을 극복한 어느 실업자는 시 정부 문 앞에 와서 폭죽을 터뜨리며 그의 도움에 감사를 표했다. 뉴위루는 자신을 격려해 주는 모든 시민들에게 마음을 담아 감사의 마음을 전했다.

"여러분의 어려움을 해결하는 것은 바로 우리 정부의 책임이며, 제가 이곳의 시장으로 존재하는 이유이기도 합니다. 여러분을 위해 일하는 것이 바로 저의 정치적 책임이자, 또한 직업적 도덕입니다."

당의 지도급 간부인 그는 항상 시민들의 편리를 위해 몸을 아끼지 않았다. 그가 대중들에게 소리 높여 외치던 정치란 단 한 마디, "인민을 위하는 것"이었다. 이 같은 신념으로 일했던 그는 지금까지 훌륭한 관리로서 사람들의 존경을 받고 있다.

"인민을 위해 봉사한다." 짧은 한 문장이지만, 이 말을 행동으로 옮기기는 결코 쉽지 않다. 하물며, 우리 같은 보통사람들이 약속을 반드시 지키고, 말한 바를 행동으로 옮기며, 허풍과 거짓맹세, 생각 없는 말은 하지 않고, 이익에 눈이 멀어 의리를 버리지 않기 위해서는 더욱 힘든 난관이 기다리고 있을 것이다. 그러나 우리는 어렵기 때문에 포기할 수는 없다. 언행일치는 한 인간의 인격을 가늠할 수 있는 가장 중요한 척도이자 도덕교양을 평가할 수 있는 가장 기초조건이다.

말하는 데는 뛰어나면서 그것을 행동으로 옮기는 것에 느린 사람은 비록 말을 잘 하더라도 그 말에 따르는 이가 없을 것이다. 최선을 다했어도 자신의 공적을 지나치게 내세우는 사람은 고생하고도 얻지 못할 것이다. 현명한 사람은 이미 속으로 이미 알고 있어도 많은 말을 하지 않으며, 최선을 다하면서도 자신의 공로를 내세우지 않는다. 때문에 그들은 천하에 명성을 떨친다.

묵자 · 수신

말과 행동이 같아야 한다

친구를 잘 선택하라

"염어창즉창染於蒼則蒼, 염어황즉황染於黃則黃, 소입자변所入者變, 기색역변其色亦變, 오입이이五入而已, 즉위오색의則爲五色矣 고염불가불신야故染不可不愼也."

묵자 · 소염所染

실을 파랑으로 물들이면 파랑색으로 변하고 노랑으로 물들이면 노란색이 된다. 사용하는 물감의 색이 다르므로, 그 차이에 따라 실이 물드는 빛깔도 달라진다. 다섯 가지 다른 물감을 사용하면 자연히 다섯 가지 다른 색의 실이 만들어진다. 그러므로 물건을 물들일 때에는 신중에 신중을 기하여 물감을 사용해야 한다.

친구도 좋은 친구와 나쁜 친구가 있다. 좋은 친구를 사귀면 서로 이해하고 격려하며 의지할 수 있지만, 나쁜 친구를 사귀면 올바른 판단기준을 잃고 잘못된 길을 걷게 된다.

옛말에, "먹물을 가까이하면 검게 되고, 인주를 가까이하면 붉어진다"라는 말이 있다. 이것은 오늘날 역시 예외가 아니다. 살아가면서 좋은 친구를 사귄다면, 마음의 위안을 얻을 수 있으며, 서로를 격려하며 어려움을 헤쳐 나갈 수 있다. 친구끼리는 취향이나 성격, 하는 일들까지도 닮아가기 마련이다. 사람이 살아가면서 형성되는 도덕적 성향이나 그 사람의 성공 여부에는 주위 사람들의 영향력이 강력하게 작용한다. 따라서 친구를 선택하는 일은 곧 자신의 운명을 선택하는 것이다.

어느 날 묵자는 실을 물들이는 사람을 보고 탄식하며 말했다.

"실을 파랑으로 물들이니 파란색, 노랑으로 물들이니 노란색이 된다. 사용하는 물감의 색이 다르므로, 그 차이에 따라 실이 물드는 빛깔도 변한다. 그러므로 물들이는 일은 지극히 조심해야 할 일이다."

그리고 나서 묵자는 물들이는 일이 결코 실에만 해당되는 것이 아니라 국가 역시 이와 같다고 지적했다. 옛날 순舜임금은 그 당시의 현인 허유許由와 백양佰陽으로부터 영향을 받아 천하를 태평하게 다스렸고, 우禹임금은 현인 고도皐陶와 백익佰益의 가르침에, 은殷나라 탕왕湯王은 이윤伊尹과 중훼仲虺의 가르침에, 주나라 무왕武王은 태공太公과 주공周公의 가르침에 영향을 받았다. 이 네 군주는 모두 올바른 가르침의 영향을 받아 천하를 호령하는 제왕이 되었으며, 그 업적이 천하에 알려졌다. 반면, 하夏나라 걸왕桀王은 간신 干辛과 추치推哆의 사악함에 물들고, 은殷나라 주왕紂王은 숭후崇侯와 오래惡來의 사악함에, 주周나라 려왕厲王은 괵공虢公 장부長父와 영이종榮夷終의 사악함에, 주유왕周幽王은 부공이傅公夷와 채공곡蔡公穀의 사악함의 영향을 받았다. 이 네 군주는 모두 사악한 행동의 영향을 받아 나라를 멸망으로 이끌었고, 결국 세상 사람들의 조롱거리가 되었다. 묵자는 이 같은 폐해가 군주에게서 그치지 않고, 다시 백성들에게까지 이어진다고 경고했다.

"교만과 자만을 즐기는 이들과 친구가 되어 무리를 이루고 자신들의 이익만을 꾀하는 자들은 그 집안의 몰락은 물론 스스로의 명성과 목숨의 위험을 자초할 것이다. 또한 관리가 되어도 올바른 사리분별을 하지 못하니, 자서, 역아, 수조 같은 이들이 바로 그런 무리들이다."

올바른 친구의 영향을 받으면 집안을 일으키고 천하를 호령하며 그 명성을 떨칠 것이나, 잘못된 친구의 영향을 받으면 오히려 집안과 나라를 멸망으로 이끌어 결국 세상 사람들의 비웃음을 사게 될 것이다. 집에서는 부모에게 의지하고, 집을 나서면 친구에게 의지한다는 말처럼 친구는 사회생활에서 가장 중요한 부분을 차지하는 요소이다. 그렇다면 어떻게 해야 올바른 친구를 사귈 수 있는 것일까?

친구를 사귈 때에는 항상 진심을 가지고 최선을 다해야 한다. 서로 진심을 보이지 않고, 어느 한쪽에게 의지하거나 서로를 이용하려고 하는 관계는 결코 진정한 친구가 될 수 없다.

'유유상종類類相從'이란 말이 있듯이, 친구를 보면 그 사람을 짐작할 수 있다. 그러므로 친구를 사귈 때에는 반드시 올바른 뜻과 목표를 함께 추구할 수 있는 이를 선택해야 한다.

도움이 필요한 친구를 모른 척한다면, 그 친구와는 곧 관계가 멀어진다. 진정한 친구라면, 어려움에 빠진 친구를 떠나지 않는다. 그러나 설사 친구가 함께 하지 못할지라도 절망할 필요는 없다. 내가 누군가를 진정한 친구로 생각하고 행동하는 만큼, 그 역시 당신을 진정한 친구로 생각하게 될 것이다.

청淸말, 중국번曾國藩은 이런 말을 남겼다. 이 말은 분명 동서고금을 막론한 절대불변의 진리일 것이라 믿는다.

"삶의 성공과 실패는 모두 어떤 친구를 사귀는가에 달려 있으므로, 친구를 사귈 때에는 항상 신중, 또 신중해야 한다."

역사에서 배우기

1999년 8월 11~12일, 공안부는 라이창싱(賴昌星, 중국정부 수립 후 최대 규모인 위안화 밀수사건의 주범)에 대한 체포밀령이 내려졌다. 이때, 푸젠福建 성 공안청 부청장 겸 푸저우福州 시 공안국장 좡루순庄如順은 연이어 네 차례나 라이창싱에게 연락을 취해 공안당국의 기밀을 누설하는 어이없는 일을 저질렀다. 더욱이 좡루순은 라이창싱에게 국외로 몸을 숨겨 공안당국의 수사망을 따돌리는 방법까지 알려주며 그의 해외도피를 도왔다. 라이창싱은 홍콩으로 도피한 후, 곧 좡루순에게 연락을 취했다. 이때도 좡루순은 라이창싱에게 홍콩은 안전하지 못하니, 가능한 먼 곳으로 피할 것을 신신당부했다. 라이창싱의 해외도주로 중국은 큰 경제적 타격을 받았으며, 사건과 관련된 부정부패 세력들도 모두 놓치는 결과를 초래했다. 좡루순은 훗날 감옥에서 이렇게 자신의 심정을 고백했다.

"사실, 라이창싱을 단 한 번도 친구라 생각해 본 적이 없습니다. 친구라면 최소한 그 뜻은 다르더라도 지향하는 바는 같아야 하는 법, 제가 그와 무슨 얘기를 하겠습니까? 철학에 대해서 말입니까? 철학이란 두 글자조차 모르는 위인입니다. 그렇다고 제가 그와 체제에 대해 얘기를 하겠습니까? 그가 혹여 아는 것이 있겠습니까? 우리가 나눌 수 있는 대화라고는 현실적인 문제뿐이었습니다. 내가 무엇을 해 주길 바라는지, 그쪽이 나를 어떻게 도와줄 수 있는지, 그런 주제들 말입니다."

황루쉰은 자신이 생각하는 '친구'의 의미를 정확하게 설명했을 뿐만 아니라, 더 나아가 자신에게 이득이 되는 친구만을 사귀려는 오늘날 사회의 극단적 공리주의를 지적했다. 부와 권력을 손에 쥐고 있는 순간은 그가 나의 가장 절친한 친구이다. 그러나 내일이라도 당장 그가 모든 것을 잃는다면 그는 나와는 아무런 상관없는 남이 되고 만다. 남이 나를 이용하지 않으면 내가 남을 이용하고, 남이 나를 속이지 않으면 내가 남을 속이니, 이렇게 사귄 친구는 결국 자신에게 해를 입힐 것이다.

물드는 것은 나라의 군주에게만 국한된 것이 아니며, 그 백성들 사이에서도 마찬가지이다. 어질고 자애로우며 성실하고 법을 따르는 이와 친구가 된다면, 집안은 날로 번성할 것이며, 그 자신 역시 순조롭게 명성을 얻을 것이다. 또한 관직에 오르면 단간목段干木, 금자禽子, 부설傅說 등과 같이 사리를 아는 관리가 될 수 있다.

묵자·소염

친구를 잘 선택하라

규범을 지키라

"천하종사자天下從事者, 불가이 무법의不可以無法儀.
무법의이기사능성자無法儀而其事能成者, 무유야無有也."

묵자 · 법의法儀

천하의 일에 종사하는 사람은 반드시 법도와 예의를 갖추어야 한다. 예로부터 이것을 갖추지 않고 성공한 사람은 찾아볼 수 없다.
규범이란 인류 스스로가 만들어 낸 자체적인 규칙이다. 이것은 인간의 행동을 제약하는 동시에, 더 나아가 인간의 삶을 보장해 주는 역할을 한다. 즉, 규칙이란 속박인 동시에, 인간이 더욱 성숙하고 성공적 발전의 길로 나아갈 수 있도록 이끄는 발판이기도 하다.

"규범을 지켜야 성공할 수 있다." 이는 규범의 중요성을 잘 나타내는 말이다.

묵자는 예로부터 규범에 따르지 않고 성공한 사람은 없으므로, 천하의 일에 종사하는 사람은 반드시 규범을 준수해야 하며, 그것은 관리가 되는 선비에게나 온갖 물건을 만드는 공인들에게도 모두 마찬가지라고 했다.

군대의 전투력은 절대복종의 강력한 철의 규율을 통해 강화되고,

기업의 경쟁력과 존속력은 직원들의 투철한 노력, 숭고한 직업정신 그리고 엄격한 회사규율을 통해 강화된다. 명확한 규범제도가 갖춰지지 못하면 쉽게 혼란이 야기된다. 명령이 내려져도 그것이 실행되지 않거나, 규범이 있어도 그것을 지키는 사람이 없으며, 모두가 제멋대로 행동하면 범죄와 혼란이 사회에 만연하게 될 것이다.

옛날 송宋나라에 벼가 더디게 자라는 것을 걱정하는 농부가 있었다. 그는 고민 끝에 모를 잡아 뽑아서 자라게 해야겠다고 생각하고는 곧 행동으로 옮겼다. 모를 모두 뽑아 올린 그는 마치 한 뼘은 더 자란 것 같아 보이는 모를 보고 만족해 하며 서둘러 집으로 돌아갔다. 집에 도착하자마자 그는 가족들에게 자랑스럽게 말했다.

"오늘 모를 뽑아 올려서 빨리 자라게 만들어 놓느라 하루 종일 힘들었어!"

이 말을 들은 아들은 깜짝 놀라 논으로 달려갔다. 그러나 논에 심어 놓은 모들은 이미 모두 말라죽어 있었다.

이 일화는 사물의 발전에 존재하고 있는 규범의 존재와 자연의 섭리에 따라 그것을 지켜 나가는 것이 바로 성공에 이르는 길임을 알려주고 있다.

그러나 우리 주변에서는 작게는 무단횡단, 새치기, 길거리에 침 뱉기나 쓰레기 버리기 등에서부터 크게는 계약위반, 사기, 횡령, 유괴, 뇌물수수에 이르기까지 규범의 존재를 무시하는 사람들을 쉽게 발견할 수 있다.

반드시 규범을 지켜야 한다. 법과 규범은 모두 사회를 움직이는 기반이자, 그 사회를 움직이는 사람과 사람 사이의 화합을 이끌어

내는 중요한 기본조건이다. 준법의식과 행정집행력의 결핍은 직접적으로 사회의 정상적인 운영을 어지럽히며, 구성원 각자가 수단과 방법을 가리지 않고 목적달성만을 중시하는 태도를 갖도록 조장한다. 또한 규범이 유명무실해지면 사회는 곧 혼란과 무질서에 휩싸이게 된다. 그러므로 규범은 한 국가 및 도시의 문화수준을 측정하는 척도로 사용되고 있다.

처벌은 규범을 준수하지 않는 이들에게 직접적으로 그 규범의 예속성과 법령의 제재력을 보여 주는 도구이다.

상앙商鞅은 나무를 세워 법의 실효성을 확립시켰고, 포청천包青天은 공정하게 법을 집행했다. 어느 것 하나 규범을 고수하여 성공하지 못했던 일이 있었던가? 규범을 개개인에게 적용하는 문제 역시 이와 마찬가지이다. 규범과 제도는 우리 모두에게 발전과 성공을 위한 기반을 제공하므로, 그것을 준수하지 않는다면 기회와 성공은 다가오지 않을 것이다.

역사에서 배우기

미국 듀폰Du Pont 사 직원인 질Jill은 자신의 일에 대한 자부심이 대단히 강한 세일즈맨이었다. 그는 자신의 능력과 자신감으로 일선 직원들 중에서도 빨리 두각을 나타내며 앞서갔다. 그는 예전에 일했던 여러 기업에서도 상당한 능력과 경력을 쌓았다.

그러나 그는 기업들이 일반적으로 사용하는 보고서나 데이터 분석 등을 매우 싫어했다. 그는 세일즈맨에게 있어서 가장 중요한 것은 실적이라고 믿었다. 첫째가 객관적인 실적, 둘째가 자기 자신, 그리고 마지막이 바로 회사라고 믿는 사람이었다.

그는 각종 회의에 참가하는 것도 좋아하지 않는 편이었다. 회의에 어쩔 수 없이 참가하게 되는 상황이 되면, 맨 뒷줄에 앉아 자기가 하고 싶을 일을 했다. 그는 자신이 쌓은 경험이나 교훈을 정리하려는 노력을 하지 않았고, 남의 경험을 배우는 것은 더더욱 가치 없는 일이라고 여겼다. 상사가 지시한 일 역시 아예 시작도 안 하거나 잊어버리는 경우가 대부분이었다. 회사에서 지시한 업무의 결과물 제출을 재촉하는 날이면 그제서야 대답을 하곤 했다. 그러나 듀폰은 군수산업을 시작으로 200여 년의 역사를 이어 온 전통 있는 기업이었다. 듀폰 사는 융통성이 없다고 해도 과언이 아닐 만큼 엄격하게 과정을 중요시 했다. 회사는 임직원들은 물론, 세일즈맨 한사람 한사람까지도 완벽하게 통제하길 원했다.

질의 개인적인 업무스타일은 이 같은 회사의 방침과는 상당히 거리가 멀었다. 결국 그는 입사동기들이 회사와 함께 성장했던 반면, 그는 회사를 떠날 수밖에 없었다.

최근 기업에는 질과 같은 경향을 가진 직장인들이 상당히 많다. 이들은 반드시 아래와 같은 사실을 명심해야 한다. 직장인은 반드시 그 기업의 문화와 규범에 익숙해져야 한다. 이것은 직장의 규율이자, 직업기술이기도 하다. 회사들은 주로 제도를 통해서 직원들에게 급여와 명예를 제공한다. 따라서 회사의 그 제도에 적응할 수 없다면, 그 회사가 제공하는 급여와 명예와도 인연이 없는 것으로 생각해야 한다.

모든 공인들이 자를 사용하여 사각형을 그리고, 둥근 자로 원을 그리며, 먹줄로 직선을 긋고, 저울로 균형을 맞춘다. 기술이 있건 없건 간에, 공인들은 모두 이 공구들을 기준으로 삼아 일한다. 기술이 있는 공인은 그 도구의 기준에 알맞게 맞출 수 있을 것이며, 보통의 공인들은 비록 그들의 수준에는 미치지 못하더라도, 도구들을 가지고 일하면 그것을 사용하지 않는 것보다 훨씬 나을 것이다. 그러므로 모든 공인이 물건을 만들 때에는, 모두 따르는 법도가 있는 것이다.

묵자 · 법의

규범을 지키라

뿌린 대로 거둔다

"애인리인자愛人利人者, 천필복지天必福之, 악인적인자惡人賊人者, 천필화지天必禍之."

묵자 · 법의法儀

하늘은 남을 사랑하고 이롭게 하는 사람에게 반드시 복을 내리고, 남을 미워하고 해치는 자에게 반드시 재앙을 내린다.
선행을 하는 사람은 봄동산의 풀과 같아서 그 풀이 자라는 것을 보지는 못해도 날마다 조금씩 자라나는 바가 있으며, 악행을 하는 사람은 칼을 가는 돌과 같아서 그 돌이 닳아 없어짐을 보지는 못해도 날마다 조금씩 이지러져 간다. 그러므로 이것이 오래도록 지속되면 선행을 하는 사람에게는 반드시 복이 찾아올 것이며, 악행을 하는 사람에게는 반드시 큰 재앙이 닥쳐올 것이다.

옛말에

"콩 심은 데 콩 나고 팥 심은 데 팥 난다"라고 했다. 이는 선한 일을 해서 덕을 쌓고 마음에 거리낄 것이 없는 사람은 복을 받을 것이고, 악행을 일삼으며 불의를 저지르는 사람은 반드시 화를 입게 될 것이라는 선인들의 조언을 담은 말이다. 「법의」에서도 역시 이 같은 관점을 강조하고 있다.

묵자는 남을 사랑하고 이롭게 하는 사람은 반드시 하늘이 그에게 복을 내릴 것이며, 남을 미워하고 해치는 사람은 반드시 하늘이 그에게 재앙을 내릴 것이라고 했다. 어째서 사람들이 서로 미워하고 해치면 하늘이 벌을 내린다고 했을까? 묵자는 이에 대해, "하늘은 사람들이 서로 미워하고 해치는 것을 바라지 않으며, 그들이 서로 사랑하고 아끼며 도우면서 살기를 바라기 때문"이라고 했다.

정말 악행을 하면 벌을, 선행을 하면 복을 받을 수 있는 것일까? 이는 인류가 경험한 역사를 통해 검증하는 것이 가장 좋은 방법이다. 다음은 이를 잘 보여주는 일화들이다.

첫 번째 일화는 춘추 전국 시대 진秦 목공穆公의 경우이다. 어느 날, 진 목공이 말 한 필을 잃어버렸다. 그런데 농민들이 그 말을 발견하고는 잡아서 300명의 사람들이 함께 배를 채웠다. 얼마 후, 말의 행방을 찾던 관원들이 이들을 발견하고 법에 따라 처벌하려 했다. 이에 진 목공이 말했다.

"덕과 능력을 겸비한 사람은 한낱 가축 때문에 사람을 죽이지 않는다. 듣자하니, 말고기를 먹고 술을 마시지 않으면 몸에 해롭다고 한다."

그리고는 이들을 풀어 주고 술까지 하사했다. 그뒤, 진晉나라와의 전쟁에서 진 목공이 적들에 사로잡힐 위기에 처하게 되었다. 이때, 이 소식을 들은 그 300명의 사람들은 진 목공이 베푼 은혜에 보답하기 위해, 저마다 무기를 들고 나서서 목숨을 걸고 싸웠다. 결국 진 목공은 위기에서 빠져나올 수 있었고, 전쟁에서 이겨 상대인 진 혜공惠公까지 사로잡을 수 있었다.

두 번째 일화는 초楚장왕庄王의 경우이다. 초 장왕이 여러 신하들을 위해 큰 잔치를 열었다. 그런데 잔치가 한창일 무렵, 느닷없이 불어 온 바람에 그 자리에 있던 촛불이 모두 꺼져 버리고 말았다. 이때, 신하들 중 누군가가 어둠을 틈타 초 장왕의 애첩 허희許姬를 희롱했다. 허희는 그 신하의 갓 끈을 잡아 떼어 버리고 장왕에게 그것을 증거로 범인을 수색할 것을 청했다. 그러나 초 장왕은 오히려 불을 켜지 못하게 하고는 이렇게 말했다.

"모두 갓 끈을 떼어 버리고, 오늘 이 자리에서는 격식에 얽매임 없이 통쾌하게 마셔보도록 하세!"

아무 영문도 모르는 신하들은 왕의 뜻에 따라 모두 갓 끈을 떼어 버렸고, 초 장왕은 그제야 다시 불을 밝히고 술자리를 이어갔다. 이렇듯 초 장왕은 아무 일도 아닌 듯 그 일을 더 이상 추궁하지 않았다. 훗날 초나라가 정鄭나라와 전쟁을 벌였는데, 이때 당교唐狡라는 장수가 앞장서서 군사를 이끌고 용감하게 적과 맞서 싸웠다. 이에 초 장왕은 그를 불러 후한 상을 내리고자 했다. 그러나 당교는 그 상을 한사코 거절하며 말했다.

"신은 이미 왕께 너무나 후한 상을 받았습니다. 지금은 오히려 제가 그 은혜에 보답해야 할 때입니다. 그런데 어찌 감히 또 상을 받을 수 있겠습니까?"

의아해진 초 장왕이 그에게 물었다.

"내가 그대에게 상을 내린 적이 있었던가?"

당교가 대답했다.

"예전에 왕께서 베푸신 잔치에서 왕의 애첩을 희롱한 사람이 바로 저였습니다. 그때 신의 목숨을 살려 주셨으니, 이 전쟁에서 목숨을 바쳐 그 은혜에 보답코자 합니다."

　진 목공과 초 장왕의 선행은 결국 그 자신의 목숨을 구하는 보답을 받았다. 사실, 남에게 은혜를 베풀 때에는 그 보답을 바라지 않고, 선행을 하려면 그 이름을 밝히지 않는 법이다. 그러나 그것을 바라지 않고 드러내려 하지 않아도, 진정한 군자의 선행은 그 자신의 삶과 마음에 남겨지기 마련이다. 어려움에 처한 사람, 도움이 필요한 사람을 기꺼이 나서서 돕는 이들은 분명 마음의 평화와 함께 양심에 거리낄 것 없는 당당함을 얻을 수 있을 것이다. 이것이 바로 선행을 하는 사람들에게 돌아오는 가장 값진 보답이며, 또한 복의 근원이기도 하다.

　그 악한 행동에 대한 형벌 역시 이와 같다. 남을 미워하고, 죄 없는 사람들을 해치는 악행의 결과가 겉으로 드러나 알려지지 않더라도, 악행을 하는 이들은 죄책감으로 괴로워하게 된다. 남의 눈은 속일 수 있을지 몰라도, 자신의 양심을 속이는 것은 불가능하다. 이것이 바로 양심의 심판이자 처벌이고, 또한 악행의 대가이자 재앙의 시작이다.

역사에서 배우기

　1890년대, 영국에서 있었던 실화이다. 밭을 경작하고 있던 한 농부가 멀리 늪지에서 누군가의 살려달라는 비명소리를 듣게 되었다. 그는 괭이를 짊어지고 서둘러 그곳으로 달려갔다. 그리고 늪에 빠져서 점점 가라앉고 있는 한 소년을 발견했다. 농부는 괭이를 뻗어서 그를 죽음에서 구해냈다. 그 다음 날, 소년의 아버지인 귀족이 호화로운 마차를 타고 그 농부의 집을 찾아왔다. 그 귀족은 농부에게 황금을 한가득 안겨 주는 것으로 감사의 뜻을 전했다. 그러나 농부는 끝까지 그의 사례를 사양했다.

두 사람이 감사의 사례를 두고 실랑이를 벌이고 있던 중, 귀족은 농부의 뒤에 있는 작은 소년을 발견했다. 그 소년이 농부의 아들임을 눈치 챈 귀족은 아이에게 학교를 다니고 있는지 물었다. 주위를 에워싸고 구경하던 사람들이 대신 입을 열었다.

"학교를 가야 할 나이인데, 집이 가난해서 못 가고 있지요."

이에 그 귀족이 말했다.

"내 성의를 받아주시지요. 그렇지 않으면 제 마음이 계속 불편할 것 같습니다."

그 귀족의 도움으로 농부의 아들은 학업의 꿈을 이루게 되었다.

그 일로부터 반세기 후, 늪에 빠져 죽을 뻔한 고비를 넘긴 소년은 영국의 수상이 되었는데, 그가 바로 윈스턴 처칠 Winston Churchill 이다. 정치권에서 승승장구하던 그가 과로와 폐렴으로 쓰러져 생명이 위독한 상태에 빠지게 되었다. 마침 그 시기에 페니실린이 발견되어 상용화되었고, 처칠 수상은 신약 페니실린으로 인해 살아나게 되었다. 이 페니실린을 발견한 사람은 세계적인 미생물학자인 알렉산더 플레밍 Alexander Fleming, 바로 어렸을 적의 처칠을 구한 농부의 아들이었다.

선행을 하는 사람은 남의 보답을 바라지 않는다. 다만 마음 속으로 그렇게 행동하는 것이 옳다고 생각하기 때문에 선행을 하는 것이다. 마음이 선하여 좋은 일을 자주하는 사람은 언젠가는 반드시 그로 인한 보답을 받게 된다. 선善의 씨앗을 뿌리면 반드시 선한 열매를 얻을 것이며, 악惡의 씨앗을 뿌리면 악의 대가를 받게 될 것이다. 이것은 정해진 숙명이 아니다. 우리의 생각과 행동의 필연성 안에 존재하고 있는 우연성이다.

나쁜 일을 하는 사람은 재앙을 불러들인다. 걸왕, 주왕, 주 유왕, 주 역왕 등이 바로 그런 이들이다. 그러나 남을 사랑하고 남을 이롭게 하는 사람은 반드시 하늘로부터 복을 받는다. 우왕, 탕왕, 주 문왕, 주 무왕 등이 바로 그런 이들이다. 남을 사랑하고 이롭게 하여 하늘로부터 보살핌을 받는 이가 있으며, 또한 남을 해치고 손해를 입혀 하늘로부터 재앙을 받는 이도 있다.

묵자 · 법의

뿌린 대로 거둔다

경영자의 일곱 가지 재앙

"이칠환거국以七患居國, 필무사직必無社稷, 이칠환수성以七患守城, 적지국경敵至國傾, 칠환지소당七患之所當, 국필유앙國必有殃."

묵자·칠환 七患

나라에 이 같은 일곱 가지 재앙이 있으면 그 나라는 반드시 망할 것이며, 아무리 성을 지키고 방어한다 해도 적이 공격해 오면 그 나라는 반드시 적에게 넘어갈 것이다. 어떤 나라이든 이 일곱 가지 재앙이 생기면 반드시 멸망할 것이다. 나라를 다스리는 것은 작은 생선을 삶는 것과 같다. 경영자는 역사 속 국가들의 번영과 멸망, 왕조교체를 거울삼아 그로부터 경험과 교훈을 얻을 수 있으며, 기업발전에 보탬이 될 아이디어를 얻을 수 있다.

2005년 7월 출간된 초판 『중국민영기업 발전보고』의 통계에 따르면, 매년 중국 전역에서 15만여 개의 민영기업이 설립되고, 동시에 10만여 개의 기업이 사라지는 것으로 나타났다. 또한 60%의 민영기업들이 5년 이내에 파산하며, 85%는 10년 이내에 폐업하는 것으로 나타났다. 즉, 민영기업의 평균 존속기간은 2.9년이 되는 셈이다.

레노버 사의 창립자인 류촨즈柳傳志 전 회장은 이렇게 말했다.

"84년도에 내가 이 회사를 세운 이래, 18년 넘게 회사를 경영하면서 많은 유명기업가들을 만났지만, 지금 돌아보면 다들 어디로 갔는지 소리 소문도 없이 사라져 버렸다네."

시장경제의 소용돌이 속에서는 단 한 번의 실수도 용납되지 않는다. 한 번의 실수로 영원히 역사의 무대에서 사라질 수도 있다. 제아무리 경험과 노하우가 풍부하고 노련한 기업가일지라도 실패한 후 재기를 위한 기회를 가지기 쉽지 않다. 이 치열한 시장경쟁 속에서 살아남아 성공가도를 향해 달려가기 위해, 경영자들은 어떤 방법을 택해야 하는 것일까?

사실상, 기업경영과 국가통치의 기본원리는 본질적으로 일치한다. 그러므로 묵자가 「칠환」에서 논술한 국가를 멸망으로 이끄는 일곱 가지 재앙은 오늘날의 경영인들에게도 성공적인 기업경영을 위한 방법론을 시사해 준다.

묵자는 성곽으로 나라를 제대로 지키지 못하면서, 궁궐만을 호화롭게 치장하는 것을 **첫 번째 재앙**이라고 했다. 이 말은 경영자가 경영과정 중, 특히 사업이 안정궤도에 올라선 후라면 더더욱 안팎으로 결합하여 전면적인 발전을 추진해야 한다는 점을 시사하고 있다.

묵자는 적국의 군대가 국경에 이르러도, 주변의 이웃나라에서 지원군을 보내 주지 않는 것을 **두 번째 재앙**이라 했다. 이는 즉 경영자는 업계 내외의 관계를 돈독히 해야 함을 뜻한다. 특히 다양한 분야, 사회 각계각층의 사람들과 돈독한 인맥을 유지하는 것에 신경써야 한다. 사전에 쌓아놓은 인맥은 기업을 파산의 위기에서 구할 수도 있다.

먼저 백성들의 힘을 쓸데없는 일에 다 써 버리고 능력 없는 사람에게 상을 주는 것, 따라서 백성들의 힘이 쓸데없는 곳에 버려지고 손님접대에 나라의 온갖 재물을 다 써 버리는 것이 **세 번째 재앙**이다. 이는 경영자가 정확한 경영목표를 세운 뒤, 한정된 자원과 자본을 가지고 효율적으로 기업을 경영해야 한다.

묵자가 말한 **네 번째 재앙**은 관직에 있는 사람들이 자기 자리를 보전하려 하고 선비들은 무리를 지어 서로 교제하는 데만 힘쓰며, 군주는 함부로 법을 고쳐 신하를 질책하고 신하는 군주가 두려워 감히 거스르지 못하는 것이라 했다. 기업경영도 이와 같다. 그러므로 경영자는 기업규율 확립에 힘써야 한다. 각 부서 및 직무에 알맞은 근무태도와 업무처리, 사내 분위기, 직원들의 주인의식과 책임감, 근무성과 등에 관한 객관적 기준을 설정하고, 이를 근거로 정확하고 효율적으로 직원들을 통솔하고 평가하도록 해야 한다.

다섯 번째 재앙은 군주 스스로가 자신을 성인답고 지혜롭다고 여기어 남과 의논하지 않고, 나라가 평안하고 강하다고 여기어 수비하지 않으며, 이웃나라들이 침략을 도모하는데도 이것을 모르고 경계하지 않는 것이라 했다. 이와 마찬가지로 경영자는 기업이 안정된 발전궤도에 오른 후에도 항상 경계심을 늦추지 말아야 하며, 결코 자만해서는 안 된다. 늘 시장상황과 업계동향, 경쟁사의 움직임 등에 주의하며 자신의 경쟁력을 유지해야 한다.

여섯 번째 재앙은 군주가 믿는 사람들은 충성스럽지 않고, 충성스러운 사람들은 군주를 믿지 않는 것이다. 경영자는 인재를 식별하고 선별할 줄 알아야 하며, 인재를 선발할 때에는 그 능력뿐만 아니라, 인성적인 측면도 중요하게 평가해야 한다.

일곱 번째 재앙은 생산된 식량이 백성들 먹기에 부족하고, 대신들이 군주를 섬기기에 능력이 부족하며, 백성들에게 상을 내려도 그들이 기뻐하지 않고, 죄인에게 벌을 내려도 그 벌을 두려워하지 않는 것이라 했다. 경영자는 상벌을 분명히 해야 한다. 상을 줄 때는 한 치의 망설임도 없이 표창하며, 벌을 내릴 때 역시 조금의 소홀함도 없이 처벌해야 한다. 규범에 따라 정확하게 상벌을 구분함으로써, 직원들의 행동을 제한할 수 있을 뿐만 아니라, 그들의 적극성을 충분히 이끌어낼 수 있다.

「칠환」의 내용과 기업경영의 관련성에 대해서는 다양한 의견이 있을 수 있다. 그러나 그와 상관 없이, 묵자의 사상이 기업의 생존과 발전에 미칠 작용은 경영자들이 충분히 참고할 만한 가치를 가지고 있다.

역사에서 배우기

"부자는 삼대를 못 간다"는 옛말이 무색하게, 창업자 이후 5세대에 걸쳐 성공적인 가족경영 기업을 이끌어 가고 있는 가문이 있다. 바로 변함 없는 건재함과 적극성으로 사업을 발전시키고 있는 스웨덴의 발렌베리 그룹이다. 현재 지주회사 체제를 갖춘 발렌베리 그룹이 스톡홀름 주식시장에서 차지하는 배당액 비율은 40%를 초과한다.

발렌베리 가문은 150년 이상 이어져 내려왔고, 북유럽지역에서 영향력 있는 여러 그룹들을 거느리고 있으며, 그중에는 에릭슨Ericsson, 일렉트로룩스Electrolux, 스웨덴 SKF 사, 아스트라제네카AstraZeneca 그룹 등 세계적인 기업들도 포함되어 있다.

발렌베리 그룹의 제5대 경영자 마르쿠스 발렌베리MarcusWallenberg는 그들의 성공적인 경영비결을 이렇게 말한다.

"발렌베리 가문은 항상 한 가지 경영이념을 지켜 오고 있습니다. 바로 연구개발에 투자를 아끼지 않으며, 이를 통해 업계경쟁력을 확보하는 것입니다."

"스웨덴처럼 국내시장이 협소한 나라에서는 바로 이 점이 특히 중요합니다. 2차 세계대전 이래, 스웨덴은 언제 다가올지 모를 국가위기에 대비하여 줄곧 공업발전을 전폭적으로 지지해 왔습니다. 그리고 발렌베리 가문은 이 같은 배경 아래, 군수산업회사 사브(SAAB, 스웨덴항공주식회사)의 첨단무기제조기술로 정부의 대량주문을 따냈습니다. 우리기술로 완성한 JAS39 전투기 성능은 미국의 F-16과 대등한 수준에 달하고 있습니다. 또한 1960년대, 현대 통신기술의 맹아가 싹트기 시작할 무렵에는 에릭슨 사를 매수하여, 이곳을 유명 통신설비공급업체 중 하나로 성장시켰습니다."

전문화와 국제화의 원칙을 고수하는 것 이외에도, 발렌베리 그룹이 구사하는 투자의 중요한 특징은 바로 핵심 서비스를 선정한 후에 장기적인 투자를 진행하는 것이다. 설사 그 투자가 단기간에 이익을 얻을 수 없는 것일지라도 결코 포기하지 않는다. 마르쿠스의 숙부, 피터 발렌베리는 발렌베리 가문의 사업방침을 이렇게 요약한다.

"불가피한 상황이 아니라면, 일시적인 문제를 가진 기업은 절대로 포기하지 않습니다."

이 같은 선견지명과 장기적인 시야를 가지고 추진하는 투자방식이 지금까지 발렌베리 그룹을 건재하게 만들었다.

몇 해 전, 발렌베리 가문이 집중투자하고 있는 통신사업 분야의 에릭슨과 SAAB 사에서 큰 손실이 발생했다. 상황이 심상치 않게 진행되자, '파산'이나 '기업매도' 등과 같은 건의들이 그치지 않았다. 그러나 몇 년간의 손실보완과 구조조정을 통해, 두 기업은 이미 위기를 벗어나 수익구조를 회복하고 있다.

기업은 자연적인 생명이 없다. 다만 끝없는 혁신을 통해 활력을 불어넣어 주었을 때만이 살아남을 수 있는 존재이다. 백여 년 이상 번영을 거듭하고 있는 발렌베리 그룹은 바로 이 사실을 증명하는 전형적인 예이다. 이 그룹의 오랜 발전 역사에서 위기를 벗어나기 위해 실행했던 많은 조치들이 중국 묵자가 제시했던 '7가지 재난'과 신기할 정도로 비슷하다. 기업 경영자는 바로 이곳에서 교훈을 얻을 수 있다.

방어는 국가의 가장 중요한 일이고, 식량은 국가의 가장 귀중한 재산이며, 무기는 나라의 가장 예리한 보호구이다. 또한 성곽과 해자(垓子, 성 주위에 둘러 판 못-역주)는 나라를 수비할 수 있는 가장 훌륭한 보호벽이다. 위의 세 가지는 나라의 정국을 안정시키는 도구이다.

묵자 · 칠환

경영자의 일곱 가지 재앙

앞날에 대비하는 사람만이 성공한다

"고무비 병庫無備兵, 수유의雖有義, 불능정무의不能征無義,
성곽불비전城郭不備全, 불가이자수不可以自修, 심무비려心無備慮,
불가이응졸不可以應卒."

묵자 · 칠환七患

창고에 무기를 준비해 두지 않으면 그가 옳다 해도 의롭지 못한 적을 정벌할 수 없고, 성 안팎을 보수하여 만일에 대비하지 않으면 나라를 지킬 수 없다. 치밀하게 생각하지 않는다면 갑작스런 변화에 대응할 수 없을 것이다.

사람이 앞날을 깊이 생각하지 않으면 반드시 가까운 근심이 있다. 한평생 순조로운 삶을 사는 것은 불가능하다. 사람이 남을 위해 일할 때, 정성들여 계획하고 앞날을 예상하여 준비한다면, 훗날 어려움을 극복하고 반드시 순조롭게 전진할 수 있을 것이다.

위기의식은
예방과 대비의 중요성을 강조한다. 병법에서도 역시 방심을 틈타 적을 제압하는 전술을 중시한다. 무방비 상태일 때 일어난 재난은 한 나라를 멸망시킬 수도, 눈 깜짝할 사이에 한 사람을 실패자로 만들 수도 있다.

위기의식을 가진 사람은 항상 예방과 대비에 관심을 갖는다. 그러나 예방과 대비에 대해 각별히 관심을 기울여야 할 사람들은 바로 그 위기의식을 갖지 못한 사람들이다. 묵자는 「칠환」에서 이 같은 자세의 필요성을 강조했다.

묵자는 평안한 때에도 항상 위기에 대비하는 자세를 사회 안정과 태평성세 유지의 전제조건으로 보았으며, 이를 통해 나라를 외부의 침입으로부터 보호할 수 있다고 했다. 그러므로 위기에 대비하는 자세가 대단히 중요하다고 말했다.

처세 역시 이와 마찬가지이다. 항상 언제 닥칠지 모를 위기에 대비하고 있는 사람이 성공을 손에 넣을 수 있다. 평소에 착실히 위기에 대비해 둔다면 갑작스런 재난이나 상황변화에도 당황하지 않고 침착하게 대처할 수 있다.

어느 날, 늑대 한 마리가 초원에서 열심히 이빨을 갈고 있었다. 이때 그곳을 지나던 여우가 말했다.

"모두들 좋은 날씨를 한껏 즐기고 있는데, 너도 어울리지 그러니?"

늑대는 여우의 말에 대답도 없이 계속해서 이빨을 갈았다. 여우가 다시 말했다.

"숲도 평화롭고, 사냥꾼도 사냥개도 모두 집으로 돌아갔어. 여기엔 호랑이도 없으니까 전혀 걱정할 일이 없다고. 왜 쓸모없는 일에 시간을 낭비하고 있는 거니?"

그제야 늑대가 여우를 보며 말했다.

"시간낭비가 아니야. 한번 생각해 봐. 어느 날 갑자기 사냥꾼이나 호랑이에게 쫓기는 일이 생긴다면, 과연 그 순간 이빨을 갈 수 있을 거라 생각하니? 결코 할 수 없지. 하지만 이렇게 평소에 잘 손질해 둔다면, 갑자기 위기가 닥쳐도 충분히 나를 지킬 수 있을 거야."

대다수 사람들은 위 일화가 전달하려는 의미를 잘 알고 있다. 그러나 실제로 그 가르침을 실천에 옮기는 사람은 거의 없다. 사회에 나오기 전에 충분히 학문을 닦아야 한다. 평소 위기에 대비하지 않으면, 위기에 직면하여 황급히 준비해도 그 해결시기를 놓치기 쉽다. 어떤 이들은 자신에게 기회가 오지 않는 것을 불평하기도 한다. 그러나 평소에 자신의 능력과 학식을 쌓아놓지 않는다면, 기회가 주어진다 해도 결코 그것을 감당해 낼 수 없다.

위기에 대처하는 사람이 성공할 수 있다. 그렇다면 '올바른 위기대처'를 위해서는 무엇이 필요할까?

인생여정은 방향을 선택하는 것이 중요하다. 사람들은 각자가 정한 삶의 목표에 따라 서로 다른 인생길을 걷게 된다. 또한 목표를 향해 나아가는 과정에서도 상황변화에 따라 목표를 지속적으로 수정함으로써 의외의 사건이 일어나는 것을 최소화하고 최대한 자신의 의지대로 미래를 개척해 나갈 수 있도록 해야 한다.

1953년, 예일Yale 대학 졸업생을 대상으로 명확한 인생목표 또는 그것에 관한 구체적인 계획을 가지고 있는가의 여부를 주제로 조사를 실시했다. 그 결과 '그렇다'는 대답을 한 그룹은 응답자의 3%에 불과했다. 그로부터 20년 후, 당시 조사에 참가했던 졸업생들을 대상으로 경제수준조사를 진행했다. 그 결과, 구체적인 목표를 세웠던 3% 그룹의 경제수준이 나머지 그렇지 않다고 응답했던 97% 그룹보다 월등히 높은 경제적 부를 누리고 있는 것으로 나타났다.

인생은 길지만, 그 안에서 중요한 의미를 가지는 관건의 순간은 단 몇 번 뿐이다. 특히 젊은 시절에는 더욱 그렇다. 또 열심히 일하는 사람들은 많지만, 정작 자신이 무엇을 위해 일하고 있는지 확신하는 사람들은 많지 않다. 잘못된 방향으로 가고 있음을 깨달았을 즈음엔 이미 결정적인 순간이 지나가 버린 후일 때가 많다. 그러므로 반드시 인생의 목표를 명확하게 세워야 한다.

 서양격언 중에는 "어디로 가야할지 모르는 사람은 결국 아무 곳도 갈 수 없다"는 말이 있다. 바쁘고 긴장된 삶을 살아가는 현대인들은 때때로 나아갈 방향을 잃고 헤매게 될 때가 많다. 왼쪽? 오른쪽? 만일 어느 방향으로 나아가야 할지 확신할 수 없다면, 잠시 멈춰 서서 충분히 계획을 세우고 움직여도 늦지 않다. 명확한 인생목표를 가진 사람은 자신이 나아갈 방향을 정확히 알고 있다. 때문에 예상치 못한 재난에 당황하거나 길을 잃고 돌아가는 수고를 줄일 수 있다. 그리고 이를 통해 효율적으로 자신의 능력을 발휘할 수 있다.

역사에서 배우기

 손정의孫正義 회장은 소프트뱅크사의 창업자이자, 현 소프트뱅크사의 대표이사이다. 그는 20년도 채 되지 않는 기간 동안 어느 누구도 대적할 수 없는 거대한 인터넷산업 제국을 탄생시켰다. 그가 가진 가장 뛰어난 능력은 바로 생각과 이념이다. 그는 현재의 사업상황을 근거로 향후 해당

사업의 방향성과 발전가능성을 예견할 수 있는 능력을 가졌다. 더욱이 그가 예측할 수 있는 기간은 10, 20년에 그치지 않고, 수백 년의 미래를 넘나든다.

손정의 회장은 23세에 1년여의 시간을 투자하여 자신의 미래구상을 완성시켰다. 우선, 그는 자신이 하고 싶은 일은 40개 가량 적어 놓은 후, 각 분야에 대한 시장조사를 실시했다. 그리고 그 데이터를 바탕으로 10년 후의 예상 손익계산표와 자금운영표, 조직구조도를 작성해 보았다. 당시 그가 조사했던 40여 개 직업에 관한 조사자료를 한 곳에 모아 두자, 그 높이가 10m에 달했다고 한다. 자료조사가 끝나자, 그는 "50년 후에도 변함없이 그 일에 나의 모든 것을 투자할 수 있는가" "그 사업이 10년 안에 일본 최고가 될 수 있을 것인가" 등을 포함한 25개 직업 선택기준을 선정하고, 이를 기준으로 40여 개 사업에 대한 점수를 매기자, 컴퓨터 소프트웨어 도매 사업이 단연 높은 점수를 기록했다. 그는 방대한 자료를 토대로 하여 수십 년 후의 미래를 염두에 둘 정도의 신중함과 주도면밀함으로, 목표를 정하고 그에 따른 계획을 세웠다.

얼마 후, 그는 소프트뱅크를 창립했다. 그리고 곧 이 회사는 일본 전역에서 최고의 소프트웨어 판매서비스를 제공하는 기업으로 성장했다. 손정의 회장은 소비자들이 소프트뱅크의 제품을 구매하도록 만들기 위해, 회사를 이용하여 잡지책을 출간하기도 했다. 1994년 그는 소프트뱅크를 주식시장에 상장시켰으며 1억 4천만 달러의 자금을 모으는 데 성공했다. 이때부터 소프트뱅크는 또 다시 화려한 발전을 위한 힘찬 도약을 시작했다.

"사전에 준비를 철저히 하면 일을 순조롭고 빠르게 할 수 있다"라는 말처럼, 그는 주도면밀한 준비와 사전예측을 바탕으로 1년여의 시간을 투자하여 인생의 성공을 달성했다. 성공한 사람들은 80%의 시간은 미래를 위해 남겨두라고들 말한다. 즉, 20%의 시간만을 지금 눈앞에 닥친 일을 처리하는 데에 사용하고, 나머지 80%는 비록 지금 당장은 도움이 안 될지라도, 훗날 큰 이득을 얻을 수 있는 중요한 일에 투자할 것을 권한다. 한 걸음 전진하기 전에 세 걸음 앞까지 미리 생각하고 대비하여 행동하는 사람이야말로 분명 가장 오래, 마지막까지 웃을 수 있다. 이것이야말로 지혜로움이며, 영원한 승자로 남을 수 있는 비결이다.

하나라 걸왕은 상나라 탕왕의 준비에 대비하지 못하여 탕왕에게 추방당했고, 상나라 주왕은 주나라 무왕의 공격에 대비하지 못하여 무왕에게 살해당했다. 하나라 걸왕과 상나라 주왕은 존귀한 천자의 지위에 올라 세상의 부귀영화를 누렸지만, 백리도 못 미치는 땅에 자리 잡은 작은 세력의 군주에게 멸망당했다. 그 이유는 무엇일까? 그들이 부귀영화에 빠져 앞날을 미리 대비해 놓지 못했기 때문이다.

묵자 · 칠환

절제 있는 생활을 하라

"부부절이천지화夫婦節而天地和, 풍우절이오곡숙風雨節而五穀孰, 의복절이기부화衣服節而肌膚和"

묵자 · 사과辭過

부부가 절제하면 하늘과 땅이 조화롭게 되고, 바람과 비가 절제되면 오곡이 잘 익으며, 옷차림을 절제하면 몸이 편안해 진다.
절제란 매사에 적당한 한도를 가지는 것을 의미한다. 즉, 적당한 수준에 멈춰서 지나침이 없게 하는 것이다. 적당함은 아름답지만, 지나침은 보기 좋지 않다. 적당함은 복을 가져오지만, 지나침은 오히려 화를 불러들인다. 즉 무슨 일이든 극단에 치우치면 오히려 해가 되는 법이다.

절제란

통제를 받거나 관할 및 관리되고 있음을 의미한다. 오늘날에는 주로 제한이나 통제의 뜻으로 사용되고 있다. 절제는 전통적인 미덕 중 하나이다. 즉, 계속해야 할 때는 계속해야 하고, 멈춰야 할 땐 멈춰야 한다. 사람은 반드시 그 행동에 절제가 있어야 한다.

묵자는 "군주된 자는 특히 사는 곳과 입는 의복, 먹고 마시는 것, 탈 것, 거느리는 부인 등 다섯 가지를 절제해야 한다"라고 했다. 또한 상고 시대의 구체적인 상황과 묵자가 살았던 당시의 상황을 비교하여 이 같은 사상을 논증했다. 그 이후, 그는 부부 사이에도 반드시 절제함이 있어야만 하늘과 땅, 그리고 음양의 기운이 자연스럽게 조화를 이룰 수 있으며, 바람과 비에도 절제의 미덕이 있어야만 오곡이 자연스럽게 풍작을 거둘 수 있다고 했다. 또한 의복에 절제함이 있어야 몸이 자연스럽고 편안할 수 있다고 했다.

묵자는 군자가 마땅히 향락에 대해 절제의 미덕을 갖춰야 하며, 보통 사람들 역시 생활 속에서 절제의 미덕을 갖출 수 있도록 주의해야 한다고 주장했다.

그의 사상은 상당한 과학적 근거를 가지고 있다. 『황제내경(黃帝內經, 중국 진한 시대의 의학서적)』에는 다음과 같이 직고 있다.

"태고적 사람들 가운데 양생의 이치를 터득한 사람은 자연의 기운에 조화를 맞추고 먹고 마시는 것에도 절도가 있었으며, 일상생활 중에도 항상 규칙을 세워 함부로 심신을 과로케 하는 법이 없었으므로, 몸도 마음도 모두 조화를 이루었다. 때문에 하늘이 내려 준 목숨을 다하고 백 세가 지나서야 세상을 떠났다. 그러나 지금 사람들은 그 양생의 이치에 어긋나는 삶을 살고 있다. 술을 절제하지 않고 즐기며, 몸과 마음을 함부로 과로케 한다. 또한 문란한 성생활로 그 정력을 낭비하여 생명력의 원천이 되는 진기를 상실하고 있다. 이처럼 몸과 마음의 진기를 보존하려 하지 않고, 기분 내키는 대로 욕망을 충족시키므로 50세만 되면 벌써 기력이 쇠하고 늙어 버리는 것이다."

『채근담菜根譚』에서는 또한 다음과 같은 내용이 있다. 물이 가득

찬 곳에 있는 사람은 마치 물이 넘칠 듯 말 듯한 상황에 있는 것과 같아서 한 방울을 더하는 것도 간절히 꺼리고, 위급한 지경에 처한 사람은 마치 나무가 부러질 듯 말 듯한 상황에 있는 것과 같아서 약간만 힘을 더하는 것도 간절히 꺼려한다.

이처럼 신체의 사용에 대해 마땅히 절제해야 할 것을 언급한 말들은 단지 절제라는 관념의 소극적인 한 부분일 뿐이다. 우리는 일상생활 속에서도 항상 주의를 기울여 절제된 생활을 해야 한다.

사람의 관점에서 볼 때, 과도한 향락을 추구하는 것, 심신을 함부로 과로케 하는 것, 지나친 것을 요구하는 것, 지나치게 사용하는 것 등은 모두 절제를 모르는 행동이라 할 수 있다. 또한 사회적 관점에서 볼 때, 나무의 벌목, 지하자원의 사용, 수자원의 활용, 온실가스의 배출 등을 논함에 있어서 역시 항상 절제할 것을 잊지 말아야 한다.

고대 그리스 신전의 벽에도 이런 말이 새겨져 있다고 한다.

"너 자신을 알라. 만사에 지나침이 없게 하라."

이 말 역시 묵자의 절제사상과 자연스레 통하고 있다. 동서양을 막론하고 많은 성현들이 절제의 중요성을 공통적으로 강조했다. 우리는 이것을 본받아 실천할 수 있어야 한다.

역사에서 배우기

독일의 대철학자 칸트 Immanuel Kant는 80여 년의 생애를 온전히 철학 연구와 사색에 바쳤다. 그는 결혼도, 여행도, 일상적인 사교생활조차 최소한으로 제한한 채, 고행하는 수도자와 같은 삶을 살았다.

그는 매일 소박하고 수수한 자신의 서재를 나서서 걸어서 대학으로 향했고, 수십 년을 한결같이 한 치의 변화도 없이 생활했다. 또한 주위 사람들이 칸트를 보고 시간을 알 수 있을 정도였다는 일화는 그가 얼마나 시간관념에 철저했는지를 말해준다.

그는 매일 새벽 5시에 일어나 저녁 10시면 정확히 잠자리에 드는 규칙적인 생활을 했고, 오후에는 항상 같은 산책로(훗날 칸트를 기념하여 '철학자의 길'이라 명명함)를 산책했다. 때문에 그 주민들은 칸트가 산책할 때면 시계를 보지 않고 시간을 짐작했다고 한다.

이렇게 엄격한 생활규칙을 평생 동안 한결같이 지켜내는 일은 분명 평범한 사람들이 해내기에는 어려운 일이다. 매일 새벽 5시만 되면, 칸트의 하인은 주인의 침대 맡에 와 그를 깨웠다.

"어르신, 일어나실 시간입니다."

그러면 그는 업무에 쫓겨 그 전날 아무리 늦은 시간에 잠자리에 들었어도, 단번에 잠자리를 박차고 일어났다. 한번은 그가 하인에게 이런 말을 했다고 한다.

"내 평생 가장 자랑스러운 일은 매일 새벽 자네가 나를 깨울 때, 두 번 이상 부른 적이 단 한번도 없다는 일이라네."

겉으로 보이는 그의 생활은 판에 박힌 듯 엄숙하고 규칙적이었지만, 그 내면은 다양하고 다채로운 사상과 이론들로 충만해 있었다.

불규칙한 생활을 하는 사람은 건강하고 올바른 상태일 수 없다. 일반적으로 규칙적인 생활이란 계획과 시간관념을 가지고 절제된 생활을 하는 것을 말한다. 상식적으로 행동하고 스스로의 생활을 통제할 줄 아는 사람만이 활기차고 생명력 넘치는 삶을 살 수 있다. 반면, 생활이 불규칙한 사람, 근무시간에는 철야로 야근에, 쉬는 날이면 잠자리에서 일어나지도 않는 무절제한 생활의 주인공들은 점차 생명력과 활기를 잃어간다. 하물며 몸과 마음의 건강은 더 말할 필요도 없을 것이다.

군주가 진실로 천하를 제대로 다스리고자 하고 혼란을 싫어한다면, 궁궐을 지을 때, 옷을 지을 때, 먹고 마실 때, 배와 수레를 만들 때 반드시 절제하지 않으면 안 된다. 또한 군주가 진실로 백성이 많아지기를 바라고 그 백성이 적어지는 것을 싫어한다면, 노비와 첩을 둘 때 역시 반드시 절제하지 않으면 안 된다. 이에 대해 성인들은 검약하고 절제하지만, 소인들은 사치하고 방탕하다. 검약하고 절제하면 번창할 것이나, 사치하고 방탕하면 멸망한다. 그러므로 이 다섯 가지는 반드시 절제해야 한다.

묵자 · 사과

절제 있는 생활을 하라

작은 것을 위해 큰 것을 버리지 말라

> "금유인어차今有人於此, 사기문헌舍其文軒, 린유폐여鄰有敝輿, 이욕절지而欲竊之, 사기금수舍其錦繡, 린유단갈鄰有短褐, 이욕절지而欲竊之, 사기량육舍其梁肉, 린유강조鄰有糠糟, 이욕절지而欲竊之."
>
> 묵자 · 공수公輸

지금 여기에 한 사람이 있는데, 자신의 화려한 수레를 버려두고 이웃의 낡은 수레를 탐내어 훔치려 하고, 값비싼 비단옷을 놔두고 이웃의 초라한 옷을 탐내어 훔치려 하며, 좋은 음식을 버려두고 이웃의 겨와 지게미를 훔치려 한다. 욕심이 없는 사람은 작은 것으로 인해 큰 것을 잃지만, 욕심이 지나친 사람은 얻는 것보다 잃는 것이 더 많다. 원대한 시야와 포부를 가진 사람은 큰일을 할 수 있으며, 눈앞의 사소한 이익 때문에 연연하여 자신의 뜻을 바꾸지 않는다. 또한 수박과 참깨를 구분하듯, 일상의 경중과 완급을 정확히 구분해 낼 수 있다.

수박과

참깨를 두고 그 크기와 무게를 비교한다면, 그 결과는 세 살배기도 알 수 있을 만큼 간단하다. 그러나 일상생활 속에서 수박과 참깨의 크기와 양을 비교하는 일은 결코 단번에 결정하기 어려운 문제이다. 때문에 사람들은 종종 참깨를 줍고 수박을 버리는 어리석은 실수를 저지르는 경우가 많다.

전국 시대 노나라의 장인 공수반公輪班은 운제(雲梯, 사다리를 길게 연결하여 높은 성을 공격할 수 있게 만든 기계-역주)라는 무기를 만들어 송나라를 침공하려는 초나라의 전쟁준비를 도왔다. 이 소식을 들은 묵자는 밤낮을 가리지 않고 초나라로 향했다. 이윽고 초나라 왕을 알현하게 된 묵자는 참깨와 수박의 비유를 통해 송나라를 침략하려는 초나라 왕의 계획을 그만둘 것을 권했다.

"초나라 국토는 사방이 5천 리에 달하지만, 송나라 국토는 단 5백 리에 불과합니다. 이는 마치 화려한 수레와 낡고 망가진 수레를 비교하는 것과 같습니다. 초나라에는 운몽雲夢이라는 호수가 있어 그 주위에는 물소와 외뿔소, 고라니, 사슴 등의 짐승들이 가득하고, 장강長江과 한수漢水에서는 물고기, 자라, 악어 등이 나는지라, 천하에서 가장 풍요로운 곳이라 할 만 합니다. 그러나 송나라는 꿩이나 토끼, 여우같은 동물들조차도 없는 곳이므로, 초나라를 고기반찬이 놓인 풍성한 차림상이라 한다면, 송나라는 겨와 지게미뿐인 상이나 마찬가지입니다. 또한 초나라에서는 거대한 소나무, 그 결이 세밀하고 고운 가래나무와 녹나무 등 훌륭한 목재가 나는데, 송나라에는 큰 나무조차도 없으니, 이는 마치 수를 놓은 비단 옷과 질이 거친 천으로 만든 옷을 비교하는 것과도 같습니다."

그러나 초나라 왕은 이 같은 묵자의 설득을 받아들이지 않았다. 초나라 왕은 오로지 눈앞의 이익을 손에 넣을 생각뿐이었다. 수박도 잃지 않고 참깨도 가질 수 있다면, 더 좋은 일이 아닌가? 그러나 묵자는 계속 말을 이었다.

"수박은 왕의 것이고, 참깨는 남의 것입니다. 남의 것을 강제로 빼앗는 것은 설령 그것이 아무리 작은 것일지라도, 훗날 자신이 가진 모든 것으로 그 대가를 치르게 될 수도 있습니다."

욕심이 없는 사람은 작은 것으로 인해 큰 것을 잃지만, 욕심이 지나친 사람은 얻는 것보다 잃는 것이 더 많다. 원대한 시야와 포부를 가진 사람은 큰일을 할 수 있으며, 눈앞의 사소한 이익 때문에 연연하여 자신의 뜻을 바꾸지 않는다. 또한 수박과 참깨를 구분하듯, 일상의 경중과 완급을 정확히 구분해 낼 수 있다.

조나라가 진秦나라에게 멸망하자, 수많은 조나라 사람들이 촉蜀나라로 이주해 갔다. 또 일부는 고향에서 멀지 않은 조나라의 가맹葭萌 땅에 살기 위해 진나라 관리들에게 간청하기도 했다. 그런데 탁卓씨 성을 가진 단 한 사람만은 둘 중 어느 것도 선택하지 않았다.

"가맹이 비록 현청이 있는 도시이지만, 그 땅이 척박하기 이를 데 없소. 듣자 하니, 민산(岷山, 쓰촨 성과 간쑤 성 경계에 있는 산) 아래에 비옥한 평야가 있는데, 온갖 구황작물(감자, 고구마, 토란 등 흉년 따위로 기근이 심할 때 주식 대신에 허기를 채울 수 있는 작물)이 많아 절대 굶는 일이 없다고 하오."

그는 이렇게 말하고 자신을 민산 아래에 위치한 임등臨鄧으로 보내 줄 것을 부탁했다. 임등에서 철광을 발견한 그는 그것에 의지하여 철을 제련하고 무역을 시작했고, 훗날 큰 부자가 되었다.

지혜와 용기를 겸비한 인재는 큰 성공을 거둘 수 있고, 책략에 뛰어난 인재는 큰 이익을 얻을 수 있다. 물론 현명하고 용감한 사람도 주객을 착각할 때도 있고, 멀리 보는 시야를 가진 사람일지라도 행운을 바라게 될 때가 있다. 이 역시 작은 일과 큰일 사이에서 우선순위를 잘못 선택하게 만든다.

수隋나라 문제文帝는 중국 역사상 찾아보기 힘든 검소한 군주이다. 그는 스스로도 근검절약했을 뿐만 아니라, 대신들과 왕족에게도 근검절약 할 것을 강조했다. 태자 양용楊勇은 총명하고 용감했지만 정치적으로는 뛰어난 업적을 남겼다. 그러나 수 문제는 태자가 가진 좋은 점들은 크게 중시하지 않고, 오히려 그가 처첩을 여럿 거느린 것과 다소 겉치장을 즐기는 단점에 큰 불만을 가졌다. 또 다른 아들 양광楊廣은 바로 이 점을 트집 잡아 상소문을 올렸다. 이에 수 문제는 양용을 폐위시키고 양광을 태자로 삼기로 결정했다. 이렇게 하여 황위에 오른 양광이 바로 수 양제煬帝이다. 그는 부친과 달리 교만하고 사치스러우며 방종하기로 악명을 떨쳤다. 결국, 그로 인해 수 왕조는 철저히 몰락하고 말았다.

눈앞의 작은 이익과 멀리 있는 이익, 겉으로 보이는 이익과 근본적인 이익 중, 어느 것이 더 크고 작은 것이냐의 문제는 사실 수박과 참깨를 구분해 내는 것과 마찬가지로 간단한 일이다. 그러나 수박을 얻기 위해 참깨를 포기하고, 멀리 있는 이익을 위해 눈앞의 이익을 포기하는 것, 본질적인 이익을 위해 겉으로 드러난 이익을 무시하는 것, 또한 원대한 목표를 위해 눈앞의 유혹을 뿌리치는 일은 현명하고 용감한 사람들조차 결코 쉽게 해낼 수 없는 일이다. 그러므로 사람들은 이것을 크게 중시한다.

역사에서 배우기

이 일화는 상하이에서 근무하는 샐러리맨 샤오장小張이 새로 이사할 집의 인테리어 공사를 하는 과정에서 일어난 사건이다. 여러 곳에서 인테리어 가격을 알아보던 샤오장은 전혀 들어본 적 없는 업체였지만, 다른 업체들보다 1만 위안 정도 가격이 싼 인테리어 회사를 선택해, 2003년 4월 이 업체와 인테리어 공사 계약을 맺었다. 약 6개월 정도 시간을 들여 인테리어를 완성하기로 했고, 시공비용은 공사 단계에 따라 네 번으로 나누어 지불하기로 했다.

그러나 누가 알았을까? 2004년이 다 되도록 시공은 완성될 기미조차 보이지 않았다. 이유인 즉 세 번째 단계까지 공사비용을 치르고 나서부터는 어찌된 일인지 일꾼들이 사라졌기 때문이다. 게다가 작업반장이라는 사람은 작업 중인 샤오장의 새 집에 들어와서 아예 생활하기 시작했다. 아예 집안 식구들까지 모두 불러들여 물과 전기, 가스까지 제멋대로 사용하는 것으로도 모자라, 집 전체를 엉망진창으로 만들어 놓았다.

샤오장은 공사를 빨리 진행시킬 것을 여러 번 재촉했지만, 인테리어 업체 사람들은 말로만 알았다고 할 뿐, 3개월이 지나도 여전히 일손을 놓고 있었고 그렇다고 공사비용을 환불해 주려고도 하지 않았다. 결국 참다못한 샤오장은 이 인테리어 업체를 법원에 고소했다.

샤오장은 결국 이 업체를 상대로 낸 소송에서 승소했다. 법원은 당초 샤오장이 인테리어 업체와 맺었던 계약서의 무효로 하고 그 업체가 샤오장에게 시공금액을 모두 환불해 줄 것을 명령했다. 인테리어 업체에서는 울며 겨자 먹기로 시공금액 일부를 샤오장에게 환불해 주고, 나머지 금액을 환불해 주겠다는 내용의 새로운 계약을 맺었다. 그러나 그 이후에도 나머지 금액에 관한 계약은 해결될 기미가 보이지 않았다. 돈을 돌려주지 않으려는 인테리어 업체에서는 법원과 숨바꼭질이라도 하는 양, 아예 회사 상호명을 바꾸고 담당자들과의 연락도 두절시켜 버렸다.

샤오장은 돈 조금 아끼려 엉터리 인테리어 업체와 계약을 맺었던 것을 크게 후회했다. 이번 일로 샤오장은 돈을 아끼기는커녕, 오히려 더 많은 돈과 시간, 그리고 기력까지 낭비하고 말았다. 더욱 용서가 안 되는 것은 그 인테리어 업체 사람들이 당초 샤오장의 새 집에 사용된 전선들이 좋지 않다면서 좀 더 좋은 상표로 교체할 것을 권했고, 샤오장 역시 그 말을 따랐다는 사실이다. 나중에 조사해 보니, 그들이 새로 교체한 전선은 그야말로 엉터리 불량제품이었다!

집은 장기적인 안목으로 생각해야 할 항목이다. 따라서 인테리어 공사를 할 경우에는 보험과 가격이 좀 비싸더라도 이름 있는 회사를 선택하는 것이 좋다. 시공규칙이 정확하고 인테리어 협회에 등록되어 있는 정식회사에 공사를 의뢰해야만 안전성을 보장받을 수 있다. '참깨'를 조금 아끼려다 '수박'을 잃어버리는 일을 한다면, 훗날 크게 후회할 것이다. 참깨와 수박은 모두 나름의 쓸모가 있다는 사실은 분명하다. 그러나 두 가지 중에서 하나밖에 선택할 수 없는 상황이라면, 손쉽게 가질 수 있는 참깨를 선택하는 일은 없어야 한다. 즉, 작은 것을 위해 큰 것을 잃고, 수박을 잃고 후회하지 않도록 명심해야 한다.

초나라 임금이 말하였다.
"좋습니다! 나는 송나라를 공격하지 않기로 하지요."
묵자는 돌아가는 길에 송나라를 지났다. 마침 비가 내려 그곳 마을 입구의 문 안으로 들어가 비를 피하려 하였다. 그러나 마을 문을 지키는 사람이 그를 들여보내 주지 않았다. 그러므로 "신묘하게 일을 다스린 사람에 대하여 사람들은 그의 공을 알지 못한 채 드러내 놓고 다툰 사람들만을 알아준다"라는 말이 있는 것이다.

묵자 · 공수

인재를 회유하고 단결시키는 전략

"국유현량지사중國有賢良之士衆, 칙국가지치 후則國家之治厚,
현량지사과賢良之士寡, 칙국가지치 박則國家之治薄.
고대인지무故大人之務, 장재어중현이이將在於衆賢而已."

묵자 · 상현尙賢

나라에 어진 인재가 많으면 그 나라의 업적이 크고, 인재가 적으면 국가의 업적도 작아진다. 그러므로 관리들의 가장 급선무는 어진 인재를 많이 모으는 것이다.

기업들의 사원 채용은 단순히 인재선발이라는 한 단계를 완성한 것에 지나지 않는다. 즉, 인재의 선발과 사용, 그리고 확보로 이루어진 3단계 중 1단계가 진행된 것이다. 선발된 인재를 가장 적합한 용도로 활용하고 배치하는 것이 나머지 2단계이고, 마지막으로 앞선 과정들을 통해 양성해 낸 인재들을 기업에서 꾸준히 관리하는 것이 마지막 3단계이다. 이 마지막 과정은 인적자원 관리에서 가장 어려운 부분이기도 하다.

오늘날 기업 간 경쟁은 바로 인재경쟁이라 해도 과언이 아니다. 이미 인적자원은 기업의 성공과 실패를 좌우하는 직접적인 요인으로 손꼽히고 있다. 인재는 기업의 핵심이다. 그러므로 인재유실을 막는 것은 기업들이 직면한 최대의 과제가 되고 있다.

그렇다면, 경영자들은 어떻게 해야만 효율적으로 인재를 회유하고 단결시켜 그들이 가진 능력을 최대로 발휘시킬 수 있을까? 이 같은 물음에 대해 묵자는 다음과 같은 해결의 실마리를 제공했다.

묵자는 인재란 국가의 보물이자 조정을 이끄는 훌륭한 보조자라고 했으며, 반드시 인재에게 부유하고 높은 지위를 부여하여 존중해 주어야 한다고 했다. 묵자는 이에 대해 다음과 같은 예를 들어 설명했다.

"나라에 활쏘기에 뛰어나고 수레를 잘 모는 사람이 많게 하려면, 반드시 그들을 부유하고 존중하고 귀하게 대해 주어야 한다. 그러면 나라 안에 활쏘기에 뛰어난 자와 수레를 잘 모는 자들이 자연히 늘어날 것이다."

서주西周 시절, 주공은 아들 백금伯禽을 노魯나라에 보내어 그곳을 다스리게 했다. 백금이 노나라로 떠나기 전, 주공에게 조언을 청했다. 이에 주공이 말했다.

"나는 문왕文王의 아들이고 무왕武王의 아우이며, 지금 천자의 숙부가 되는 사람이다. 내 지위와 신분이 어떻다고 생각하느냐?"

백금이 대답했다.

"고귀한 신분이십니다."

주공이 말했다.

"그렇다. 나는 높은 지위와 고귀한 신분을 가졌지만, 급한 일이 닥치면 머리를 감다가도 그 머리를 쥔 채로 나가서 그 일을 처리하고, 나를 만나고자 하는 사람이 있으면 밥을 먹다가도 그것을 뱉고 나가서 맞이한다. 내가 이렇게 하는 것은 천하의 인재들이 나에게 오지 않을 것을 걱정하기 때문이다. 너는 노나라에 가거든 일개 왕에 불과할 뿐이다. 절대로 오만하게 굴어서는 안 될 것이다!"

주공은 이처럼 인재를 예로 대함으로써 그들을 모으고자 했다. 이것이 바로 그의 성공비결이었다.

어진 인재를 가려내고 기용하는 것에 대해 묵자는 "그 책임을 감당하지 못하면서도 그 벼슬자리에 앉아 있어서는 안 된다"고 했다.

"국가를 다스릴 만한 사람이 왕이 되고 관리가 될 만한 사람이 벼슬을 하며, 현, 읍을 다스릴만한 사람이 향리가 되어야 한다. 사람의 성품과 능력에 따라 그에 걸맞는 지위와 관직을 내려야 한다."

이 같은 묵자의 주장을 뒷받침하는 가장 전형적인 예로 중국 삼국 시대의 방통龐統을 들 수 있다. 뛰어난 모사였던 서서徐庶는 유비에게 방통을 추천했다. 그러나 유비는 그의 겉모습만을 보고 뇌양현의 현령으로 삼아 먼 외지로 보내 버리고 말았다. 뇌양현에 도착한 후, 답답한 마음을 달래기 위해 방통은 늘 술을 벗했고, 머지않아 관청에는 일이 산더미처럼 쌓이게 되었다. 이렇게 되자, 현에서는 방통을 비난하는 소리가 높아졌고, 급기야 유비에게까지 고발장이 접수되는 일이 생겼다. 유비는 즉시 장비를 뇌양현으로 보내어 방통의 상황을 살펴보게 했다. 장비는 뇌양현에 도착하자마자 방통을 꾸짖었다.

"어째서 공무를 쌓아두고 처리하지 않는 것이오?"

방통이 말했다.

"이런 작은 일들을 가지고 무얼 그리 대수롭게 여기시오! 내일 내가 처리하는 것을 두고 보면 아십니다."

다음 날, 드디어 관청에 나선 방통은 접수된 모든 안건들을 3일 내에 모두 완벽하게 해결해 냈다. 어안이 벙벙해진 장비는 황급히 조정으로 돌아가 유비에게 모든 사실을 보고했다. 유비는 사실을 듣고 크게 기뻐하며 방통을 곧 불러들여 좌군사로 임명했다.

옛 성현들은 인재를 모으고 단결시켜, 그들이 가진 각자의 능력을 적절히 활용하는 것에 대해 수많은 주옥같은 조언을 남겼다. 이 조언들은 오늘날 기업경영인들에게 어떤 가르침을 줄 수 있을까?

(1) 인재에게는 그 능력에 걸맞는 충분한 보수를 지급하라

연봉과 복지수준은 직원들이 직장을 선택하는 가장 직접적인 요인이 되는 경우가 많다. 이 문제에 대해서는 달리 방법이 없다. 특히 현재의 연봉수준을 가장 적절하다고 굳게 믿고 있는 경영자라면, 직원들과의 의견충돌은 물론 회사와 자신, 직원들에게까지 손실을 가져오는 결과를 야기시킨다.

(2) 숨겨진 인재들을 찾아 그들에게 걸맞는 일을 제공하라

대다수 사람들은 자신이 해야 하는 일이라는 의무감 때문에 그 일을 할 때가 많다. 때문에 속으로는 그 일을 싫어하는 경우도 있다. 이런 경우에는 반드시 그 직원이 선호하는 업무를 현재의 일과 병행할 수 있도록 배려해 주는 것도 필요하다.

(3) 직원들이 자신의 일에서 즐거움을 찾을 수 있도록 만들라

도전의식을 불러일으키지 못하는 일은 곧 인재들을 떠나가게 만드는 주요원인이다. 특히 대학을 갓 졸업한 젊은 인재들은 일반적으로 첫 직장에서 근무한 2년을 전후로 이직을 결정하는 경우가 많다. 그 이유가 무엇일까? 상급자들이 사회 초년생들을 전혀 배려하지 않기 때문이다.

(4) 파격적인 인사이동을 실시하라

기업이 능력 있고 창의력을 갖춘 젊은 인재를 선발하려면 반드시 그에게 어떤 직위를 줄 것인지, 어떻게 해야 그를 가장 적절한 업무에 투입할 수 있을 지에 대해 신중하게 고려해야 한다.

(5) 의사소통을 강화하여 직원들과의 거리감을 좁히라

상급자와의 불화는 직원들의 이직을 유발하는 원인 중의 하나이다. 상급자와의 불화를 일으키는 원인은 다양하지만, 중요한 것은 그 원인이 아니라 상급자의 태도이다. 상급자는 항상 마음을 열고 아래 직원들과 평등한 의견을 교류하는 자세를 가져야 한다. 이것이 가능해질 때, 비로소 상급자와 부하 직원들 사이의 모순을 해결할 수 있다.

역사에서 배우기

건안建安 5년, 승상의 지위에 오른 조조는 전보다 더욱 황제를 염두에 두지 않았다. 한나라 헌제의 장인인 동승董承은 조조를 없앨 음모를 세웠다. 조조는 이 소식을 듣고 곧 그들의 음모를 간파했다.

유비 또한 이 역모에 가담했음을 알게 된 조조는 20만 대군을 이끌고 5갈래로 나누어 서주徐州를 공격하고 유비를 잡으려 했다. 당시 조조와 맞설만한 힘과 세력이 없었던 유비는 직접 말을 몰고 원소袁紹를 찾아가 그에게 의탁했다.

조조는 서주를 무너뜨린 후, 다시 하비下邳를 공격해 들어갔다. 관우는 유비의 부인과 그 가족들을 보호하려다 산에서 조조의 군마에 포위당하고 만다.

관우의 '온주참화웅(溫酒斬華雄, 조조가 준 술이 채 식기도 전에 관우가 적장의 머리를 베어 들고 돌아온 일화)' 이후, 그의 재주를 깊이 흠모해 오던 조조는 장요張遼를 보내 관우에게 항복할 것을 설득했다. 그러자 관우는 세 가지 조건을 내걸고 조조에게 항복한다. 관우가 내건 세 가지 조건은 첫째, 조조가 아닌 한나라 왕실에 항복하는 것이다. 둘째, 가족들의 안전을 보장해 주어야 한다. 셋째, 유비가 있는 곳을 알게 되면, 곧 그곳으로 떠날 것이다.

장요가 관우의 세 가지 조건을 조조에게 전하자, 조조는 그의 조건을 받아들였다. 이에, 관우는 유비의 두 부인을 모시고 조조와 함께 허도許都로 향했다. 허도로 향하는 도중, 조조는 일부러 유비의 두 부인과 관우를 한 객실에서 머무르도록 했다. 그러나 그의 의도와는 달리 한 손에는 등을 밝히고, 다른 한 손에는 칼을 든 채 밤을 세워 가며 부인들을 지키는 관우의 모습을 보며 조조는 또 한 번 감탄을 금치 못했다.

얼마 후, 유비의 소식을 접한 관우는 조조에게 떠나고자 하는 뜻을 밝혔다. 아쉽지만 사람을 얻을 수는 있어도 그 마음을 잡아 놓기는 어렵다는 것을 아는 조조는 당초의 약속을 지켜 관우를 보내 주었고, 비단전포를 선물했다.

그러나 관우는 만일을 경계하며 말에서 내리지 않고, 청룡도 끝으로 비단전포를 걸어 몸에 걸쳤다. 관우의 무례한 행동에 분개한 조조의 부장部將이 관우를 죽이려 했지만, 조조의 만류에 칼을 거두었다. 이렇게 어렵사리 조조의 진영을 떠나온 관우의 앞에는 험난한 여정이 그를 기다리고 있었다.

관우는 두 형수를 보호하며 동령관東嶺關에 도착했다. 조조의 출입허가증이 없었던 관우는 그곳의 수문장 공수孔秀의 방해에 부딪혔지만, 결국 공수를 베고 두 번째 관문인 낙양을 향해 발길을 재촉했다. 두 번째 관문의 낙양洛陽에서는 태수 한복韓福이 대장군 맹탄孟坦을 보내어 관우와 싸우게 했다. 관우는 이들의 계책에 빠져 한복이 쏜 활에 왼쪽 팔을 다쳤지만, 이에 아랑곳없이 이들의 목을 단칼에 베어 버렸다. 세 번째 관문인 사수관氾水關에서는 그곳의 수장 변희卞喜가 진국사鎭國社에 200여 명의 군사들을 매복시켜 관우를 죽이려는 계책을 세웠지만, 이 역시 실패로 돌아가고, 변희 역시 관우의 칼에 죽음을 맞이했다. 이렇게 관우는 네 번째 관문인 형양滎陽까지 이를 수 있었다. 형양태수 왕식王植은 두 번째 관문에서 관우에게 죽은 한복의 친척이었다. 왕식은 관우를 죽여 한복의 원수를 갚으려 했지만, 그 역시 관우의 칼에 죽음을 맞이하고 말았다. 다섯 번째 관문에서 역시 그곳을 지키던 장수 진기秦琪가 관우의 앞을 막았지만 결국 성공하지 못했다.

 황하를 건너 원소袁紹의 세력권에 다다른 관우는 그곳에서 손건孫乾과 마주쳤다. 손건은 유비가 이미 여남汝南으로 떠났다는 소식을 전하고, 관우와 두 부인이 여남에서 유비를 만날 수 있도록 해 주었다.

 관우와 손건은 다시 황하를 건너 여남으로 향했다. 이 소식을 접한 조조는 군사를 보내어 곧 그들을 뒤쫓게 했지만 실패로 돌아가고 말았다. 뒤늦게 조조의 명을 받은 장요가 관우를 뒤따랐지만, 그는 관우에게 길을 열어 놓아주었다.

 유비를 찾아가는 관우가 다섯 개 관문을 지키는 조조의 여섯 장수를 죽인 이 일화를 '오관참육장五關斬六將'이라 한다.

 조조는 불가능하다는 것을 알면서도 관우라는 인재를 절실히 얻고자 했다. 비록 결국은 관우를 유비에게 보냄으로써 그 염원은 실패로 돌아갔지만, 대신 조조는 천하 인재들의 마음을 얻는 데에는 성공을 거두었다. 조조는 인재를 등용함에 있어 가문과 품행을 따지지 않고, 오로지 능력만을 기준으로 인재를 등용하는 정책을 펼쳤다. 때문에 조조의 수하에는 수많은 인재들이 모여들었고 위魏나라는 자연히 인재가 넘쳐나게 되었다. 책사策士로는 순욱荀彧, 순유荀攸, 곽가郭嘉, 정욱程昱, 가후賈诩, 장수로는 장요, 악진樂進, 우금于禁, 장합張合, 서황徐晃, 허저許褚, 전위典韋 등의 인재들은 조조의 패업달성을 위한 확고한 기반을 마련했다. 조조의 인재등용술은 현대의 경영인들의 인재선발과 활용에도 큰 도움을 줄 것이다.

성왕이 다스린 때에는 덕에 따라 벼슬을 내리고 관직에 따라 일을 맡았으며, 공로에 따라 상을 받고 그 공의 크고 작음에 따라 녹봉을 달리 했다.

묵자 · 상현

인재를 회유하고 단결시키는 전략

상벌을 확실히 구분하여 활용하라

"시이민견선자언지是以民見善者言之, 견불선자언지見不善者言之, 국군득선인이상지國君得善人而賞之, 득폭인이벌지得暴人而罰之, 선인상이폭인벌善人賞而暴人罰, 즉국필치의則國必治矣."

묵자 · 상동尙同

백성들은 선한 것을 보아도, 악한 것을 보아도 모두 왕에게 알린다. 그러면 왕은 선한 이에게는 상을 내리고 나쁜 이에게는 벌을 내린다. 선한 사람이 상을 받고 악한 사람이 벌을 받는다면, 그 나라는 잘 다스려질 것이다.

상은 선한 것을 장려하여 그 선함을 더욱 발휘하게 만들고, 벌은 악한 것을 억제시킨다. 군대에서 상벌을 분명히 하면 군의 사기를 드높일 수 있고, 회사에서 상벌을 분명히 하면 그 이익을 높일 수 있다.

고대

병법서에서는 공이 없는 자에게 상을 내리고 죄 없는 자에게 벌을 내리면, 아랫사람들이 모두 배신할 것이라 했다. 이로 보건대, 옛 선조들은 상벌을 확실히 구분하는 것이 군대를 올바로 다스리는 도리임을 정확히 알고 있었다. 묵자 역시 이 관점에 동의한다.

상벌의 구분을 확실히 하는 것은 묵가의 핵심 사상 중 하나이며,

『묵자』에도 이에 관한 내용이 많이 언급되어 있다. 묵자는 「상현」에서 이렇게 말했다.

"어질지 못한 사람에게 상을 내리고 포악하지 않은 사람에게 벌을 내리면, 장차 상을 내려도 어진 행동을 권할 수 없으며 벌을 내려도 포악한 행동을 막을 수 없다."

묵자는 어질고 능력 있는 인재들에게는 높은 벼슬과 많은 녹봉을 주어 중임을 맡기고, 행정결정권을 부여해야 한다고 주장했다.

"상과 명예는 마땅히 어진 이에게 돌아가야 한다."

또한 포악하거나 품행이 바르지 못한 자에게는 형벌을 강화하는 원칙을 실천할 것을 주장했다. 이밖에도 「겸애」에서는, "상과 명예를 내림으로써 선행을 권하고, 형벌로써 잘못된 행동을 막아야 한다"라고 했다.

춘추 전국 시대 위나라 무후武侯가 공신들을 위해 조묘에서 연회를 열고자 했다. 이때, 장군 오기吳起는 신하들의 공로의 크고 작음에 따라 연회석상의 자리를 앞, 중간, 뒤의 세 줄로 구분한 후, 가장 공이 큰 앞자리 공신에게는 최고의 대접과 요리를 대접하고, 그 다음 가는 공을 세운 신하에게는 두 번째로 훌륭한 대접과 요리를, 맨 뒷줄의 가장 공이 작은 신하에게는 가장 낮은 수준의 요리를 접대하며, 연회가 끝난 후에는 공신들의 가족에게도 그 공로에 따라 상을 내릴 것을 건의했다. 그는 이 같이 상을 내림에도 차이를 두면 공을 세운 신하들은 합당한 상을 받고, 공이 없는 신하들은 이를 보고 더욱 분발하여 공을 세우려 할 것이라고 생각했다.

이 같은 오기의 주장은 묵가사상과 일치한다. 비록 고대의 사상을 그대로 현재에 적용하기는 무리겠지만, 그 사상에 담긴 정신은 현대의 인적자원 관리에 적용해도 큰 차이가 없다.

관리자의 입장에 있는 사람은 반드시 아랫사람의 공로를 인정해 주어야 하며, 그 공적을 기준으로 합당한 수준의 보상을 지급해야 한다. 즉, 상벌은 모두 명확한 기준을 근거로 정확하게 분배되어야 한다.

공이 있으면 반드시 상을 받아야 한다. 공을 세우고도 그에 합당한 보상을 받지 못하면, 아랫사람은 실망감을 느낄 것이다. 또한 이 같은 일이 반복된다면 결국 공을 세우고자 하는 의욕을 상실하고 상급자와의 관계 역시 멀어질 것이다. 「설원說苑」에서는 다음과 같이 말하고 있다.

"공이 있어도 상을 내리지 않고 죄가 있어도 벌을 내리지 않는다. 힘 있는 당파의 사람은 출세하고 힘 없는 당파의 사람은 배척당한다. 이렇게 되면 사악한 무리들이 패를 지어 어진 이를 덮어 가리고, 많은 관리들이 작당하여 간사한 일을 저지르게 된다. 충신은 죄가 없어도 비방으로 죽게 되고, 간신은 공이 없어도 명예와 상을 받게 된다. 결국 나라는 멸망의 위기에 처하게 된다."

그러므로 공을 세운 사람에게는 반드시 상을 내려 그의 태도를 격려하고 상사와의 관계를 융화시킬 수 있도록 해야 한다.

잘못은 반드시 처벌받아야 한다. 특히, 조직의 규율을 바로 세우기 위한 처벌은 더 큰 중요성을 갖는다. 친구나 가족이라는 이유로 잘못을 철저히 벌하지 않는다면, 이것은 곧 많은 이들의 불만을 야기시킬 것이다. 또한 우유부단함이나 사적인 감정으로 인해 상벌의 구분을 흐려서도 안 된다. 상벌이 명확히 구분될 때, 비로소 조직결속력과 구성원들의 적극성을 효율적으로 이끌어 낼 수 있다.

관리의 핵심비결이란 사실상 바로 이렇게 간단하지만, 그 간단함 때문에 오히려 사람들에게 잊혀지기 쉽다. 내가 바라는 것이 있다면 반드시 남을 상으로 격려해야 하며, 제거해야 할 것이 있다면 벌로써 처벌해야만 한다.

역사에서 배우기

전국 시대 제齊나라 위왕威王이 처음 왕위에 올라 정치를 돌보지 않자, 주변국들의 침략이 잦아지고 제후들이 서로 침략하고 백성들이 잘 다스려지지 않는 상황에 이르렀다. 그러나 훗날 대신 순우곤淳于髡의 간언을 받아들여 나라를 다스리는 데에 전념했다.

위왕이 매일같이 즉묵卽墨 지역의 대부(大夫, 지방관-역주)에 대한 험담과 아阿 지역의 대부에 대한 칭찬을 듣게 되었다. 이에 위왕은 소문을 성급히 믿지 않고, 곧 사람을 시켜 즉묵 지역과 아 지역의 실상을 철저히 조사하도록 명했다.

얼마 후, 위왕은 즉묵 대부를 불러 말했다.

"그대가 즉묵에 부임한 후, 매일 같이 그대를 헐뜯는 소리가 끊임없이 들려왔소. 그런데 내가 직접 사람을 보내 조사해 보니, 논밭은 모두 잘 개간되어 백성들의 생활은 풍족하고, 관리가 할 일이 없을 만큼 동쪽 일대가 모두 평안했소. 이로 보건대, 그대에 관한 험담이 끊이지 않았던 것은 그대가 내 측근들에게 잘 보아줄 것을 부탁하며 뇌물을 주지 않았기 때문이오."

이에 즉묵 대부는 후한 상을 받았다.

이번에 위왕은 아 대부를 불러 호되게 꾸짖으며 말했다.

"그대가 아에 부임한 후, 그대를 칭찬하는 말이 끊임없이 들려왔다. 그러나 내가 직접 사람을 시켜 조사해 보니, 논밭은 황폐하고 백성들은 배고픔에 고통스러워하고 있었다. 또한 그대는 조趙나라가 견鄄땅을 침범해도 도우러 가지 않았고, 위衛나라가 설릉薛陵을 침범해도 그 사실조차 알지 못했다. 이로 보건대, 너는 내 측근들을 뇌물로 매수하여 너를 칭찬하도록 한 것이구나!"

위왕은 곧 아 대부와 그를 칭찬했던 대신들을 끌어내어 모두 사형에 처했다.

그후, 제나라 대신들과 지방관들은 감히 거짓으로 왕을 속이려는 자가 없었고, 모두 최선을 다해 자기가 맡은 바 본분에 충실했다. 이에 나라는 잘 다스려지고 국력이 날로 강성해졌다.

제나라 위왕은 자신이 말한 것은 반드시 지키고, 상벌을 엄격하고 공정히 했다. 그는 객관적 사실에 근거하여 상벌을 구분하는 '공정성'을 특히 중시하여, 사건의 단면만을 보고 편견을 갖는 법이 없었다. 또한 경솔하게 판단하지 않고 매사에 철저한 조사연구를 통해 사실을 가려내고자 했다. 이처럼 그는 상벌을 분명하고 공정히 처리하고자 하는 의지를 그대로 실천에 옮겼다.

윗사람이 정치를 할 때 아랫사람들의 실정을 잘 이해하면 나라를 잘 다스릴 수 있고, 그렇지 못하면 나라가 혼란해진다. 그것을 어떻게 아는가? 윗사람이 정치를 할 때 아랫사람들의 실정을 잘 이해하고 있다는 것은 백성들의 선함과 악함을 잘 알고 있다는 것이다. 그리고 이것을 안다면, 선한 이들에게는 상을 내리고 악한 이들에게는 벌을 내릴 수 있다. 이처럼 상벌이 분명하면, 그 나라는 반드시 잘 다스려질 것이다.

묵자 · 상동 上同

상벌을 확실히
구분하여
활용하라

겸애의 마음을 가지라

"부애인자夫愛人者, 인필종이애지人必從而愛之, 이인지利人者, 인필종이리지人必從而利之. 악인자惡人者, 인필종이악지人必從而惡之, 해인지害人者, 인필종이해지人必從而害之."

묵자 · 겸애兼愛

남을 사랑하는 사람은 남도 반드시 그를 사랑할 것이며, 남을 이롭게 하는 사람은 남도 반드시 그를 이롭게 할 것이다. 남을 미워하는 사람은 남도 반드시 그를 미워할 것이며, 남을 해치는 사람은 남도 반드시 그를 해치게 될 것이다. 사랑은 사람들의 화합, 단결, 협조를 위한 전제이며, 사회, 단체, 조직의 화합을 위한 전제이기도 하다. 또한 서로를 사랑하는 마음은 인류문명의 상징이자, 동시에 자율적 문명발달을 위해 필요한 조건이기도 하다.

길다면

한없이 길고 짧다면 눈 깜짝할 사이에 지나갈 만큼 짧은 것이 인간의 삶이다. 이 인생을 충실하고 의미 있게 살고자 한다면, 우리는 반드시 겸애의 마음을 가져야 한다. 겸애의 마음을 가진다는 것은 곧 사랑의 마음으로 주변 사람들과 주위에서 일어나는 일들에 관심을 가지는 것이며, 또한 자신의 모든 마음을 삶에 대한 열정과 세상의 은혜에 감사하는 일에 쏟아 붓는 것이다.

묵자의 제자인 무마자巫馬子가 묵자에게 질문했다.

"스승님께서는 세상 모든 것을 사랑하시지만, 그로 인해 아무것도 얻으신 것이 없습니다. 저는 세상 모든 것을 사랑하지 않지만 특별히 손해 보고 있는 것은 없습니다. 행동은 다르나 그 효과는 모두 나타나지 않았는데, 스승님께서는 어째서 스승님이 옳으시고 제가 틀렸다 하십니까?"

묵자가 대답했다.

"지금 어떤 사람이 불을 내려고 하고 있다. 한 사람은 물을 길어와 불을 끄려고 하고, 다른 한 사람은 불길을 옮겨 불을 더 타오르게 하려고 하고 있다. 두 사람의 행동 모두 아직 그 효과는 나타나지 않았다. 너는 이 두 사람 중, 누가 옳다고 생각하느냐?"

"저는 물을 길어 와 불을 끄려는 사람이 옳다고 생각하고, 불길을 옮겨 불을 더 타오르게 하려는 사람은 잘못되었다고 생각합니다."

"나 역시 세상 모두를 사랑하는 나의 뜻을 옳다고 생각하고, 그렇지 않은 너의 뜻을 잘못되었다 생각하는 것이다."

'겸애'는 묵가학파의 가장 대표적인 이론 중의 하나이다. 소위 겸애의 본질이란 사람들에게 자신을 사랑하듯 남을 사랑하고, 혈연이나 신분을 초월하여 차별 없는 사랑을 베푸는 것이다. 묵자는 사람들이 서로 사랑하지 않는 것이 바로 사회혼란을 일으키는 가장 큰 원인이며, 오직 모두가 서로 사랑하고 함께 이롭게 되는 것으로써만이 사회가 안정을 되찾을 수 있다고 했다.

묵자의 겸애는 오늘날의 '박애博愛'로 해석할 수 있다. 사람을 발전시키고 존중하며 서로에게 관심과 사랑을 가지는 것, 박애사상을 전제로 존재하는 이 원칙들이 바로 현대 사회의 화합을 위해 필요한 조건이다.

박애는 사랑, 겸손, 찬미, 관용, 감사의 다섯 가지 마음으로 이루어져 있다.

(1) 사랑

가족과 친구를 사랑하는 사람은 선한 사람이지만, 적이나 자신을 해친 사람을 사랑하는 사람은 위대한 사람이다. 인생의 여정에서 사람들이 진심으로 서로 돕고 의지할 수 있다면, 우리는 함께 삶의 고난을 극복하고 생명의 찬란함을 누릴 수 있다.

(2) 겸손

옛말에 이르길, "세 사람이 같이 가면 반드시 나의 스승이 있다"라고 했다. 사람들은 항상 서로에게서 자신보다 뛰어난 점을 발견할 수 있고, 배움의 길에는 끝이 없다. 오직 남의 뛰어난 점을 용감하게 인정하고 그것을 배우고자 노력하는 사람만이 끊임없이 자신을 발전시킬 수 있다.

(3) 찬미

뜬구름처럼 쉽게 사라지는 존재들의 아름다움과 나를 해치려 했던 이들의 아름다움을 진정으로 찬미하라. 사랑, 우정, 가족 간의 정情 그리고 관용의 마음 역시 모두 이 찬미하는 마음 안에서 태어나고 발전한다.

(4) 관용

성현이 아닌 이상, 이 세상에 잘못 없는 사람이 있겠는가? 사람은 항상 이런 저런 단점들을 가지고 있기 마련이다. 때문에 사람들은 모두 남들이 자신의 부족한 점을 이해해 주고 결점은 감싸 주길 바란다. 이 마음은 모두가 같은데, 어째서 자신부터 먼저 그것을 실천하려 하지는 않는 것인가?

(5) 감사

낳고 키워주신 부모님께, 지혜의 가르침을 주신 스승님께, 고독할 때 함께해 준 친구들에게, 나를 해치려 했던 사람들에게 모두 감사하라. 나의 삶은 그들이 있었기에 찬란할 수 있었던 것이다. 매일의 생활에 감사하라. 그 하루하루가 있기에 우리는 좀 더 의미 있는 인생을 찾을 기회를 갖고, 그것을 향해 나아가고자 하는 것이기 때문이다.

박애란 감정을 소중히 하는 것이다. 삶의 구석구석마다 수많은 감정들이 존재한다. 가족 간의 정情, 친구와의 우정, 남녀 간의 애정, 이들은 모두 인생을 감동과 눈부신 아름다움으로 채워나간다. "어머님이 손에 실과 바늘을 들고, 길 떠나는 아들의 옷을 지으시네 (遊子吟, 유자음)"라는 시구는 혈육에 대한 사랑을, "세상 어디엔가 나를 알아주는 이가 있다면, 서로 하늘 끝 아득히 헤어져 있을지라도 우리는 이웃(送杜少府之任蜀州, 송두소부지임촉주)"이라는 시구는 우정을, "언제 둘이서 서창의 등잔 심지 자르며, 오늘 이 파산의 밤비 이야기를 하게 되려는가(夜雨寄北, 야우기북)"라는 시구는 사랑하는 이에 대한 그리움을 표현하고 있다. 인간의 삶은 결코 이 감정으로부터 멀어질 수 없다. 바로 이 감정들의 존재로 인해 우리는 매일같이 생활과 일 그리고 우리 삶의 순간순간을 소중히 할 수 있는 것이다. 우리의 생명에 더욱 가득한 감동과 아름다운 추억을 선사할 수 있도록 이 감정들을 소중히 하라.

역사에서 배우기

어떤 인도인이 있었다. 그녀는 7천여 명의 정직원과 수많은 추종자들, 그리고 전 세계 국가들에 퍼져 있는 자원봉사자들을 이끌고 있는 엄청난 조직의 CEO였다. 세계적인 재벌그룹들은 그녀의 사업에 기꺼이 투자하고 싶어 했고, 그녀는 세계적인 정치인들과 언론계의 큰손, 그리고 대기업 총수들조차 존경하고 사랑했던 여인이었다.

그러나 그녀는 단지 전화기 한 대뿐인 곳에서 살고, 옷 세 벌을 스스로 빨아 갈아입으며, 늘 맨발에 샌들로 생활했다. 그녀는 자신이 가진 모든 것을 가난한 사람, 병자, 고아, 오갈 데 없는 외로운 이들, 그리고 죽음을 앞둔 이들에게 아낌없이 주었다. 그녀는 12살 때부터 87세에 세상을 떠날 때까지 줄곧 자신이 아니라, 고통 받는 이들과 어려움에 처한 사람들을 위한 삶을 살았다.

　예나 지금이나 부자와 자선 사업가들이 가난한 이들을 돕기 위해 고아원이나 양로원을 세우는 일이 많다. 그러나 스스로에게는 아무것도 남기지 않고 가진 것을 모두 사람들에게 나누어 준 그녀는 결코 부유한 자선사업가도 아니었다. 그녀가 엄청난 액수의 기부를 한 것도 아니었다. 그녀는 평범한 자선사업가가 아니었다. 그녀의 목적은 단순히 가난한 이들과 외로운 이들, 그리고 고아들을 위해 단순히 의식주를 제공하거나 병든 이들에게 치료를 받게 하는 것뿐만 아니라, 그들 스스로가 자신의 존엄성을 깨닫고, 사랑받기 위해 태어난 존재임을 느낄 수 있도록 사랑을 전하는 것이었다.

　그녀는 사랑을 전하기 위해 그들에게 기꺼이 무릎 꿇고, 가난한 이들을 섬기며 살겠다는 뜻을 세웠다. 그녀가 가장 먼저 행동에 옮긴 일은 바로 스스로 가난해지는 일이었다. 그녀는 조용하고 안정적인 수녀로서, 교사로서의 생활을 버린 채, 빈민촌과 난민캠프, 그리고 온갖 전염병이 난무하는 곳에서의 삶을 선택했다. 그리고 50여 년을 한결같이 그들과 함께 했다. 그녀를 따르는 이들 역시 섬김 받는 가난한 이들이 스스로의 존엄성을 깨닫게 되길 소원하며, 그들과 똑같은 가난한 생활을 함께 하는 친구가 되었다.

　"가난과 굶주림 말고도 세상에는 고독과 무관심이라는 커다란 문제가 있습니다. 고독 역시 굶주림입니다. 따뜻한 사랑, 마음에의 굶주림입니다."

　이 말을 통해, 그녀의 활동이 다른 자선사업의 취지를 훨씬 넘어설 수밖에 없는 그 무엇인가를 발견할 수 있다. 그 자신의 말을 빌리자면, 그녀의 평생은 바로 작은 일을 큰사랑으로 실천에 옮긴 삶이었다.

'빈민굴의 성녀聖女'라 불렸던 여성, 바로 그녀가 인도의 테레사 수녀이다.

1979년, 이집트와 이스라엘의 회담을 성사시킨 지미 카터Jimmy Carter 미국 대통령을 포함한 56명의 후보들 중, 노벨위원회는 사랑 외에는 아무것도 가진 것이 없는 테레사 수녀를 노벨평화상의 수상자로 결정했다. 수상에 앞서 발표자는 그녀를 이렇게 소개했다.

"테레사 수녀의 자선사업은 인간의 개성과 가치를 존중한다는 중대한 특징을 가지고 있습니다. 고독과 비극 속에서 괴로워하는 이들은 그녀에게서 진정한 배려와 보살핌을 받았습니다. 인간을 존중하는 마음에서 우러난 그녀의 정열과 의지는 결코 높은 곳에서 내려다보며 베푸는 자비가 아니었습니다."

그리고 이렇게 말을 이었다.

"그녀는 인간존엄성을 존중함으로써 부유한 나라와 가난한 나라 간의 격차를 메웠고, 둘 사이를 이어주는 다리가 되었습니다."

발표자의 소개에 테레사 수녀는 이렇게 답했다.

"오늘 이 영광은 제게 너무 과분합니다. 이 상금은 전 세계의 가난하고 병든 사람들, 그리고 소외받는 사람들을 대표해서 받겠습니다."

상금 전부를 모두 가난하고 고통 받는 이들에게 사용한다는 것은 그녀에게 있어 지극히 자연스러운 일이었다. 늘 검소함을 몸소 실천해 온 테레사 수녀는 매년 개최되던 노벨상 수상파티를 열지 말아달라고 위원회에 부탁했고, 노벨상위원회는 기꺼이 그녀의 제안을 받아들여, 당초 수상파티에 사용할 예정이던 7,100달러를 모두 그녀가 이끄는 사랑의 선교회에 기부했다. 스웨덴에서는 전국적으로 사랑의 선교회에 기부금을 보내는 열풍이 일었다. 그 이후, 테레사 수녀의 활동은 전 세계적인 지지를 받게 되었다.

테레사 수녀는 사랑의 참뜻에 대해 이렇게 말했다. "사랑은 오래 참고 언제나 온유하며, 사랑은 시기하지 않으며 자랑하거나 교만하지도 않습니다. 사랑은 무례한 행동을 하지 않으며, 자신의 이익만을 먼저 구하지도 쉽게 화내지도 않습니다. 사랑은 악한 것을 생각하지 않으며, 불의不義를 기뻐하지 않고 진리와 함께 기뻐합니다. 사랑은 서로 믿고 이해하며, 희망을 가지고 인내하는 것입니다. 사랑은 영원한 존재입니다." 이것이야말로 진정 박애를 가장 완벽하게 설명하는 말이다.

오늘날 세상 사람들이 군주와 신하 간에 서로 사랑한다면, 군주는 은혜를 베풀고 신하는 충성을 다하게 될 것이며, 부자가 서로 사랑하면 부모는 사랑을 베풀고 자녀는 그 부모를 공경하게 될 것이다. 또한 형제가 서로 사랑하면 화목하고 서로 돕게 된다. 세상 사람들이 모두 서로 사랑한다면 강자는 약자를 억압하지 않고, 재물이 많은 자는 재물이 적은 자를 위협하지 않게 되며, 부유한 자는 가난한 자를 업신여기지 않게 될 것이다.

묵자 · 겸애

겸애의 마음을 가지라

재주 있는 사람은 능력을 함부로 드러내지 않는다

"금소위비今小爲非, 즉지이비지則知而非之, 대위비공국大爲非功國, 즉부지비則不知非, 종이예지從而譽之, 위지의謂之義"

묵자 · 비공非攻

작은 잘못을 하는 이를 보면 그것을 알고 곧 잘못을 지적한다. 그러나 다른 나라를 침략하는 큰 잘못을 한 이의 잘못을 알지 못하고 오히려 이를 따르고 칭송하며, 의로움이라 부른다.

재간이 좋은 사람은 모든 문제를 자기 기준으로 생각한다. 이들은 약삭빠르며, 태도를 거짓되게 꾸미는 것에 뛰어나다. 반면 큰 지혜를 지닌 사람은 문제를 볼 때 그 상황을 기준으로 생각하며, 자신이 가진 능력을 쉽게 드러내지 않은 채 대범하고 침착하게 행동한다. 따라서 그들은 유리한 고지를 확보한 후, 인내와 강인함 그리고 전체적인 상황을 고려하여 행동한다.

정판교(鄭板橋, 청나라 시인)는 '난득호도難得糊塗'라는 명언을 남겼다. 이 말은 똑똑할지라도 가끔은 바보인 척, 멍청한 척, 모자란 척하는 것이 더 현명한 처세일 수 있다는 뜻이다. 자신의 똑똑함과 현명함을 숨기고 바보인 척 행동할 때, 그 바보스러움에는 사실상 겉으로 드러내는 현명함보다 더 큰 현명함이 숨어 있다. 단, 총명함을 발휘해야 할 상황에서도 바보인 척한다면, 그것은 진짜 어리석음이다.

묵자가 노魯나라 양문군陽文君에게 말했다.

"세속의 군자들은 모두 작은 도리는 알고 있으나, 큰 도리는 모르고 있습니다. 만일 여기 한 사람이 있는데, 그 사람이 개 한 마리와 돼지 한 마리를 훔친다면, 사람들은 그를 어질지 못하다 비난할 것입니다. 그러나 그가 한 국가와 한 도성을 훔친다면, 사람들은 오히려 그것이 의로움이라고 생각할 것입니다. 이것은 곧 작은 점을 보고서 검다고 말하면서, 정작 큰 점을 보고는 희다고 하는 것과 같습니다. 그러므로 세속의 군자는 작은 도리는 알고 있으나, 큰 도리는 모른다 한 것입니다."

사람들은 사소한 일에서는 쉽게 옳고 그름을 판단해 내면서도, 정작 크고 중요한 일에서는 그러지 못하는 경우가 대부분이다. 사람들은 오히려 큰일 앞에서는 전체적인 상황이나 조건을 전혀 고려하지 못하고 잘못된 판단을 내리게 될 때가 많다. 묵자는 이 같은 상황에 대해 다양한 논리를 전개했다.

묵자는 「비공」을 통해 다음과 같은 논리를 제시했다.

"한 사람을 죽인 것은 불의不義이므로 반드시 한 사람을 죽인 죄가 성립된다. 이 같은 논리에 따른다면, 열 사람을 죽이면 열 배의 불의가 되고 열 사람을 죽인 죄가 성립된다. 또한 백 사람을 죽이면 백 배의 불의가 되고 백 사람을 죽인 죄가 성립되는 것이다. 이에 대해, 세상 사람들은 모두 그 살인자를 비난하며 의롭지 못하다고 질책할 것이다. 오늘날 가장 큰 불의는 바로 남의 나라를 공격하는 것이다.

그러나 그것을 비난하는 자는 없고 오히려 그를 따르고 찬양하며 그것을 의라고 부르기까지 한다. 그들은 진실로 그것이 불의임을 모르는 것이다. 그러므로 남의 나라를 공격하는 것을 기록하여 후세에까지 전하는 것이다. 만일 그것이 불의인 줄 알았다면 굳이 그것을 기록하여 후세에 전하고자 할 이유가 있겠는가?"

작은 일에서 똑똑함을 과시하는 것 역시 일종의 지혜로움이다. 단, 이 같은 지혜로움은 편협하고 얕은 잔꾀에 불과하다. 사소한 일에서 지나치게 자신의 총명함을 과시하는 사람은 대부분 바로 눈앞에 놓은 이익과 손실에만 신경 쓸 뿐, 앞으로의 장기적인 부분까지는 고려할 줄 모른다. 그들은 확실하게 보이는 작은 시시비비에는 밝으면서도 숨겨져 있는 진정한 이치와 의로움은 전혀 눈치 채지 못한다. 그러므로 작은 일에서는 그 총명함을 과시하면서도, 오히려 중요한 결정의 순간에는 어리석은 행동을 저지르기 쉽다.

진실로 지혜로운 사람은 결정적인 순간에도 한결같이 그 현명함을 유지할 수 있으며, 작은 일에서 역시 '어리석음을 연기' 할 줄 안다. 이것이 바로 현명한 이들이 항상 힘들이지 않고 여유롭게 문제를 해결해 나가는 비결이다.

송宋나라 태종太宗 시기, 이계천李繼遷이 서하西夏에서 할거하여 수차례 송나라 변경을 침략하고 있었다. 이에 송나라 군사들은 그의 어머니를 사로잡았다. 이에 태종과 구준寇準은 반란의 무리들에게 경고를 보내기 위하여, 그 어머니를 사형에 처하기로 결정했다. 이 때, 여단呂端이 태종을 찾아와 직접 간언했다.

"무릇 큰일을 도모하는 자는 그 가족을 살피지 않는 법입니다. 지금 그 어머니를 죽인다면 오히려 그 복수심으로 인해 더욱 큰 반란을 일으킬 것이 분명합니다. 오히려 그 어머니를 잘 돌보아 그를 회유하는 편이 낫습니다. 비록 항복하지 않는다 해도, 그는 분명 이 일을 마음에 담아둘 것입니다."

태종은 여단의 말을 받아들였다. 훗날, 이계천과 그의 어머니가 모두 세상을 떠나자, 이계천의 아들이 송나라에 항복해 왔다.

이밖에도 역사서에는 여단이 보여 주었던 어리석은 행동들이 많이 기록되어 있다. 일례로 구준이 참지정사參知政事에 임명되었을 때, 여단은 은퇴하고자 했으며, 자신의 이름을 구준 아래에 둘 것을 청하기도 했다. 여단은 조정의 일에 충실했으며, 재물을 하찮게 여기고 오히려 남에게 베푸는 것을 중요하게 생각했다. 또한 공사를 분명히 구분하여 청렴한 생활을 했다. 그는 오랜 세월 높은 관직에 있었지만, 그의 세 아들 모두가 생계를 위해 집을 저당 잡힐 정도로 가난했다고 한다. 이 같은 여단의 철저한 청렴함은 제대로 된 진정한 어리석음을 보여준다.

부귀영화나 권력과 같은 사사로운 일에서 어리석음을 선택했기 때문에, 그는 오히려 국가의 흥망성쇠가 달린 중대한 일 앞에서는 현명함을 유감없이 발휘할 수 있었다.

작은 일에서 어리석은 척 연기하는 것도 힘든 일이지만, 큰일 앞에서 그 현명함을 발휘할 수 있는 것 역시 큰 지혜로움이다. 이 두 가지 조건을 모두 갖춘 사람은 사실상 큰 지혜를 가지고 있으면서도 그 능력을 밖으로 드러내어 과시하지 않으므로, 오히려 어리석은 사람으로 오해받기 쉽다. 이것이 바로 우리 인생에 필요한 진정한 지혜로움이다.

역사에서 배우기

양수楊修는 어린 시절부터 남달리 총명했지만, 안타깝게도 결정적인 순간에는 항상 어리석은 실수를 저질렀던 인물이다.

한번은 조조가 화원을 세우고자 했다. 이에 공인들이 그 설계도를 내어 조조에게 보여 주었다. 그런데 조조는 한 마디 말도 없이 화원 문 위치에 '활活'이라는 글자 하나만을 남겨 놓고 가 버렸다. 그 뜻을 알지 못해 어리둥절해진 공인들은 주부(主簿, 왕실의 출납담당 관리-역주) 양수를 찾아가 도움을 청했다. 이에 양수가 말했다.

"승상께서는 화원의 문이 너무 넓은 것이 마음에 드시지 않는 것 같소."

공인들은 양수의 말에 따라 화원을 개조했다. 조조는 새롭게 완성된 화원을 보고 크게 기뻐하며 물었다.

"내 뜻을 어떻게 알아냈는가?"

공인들은 그것이 양수의 공로임을 알렸다. 조조는 겉으로는 양수를 칭찬했지만, 속으로는 그의 재주를 시기하는 마음을 가지게 되었다.

또 이런 일이 있었다. 조조가 양수와 함께 길을 가던 중, 조아曹娥의 비석을 지나게 되었다. 조조가 비석 뒤에 새겨진 황견黃絹, 유부幼婦, 외손外孫, 제구齏臼라는 여덟 글자를 보고 양수에게 그 의미를 물었다. 양수가 곧 대답하려고 하자, 조조가 말했다.

"말하지 마라. 나도 잠시 생각해 볼 것이다."

30리 길을 갔을 즈음, 조조가 입을 열었다.

"이제 그 여덟 글자가 뜻하는 바를 알겠다. 내 생각과 그대의 생각이 같은지 모르겠구나. 먼저 말해 보라."

이에 양수가 말했다.

"황견黃絹은 색깔色이 있는 실絲이니 이 두 글자를 합치면 절絶이 됩니다. 유부幼婦는 나이 어린少 여자女이니 이 둘을 합치면 묘妙가 됩니다. 마찬가지로 외손外孫은 딸女이 낳은 아들子이니 두 글자를 합치면 호好가 되고, 제구齏臼는 다섯 가지 맵고 신 것을 담는 그릇이니 담을 수受자에 매울 신辛을 더하여 사辭가 됩니다. 즉, 이 여덟 글자는 '절묘하게 잘 지은 글絶妙好辭'임을 뜻하는 것으로, 조아의 비문을 칭찬한 것입니다."

조조는 크게 놀라 감탄하며 말했다.

"내 재주가 그대보다 삼십 리는 더 뒤쳐지는구나."

양수의 결정적인 잘못은 조조가 한중漢中 평정에 나서서 고전을 면치 못하고 있을 때 일어났다. 연일 패전을 거듭하던 조조는 진격하고 싶어도 마초馬超가 두려워 나아가지 못하고, 퇴각하고 싶어도 촉나라 군사들이 비웃을 것이 두려워 이러지도 저러지도 못하는 상황이었다. 어느 날, 조조의 식사로 닭죽이 올라왔다. 조조는 그 안의 닭갈비를 보고 깊은 생각에 잠겼다. 이때, 야간의 암호를 묻기 위해 한 병사가 조조를 찾았다. 생각에 잠겨 있던 조조는 무심결에 '계륵鷄肋, 닭의 갈비뼈'이라고 대답하고 말았다. 계륵이라는 암호가 사용되자, 이를 들은 양수는 곧 이끌던 군사들에게 짐을 꾸려 퇴각을 준비할 것을 명령했다. 영문을 모르는 군사들이 이유를 묻자, 양수는 이렇게 대답했다.

"오늘 저녁 암호를 들으니, 왕께서 이미 후퇴를 결심하신 것이 틀림없다. 계륵이란 먹으려면 맛이 없고, 또 버리려고 해도 아까운 것이다. 지금 우리의 상황이 앞으로 나아가도 이기기 어렵고, 물러서려고 해도 적군의 비웃음이 두려운 상황이다. 여기 있어도 아무런 이득이 없으니, 차라리 일찍 돌아가는 것이 낫지 않은가. 그러므로 왕께서는 며칠 내에 군사를 돌리실 것 같으니, 갑작스레 짐을 꾸리느라 허둥대지 않게 하고자 미리 짐을 꾸려 두라 한 것이다."

조조는 오래전부터 양수의 재주를 시기하고 있었다. 그런 중에 다시 한번 양수에게 자신의 속뜻을 들켜버리자, 그는 양수에게 군심을 어지럽힌 죄를 물어 죽여 버렸다.

양수는 분명 총명한 인물이었지만, 오히려 그 총명함이 자신에게 화를 불러들였다. 이것은 작은 일에 있어서는 총명하면서도, 정작 큰일에서는 어리석었기 때문이다. 자신의 총명함을 드러내는 것 역시 그 상대와 상황을 고려해서 결정해야 한다. 어리석게도 양수는 상사의 앞에서 오만하게 자신의 총명함을 과시했다. 인재를 아끼는 조조조차도 이처럼 상황을 파악하지 못하는 과시는 용납하지 않았다. 특히 '계륵' 사건에서 양수에게 군심을 어지럽힌 죄를 내린 것은 단순한 시기심으로 인한 결정은 아니다. 어떤 상황이 전개될지 알 수 없는 전쟁터에서 앞뒤를 고려하지 않고 함부로 말을 퍼뜨렸으므로, 분명 군심을 어지럽힌 죄를 물어도 부당하다고만은 할 수 없다.

지금 작은 잘못을 하면 그것을 알고 비난한다. 그러나 남의 나라를 공격하는 큰 잘못을 저지르면 오히려 그것을 따르고 칭송하며 의로움이라 부른다. 이것이 의로움과 불의를 구별할 줄 아는 것인가? 이렇게 볼 때, 세상 사람들은 의로움과 불의의 구분을 혼란에 빠뜨려버린 것이다.

묵자 · 비공

재주 있는 사람은 능력을 함부로 드러내지 않는다

근검절약을 생활화하라

"거무용지비去無用之費, 성왕지도聖王之道, 천하지대리야天下之大利也."

묵자 · 절용節用

불필요한 지출을 없애는 것은 어진 군주가 나라를 다스리는 도리이니, 이것이 바로 천하의 큰 이익이다.

근검절약을 근본으로 삼지 않는 나라는 번영과 발전을 이루기 어렵고, 그 사회는 오래도록 평화롭기 어렵다. 또한 그 민족은 자립하여 강인해지기 어렵고, 기업 역시 발전하기 어렵다. 인생도 이와 같아서, 근검절약을 생활화하지 않는다면 인생 역시 행복해질 수 없다.

선조들은 절약의 미덕을 중요시 했으며, 그 절약의 풍습을 대대손손 계승시켰다. 서한西漢의 가의(賈誼, 전한 시절의 문인, 학자-역주)는 이렇게 말했다. "절도 없이 낭비하면, 재물과 인력은 모두 다할 것이다." 제갈량諸葛亮은, "(군자의 행동이란) 침착하게 몸을 닦고 검소함으로써 덕을 기르는 것"이라 했다. 또한 당唐나라 이상은李商隱의 시에는, "옛적의 나라와 가문을 살펴보니, 성공은 근검에서 나왔고 실패는 사치에서 나왔다"라는 유명한 시구절이 있다. 명明나라의 주백려朱柏廬는 다음과 같은 글을 남겼다. "죽 한 그릇, 밥 한 술을 뜰 때마다 농사의 어려움을 생각하고, 천 한 조각, 실 한 오라기를 걸칠 때마다 길쌈의 어려움을 생각해야 한다."

묵가사상에서는 더욱 근검절약의 중요성을 강조했다. 묵자는 "근검절약하는 사람은 번창하고, 사치하는 사람은 망한다"고 했다.

묵자는 고대 성인들이 나라를 다스리고, 주거, 의복, 음식, 배와 수레 등을 사용함에 있어서는 사용하기에 적합하면 그것으로 충분하다 여겼다고 했다. 그러나 춘추 전국 시대의 통치자들은 사치와 낭비를 추구하고 백성들의 노동력과 재물을 착취하며 낭비했으므로, 백성들의 생활을 어렵게 만들고 많은 상성들을 독신으로 살게 만들어 버렸다고 했다. 이에 묵자는 백성에게 실질적인 이익을 줄 수 없는 것은 모두 없애 버려야 한다고 주장했다.

공예: 수레바퀴, 수레, 가죽제품, 도기陶器, 쇠연장, 목공품을 만드는 천하의 모든 공인들은 각자 능력에 맞는 일에 종사하되, 백성이 필요한 만큼만 그것을 만들면 된다고 했다.

음식: 배고픔을 채워서 기운을 차리게 하고 팔다리와 몸을 튼튼하게 하며, 귀와 눈을 밝게 할 수 있으면 충분하다고 했다. 다섯 가지 맛과 향의 조화를 모두 추구하지 않고, 먼 나라의 진귀하고 특이한 식재료를 사용하지 말아야 한다고 했다.

의복: 겨울옷은 짙은 보라와 잿빛으로 입고 가볍고 따뜻하게 하며, 여름옷은 가는 칡베와 굵은 삼베로 만들어 가볍고 시원하면 된

다고 했다.

가옥: 집은 바람과 추위를 막을 수 있어야 한다고 했다. 위로는 바람과 서리, 비와 이슬을 막고 집안은 밝고 깨끗하게 하여 제사를 지낼 수 있으면 되며, 벽은 남녀의 생활공간을 구분할 수 있을 정도면 충분하다고 했다.

장례와 상례: 수의는 세 벌을 지어 시체가 썩기에 충분하게 하고, 관은 세 치 두께로 만들어 죽은 자의 유골이 썩기에 충분하면 된다고 했다. 묘혈은 깊이 파서 물이 통하지 않게 하고, 시체의 냄새가 밖으로 새어나오지 않도록 했다. 또한 죽은 자의 장례를 치른 후, 살아있는 사람들이 지나치게 오랫동안 상을 지키며 슬퍼하지 말아야 한다고 했다.

예로부터 지나치게 겉치레에 신경 쓰고 낭비하면 궁핍해지고, 근검절약하면 번창했다. 상고 시대에는 물자가 부족했으므로 근검절약이 나라를 일으키고 백성들을 이롭게 하는 중요한 방법이었다. 그러므로 옛적의 어질기로 유명한 군주들은 근검절약을 내세웠으며, 절약에 관한 구체적인 규범들을 제정했다. 이 역시 묵자가 통치자가 반드시 배워야 할 미덕으로 생각했던 부분이다.

옛 선인들은 절약이 몸과 마음을 수양하는 필수조건이며, 동시에 나라와 민족의 운명과 밀접한 상관관계를 가지고 있다고 믿었다. 이것은 오늘날 역시 마찬가지이다.

근검절약은 결코 한때 필요한 임시방편이 아니라, 국가가 영구적으로 추진해야 할 정책이다. 절약은 단순히 돈과 물자를 아껴서 사용하는 것에만 해당되지 않는다. 사람이 가진 능력을 보다 합리적이고 효율적으로 활용하는 것 역시 절약의 범주에 포함된다. 지구상에 존재하는 자원은 유한하고 한계가 있다. 그러므로 발달과 낙후, 부유하고 가난함에 상관없이 항상 근검절약의 실천에 힘써야 한다.

근검절약은 일종의 미덕이자, 수양이다. 또한 자아욕구에 대한 절제이자, 국가와 민족, 가정, 그리고 자기 스스로에 대한 책임감이기도 하다. 근검절약은 일종의 힘이다. 이것은 진취적, 적극적, 목표를 향한 노력, 긍정적인 자세와도 관련성이 있다. 개인, 기업 그리고 어떤 규모의 집단일지라도 근검절약을 중시한다면 계획, 목표의식, 체계성을 갖추고 목적을 향해 나아갈 수 있다. 근검절약은 단순히 가까운 미래만을 위한 것이 아니다. 우리의 후손들을 위해 미리 준비하는 장기적인 계획이기도 하다. 절약이란 모두가 한시도 소홀해서는 안 되는 것이다.

역사에서 배우기

세계 최대의 대형할인마트 체인인 월마트WalMart의 창시자, 샘 월튼Sam Walton은 이런 말을 했다.

"저는 아주 어린 시절부터 내 손으로 1달러를 버는 일이 얼마나 힘든지 경험을 통해 알고 있었습니다. 여러분도 저와 같이 절약해 보신다면 분명 그럴 만한 가치가 있는 일이라고 생각하실 겁니다. 제가 부모님의 사고방식과 완전히 일치하는 부분이 있는데, '단 한 푼도 절대로 낭비하지 말라!' 는 돈에 대한 확고한 태도가 바로 그것입니다."

샘 월튼은 근검절약하는 사업가로 유명하다. 억만장자이지만 낡은 트럭을 타고 월마트 로고가 새겨진 야구모자를 쓰고 다니며, 동네이발소에서 머리를 자르고 월마트 할인점에서 저렴한 일상용품을 구입한다. 또, 업무상 출장이 아니면, 항상 중저가의 여관에서 다른 사람들과 한 방을 사용하고 식사 역시 평범한 작은 식당을 애용한다.

그는 미국 중서부의 어느 작은 마을에서 평범한 농부의 아들로 태어났다. 대공황을 겪으며 성장했던 그는 유년 시절의 경험을 통해 성실하게 일하고 노력하는 자세와 근검절약하며 소박하게 살아가는 생활방식을 세웠다. 월마트의 한 책임자는 이렇게 말했다.

"우리 모두가 그렇게 자랐습니다. 길가에 1센트짜리 동전이 떨어져 있다면, 행인들 중에서 몇 명이나 그 동전을 줍겠습니까? 저는 꼭 주울 겁니다. 그리고 샘 역시 그럴 것이라 믿습니다. 내기를 해도 좋습니다."

월튼은 어린 시절부터 돈의 소중함과 그 가치를 알고 있었기에, 월마트의 수익이 얼마나 힘들게 벌어들인 돈이라는 것 또한 너무나 잘 알고 있었다. 때문에 그는 항상 보통 사람들과 다름없는 소박한 생활을 고집했다. 그는 자신의 후손들이 학교에 다니기 위해 아르바이트를 하는 것까진 바라지 않지만, 혹시라도 그들이 사치스런 생활을 하고 게으름을 피울 생각을 가진다면, 설사 그것이 백 년 후일지라도 무덤에서 일어나 그들과 담판을 지을 것이라고 선언하고, 이렇게 덧붙였다.

"사치스런 생활을 하려는 생각은 지금 당장 버리는 것이 좋을 것이다."

샘 월튼은 예전부터 근검절약하기로 유명했다. 한번은 직원이 월튼의

지시로 렌트카를 빌려온 적이 있었다. 그런데 그 차를 본 월튼은 곧장 차를 반납하고 올 것을 명령했다. 이유는 간단했다. 그 렌트카가 소형차가 아니었기 때문이었다. 그 직원은 당시 샘의 행동에 대해 이렇게 말했다.

"사장님께서는 자신이 직원들보다 조금이라도 더 좋은 물건을 사용하는 모습을 보여주기 싫어하셨습니다. 출장을 가셨을 때에도 직원들과 같은 여관에서 머무르셨고, 식사 역시 직원들과 같길 원하셨습니다. 타고 다니시는 승용차 역시 마찬가지였습니다."

그는 비행기를 탈 때 역시 항상 일반석을 이용한다. 한번은 남미로 급히 출장을 떠나는 길에 비행기 티켓을 구하지 못하자, 한 직원이 단 하나 남아 있던 일등석 티켓을 구입한 적이 있었다. 월튼은 화를 냈지만, 당시로서는 그 티켓을 사용할 수밖에 없었다. 그것이 유일하게 남은 마지막 티켓이었기 때문이었다. 당시 일등석 티켓을 구입했던 그 직원은 이렇게 말했다.

"제가 알기론 사장님께서 일등석을 이용하신 건 그때가 처음이자 마지막이었습니다."

샘은 자신의 자서전에 이렇게 적었다.

"나는 내 사업을 준비하기 훨씬 전부터 1달러가 지닌 소중한 가치에 대해 강렬하고 확고한 신념을 가지고 있었다."

장루이민(張瑞敏, 중국 하이얼 그룹 회장역주)은 이렇게 말했다. "간단하지 않은 것은 바로 간단한 일을 천 번이고 만 번이고 제대로 하는 것이며, 쉽지 않은 것은 바로 쉬운 일을 천 번이고 만 번이고 제대로 하는 것이다. 평범함과 비범함은 종이 한 장 차이다. 나부터 솔선수범해서 물, 전기, 가스를 절약하고, 내가 현재 하고 있는 일에서부터 꾸준히 노력할 수 있다면, 우리가 바로 성공자이고 위대한 인물이다. 작은 일부터 꾸준히 노력해 나간다면, 당신도 곧 1달러가 지닌 진정한 의의를 깨닫게 될 것이다."

성인이 한 나라의 정치를 하면, 그 나라의 재물과 이익을 배로 늘릴 수 있다. 그것을 온 천하로 확대하여 정치를 하면, 천하의 재물과 이익을 배로 늘릴 수 있다. 재물과 이익을 배로 늘린다는 것은 결코 밖에서 땅을 빼앗아 늘리는 것이 아니라, 나라 안에서 불필요한 비용을 절약하여 그 배로 재물과 이익을 늘리는 것이다.

묵자 · 절용

근검절약을 생활화하라

악행은 절대 해선 안 되며, 선행은 결코 게을리 하지 말라

"계지신지戒之愼之, 처인지가處人之家, 불계불신지不戒不愼之, 이유처인지국자호而有處人之國者乎?"

묵자 · 천지天志

집안에서 잘못을 저지르면 이웃집으로 도망갈 수 있다. 그러나 아버지는 아들에게, 또 형은 동생에게, "항상 조심하고 신중해야 한다. 집안에서 조심하고 신중하지 못한 사람이 나라에서 조심하고 신중할 수 있겠느냐?"라고 말할 것이다.

사소한 잘못이라도 결코 행동으로 옮기지 말 것이며, 작은 선행이라 하여 그것을 행동에 옮기지 않는 실수를 저지르지 말라. 평범하고 사소한 일이라 하여 그것을 가볍게 생각하는 사람은 결코 큰일을 할 수 없다. 물 한 방울을 대수롭지 않게 생각한다면, 광대한 바다도 없을 것이며, 벽돌 한 장을 업신여기면 높은 빌딩도 세워질 수 없다.

"악한 일은 아무리 사소한 것이라도 절대 하지 말아야 하며, 선한 일은 아무리 사소한 것이더라도 절대 게을리 해서는 안 된다."

이 말은 유비가 백제성白帝城에서 죽음을 맞을 때, 아들 유선에게 남긴 유언이다. 유비는 이 당부를 통해, 아들 유선에게 작은 일도 소홀히 하지 말 것을 당부하려 했다. 즉, 자신에게 돌아오는 이익이 적다고 선행을 하지 않거나, 아무리 자신에게 피해가 없다 하더라도 절대 악행을 해서는 안 된다는 것을 가르치고자 했다.

묵자 역시 이와 같은 관점을 가지고 있었다. 묵자는 지금 집안에서 잘못을 저지르면 이웃집으로 도망갈 수 있지만, 아버지는 아들에게, 또 형은 동생에게, "항상 조심하고 신중해야 한다. 집안에서 조심하고 신중하지 못한 사람이 나라에서 조심하고 신중할 수 있겠느냐?"라며 타일러야 한다고 말했다.

아무리 작은 잘못일지라도 결코 악행을 해서는 안 된다. 사람의 잘못은 대부분 사소한 작은 일에서부터 시작되는 경우가 많다. 옛말에, "바늘 도둑이 소 도둑 된다" "천장千丈에 달하는 큰 제방도 개미굴 하나로 인해 무너진다"라고 했다. 이 말들은 모두 작은 일도 소홀히 하지 말 것을 당부하고 있다. 악행은 그것이 비록 작을 것일지라도 사람의 영혼을 타락시킬 수 있다. 작은 악행이 쌓이게 되면 그 악함은 양적인 것에서 질적인 것으로 변하여 사람들을 범죄의 수렁에 빠뜨리고, 결국은 죄인으로 만들어 버리고 만다.

어떤 이들은 평소 일상생활에서 자신의 도덕수양에 크게 주의를 기울이지 않는다. 일상적으로 마주치는 작은 선행들을 지나치면 결코 위대한 일을 할 수 없다는 사실을, 물 한 방울의 존재를 무시한다면 광대한 바다는 있을 수 없고, 풀 한 포기를 무시한다면 울창한 삼림 역시 생길 수 없으며 벽돌 하나, 기와 한 장이 없으면 높은 빌딩을 세울 수 없다는 사실을 전혀 알지 못한다.

아침 간조의 물결에 휩쓸려 온 불가사리들은 썰물 때에 그대로 모래사장에 남겨진다. 이제 막 썰물이 빠져나간 터라 불가사리들은 아직 살아있지만, 곧 한낮의 태양이 내리쬐기 시작하면 죽게 될 운명이다. 해변가를 거닐던 어떤 이가 모래사장에 널려 있는 불가사리들을 보고는 그것을 하나씩 주워서 바다로 던져 넣기 시작했다. 그곳을 지나던 한 어부가 그 모습을 보고 물었다.

"대체 무얼 하고 계십니까? 모래사장에 이렇게나 많은 불가사리가 있는데, 이렇게 한다고 해서 몇 마리나 구하겠습니까? 이래서야 몇 마리를 구하고, 구하지 않는 것에 무슨 차이가 있겠습니까?"

이에 그는 어부에게 "악한 일은 아무리 작은 것일지라도 절대 하지 말며, 선한 일은 아무리 작은 것일지라도 절대 게을리 하지 말라"라는 도리를 설명해 주었다.

사람이 한 가지 선행을 하는 것은 결코 어려운 일이 아니다. 정작 어려운 것은 평생 그 선행을 이어 나가는 일이다. 선행을 이어 나가는 사람은 반드시 사람들의 존경을 받게 될 것이다.

전기절약, 따뜻한 말 한마디, 자리양보, 미소, 이런 작은 일들이 모든 공공의 이익에 공헌할 수 있다. 작은 선행에는 많은 시간과 수고가 필요한 것이 아니다. 잠깐의 시간, 잠깐의 노력으로도 충분히 실천할 수 있다. 그리고 이 작은 실천으로도 많은 이들과 함께 행복과 우정을 나눌 수 있다. 나와 우리, 그리고 사회의 행복은 작은 선행에서부터 시작된다. 그리고 작은 선행들이 이어질 때, 그 행복은 더욱 커진다.

항상 자신의 행동에 주의를 기울이라. 그러면 행동은 습관을 바꿀 것이다. 항상 자신의 습관에 주의를 기울이라. 그러면 습관은 성격을 변화시킬 것이다. 그리고 자신의 성격에 주의를 기울이라. 그러면 성격은 당신의 운명을 결정할 수 있을 것이다. 크고 작음의 개념은 상대적이지만, 선악의 개념은 절대적이다. 아무리 작더라도 선은 선이며, 아무리 작더라도 악은 악이다. 선은 선으로, 악은 악으로 돌아오기 마련이다.

아무리 작은 선행이라도 지나치지 말고, 아무리 작은 악행이라고 해서 그것을 행동으로 옮기지 말라. 당신에게는 따뜻한 말 한마디, 작은 도움이지만, 그 작은 실천이 많은 사람들에게 도움과 행복을 가져다 줄 수 있다. 그러므로 항상 자신의 행동과 그 발자취에 주의를 기울이라.

역사에서 배우기

미국의 석유왕 폴 게티 Paul Getty 는 대단한 골초였다. 그가 차로 프랑스를 지나는 길에 폭우를 만난 적이 있었다. 몇 시간 동안 헤매던 끝에 그는 어느 작은 마을의 여관을 찾아서 하룻밤을 보낼 수 있게 되었다. 저녁식사 후, 피곤에 지친 그는 곧 깊은 잠에 빠져들었다.

새벽 2시 즈음, 문득 눈을 뜬 그는 문득 담배생각에 탁자를 향해 손을 뻗었다. 하지만 담뱃갑은 이미 텅 비어 있었다.

'분명 잠들기 전에 그 자리에 놓아두었는데…'

침대에서 빠져나와 주머니와 짐가방을 모두 뒤져 보아도 결국 담배는 찾을 수 없었다. 여관 안의 식당이며 술집도 모두 문을 닫은 시간이었고, 그가 담배를 구할 수 있는 유일한 방법은 옷을 챙겨 입고 기차역까지 나가서 사오는 수밖에 없었다.

담배를 피울 수 없다고 생각하니, 더더욱 담배를 피우고 싶은 생각이 간절해졌다. 담배를 피우는 분들이라면 아마도 이런 기분에 공감하지 않을까 싶다. 마침내 담배를 사오기로 결정하고 우비를 입으려고 할 때, 그는 불현듯 '내가 지금 무얼 하는 건가?' 라는 생각이 들었다.

그리고 곧 깊은 생각에 잠겼다. 배울 만큼 배웠다는 지식인에, 성공을 위해 분투하고 있는 젊은 사업가, 그리고 다른 많은 사람들을 관리할 수 있을 만큼의 능력을 가지고 있다고 자신하는 사람, 그것이 바로 폴 게티, 자신이었다. 그런데 그런 자신이 지금 하려는 일이란 것이 겨우 한밤중에 빗속을 헤치고 담배 한 갑을 사러 나가는 일이었다. 습관의 힘이란 이 얼마나 대단하단 말인가?

잠시 후, 마음의 결정을 내린 그는 빈 담뱃갑을 구겨서 쓰레기통에 던져 넣었다. 그리고 다시 잠옷으로 갈아입은 그는 일종의 해방감과 승리감을 느끼며 침대로 돌아가 잠자리에 들었다.

그 이후, 그는 다시는 담배를 피우지 않았다. 그의 사업은 점점 더 번창했고 세계적인 대부호가 되었다.

습관은 엄청난 힘을 가지고 있다. 다행히 좋은 습관을 들여 놓았다면 평생 자신에게 도움이 되겠지만, 만일 나쁜 습관에서 빠져나오지 못하고 있다면, 알지 못하는 사이에 자신을 망치게 될 것이다. 좋은 습관을 기르고자 한다면, 작은 일부터 시작하는 것이 좋다. 사소한 일에서부터 시작하여 꾸준히 고상한 품성을 키워 나가야 한다.

이로써 사람들은 집에서는 부모에게 효성을 다하고, 밖에서는 마을 어른들을 공경했다. 평소 생활에는 항상 법도가 있었고, 나가고 들어올 때 절도가 있었으며, 남녀 사이에 분별이 있었다. 그러므로 그들에게 관직을 내려 관청을 다스리게 하면 국가의 재물을 훔치지 않았고, 성을 지키게 하면 반란이 일지 않았으며, 왕에게 어려움이 있으면 목숨을 바쳤고, 왕이 피난가면 행동을 같이 하여 그를 호위했다.

묵자 · 비명

악행은 절대
해선 안 되며,
선행은 결코 게을리
하지 말라

자신감, 자립심, 자기단련

"석상세지궁민昔上世之窮民, 탐어음식貪於飮食, 타어종사惰於從事, 시이의식지재부족是以衣食之財不足, 이기한동뇌지우지以飢寒凍餒之憂至. 부지왈不知曰 '아파불초我罷不肖, 종사부질從事不疾', 필왈必曰 '아명고차빈我命固且貧'."

묵자 · 비명非命

옛날 가난한 사람들은 먹고 마시는 것에만 욕심내면서, 일하는 것에는 게으름을 피웠기 때문에 항상 먹고 사는 것이 부족하여 굶주림과 추위를 걱정했다. 그들은 그것이 자신이 게을러 열심히 일하지 않기 때문인 줄은 꿈에도 생각지 않고, 원래부터 가난하게 살 운명으로 태어났다고 믿었다.
인생이 불공평하다고 생각지 말라. 운명은 스스로가 개척해 나아가는 것이다. 자신을 능력 없는 사람이라고 생각지 말라. 그것은 단지 스스로 충분한 노력을 하지 않았기 때문일 뿐이다. 자기 자신을 믿고 홀로 설 수 있도록 스스로를 단련해 강해져야 한다.

세상사를 예측하기는 어렵다. 생활 속에서 사람들은 언젠가 한번은 고난과 좌절을 겪기 마련이다. 이런 불행들이 우리 앞을 가로막을 때, 어떤 이들은 실망하거나 고통스러워하기도 하고, 패배를 인정한 채 도망치기도 한다.

소극적인 태도로 인생의 고난과 장애물에 대처하는 것은 불행 중의 불행이다. 세상에 태어난 순간부터 생명은 우리에게 이 세계의 현실을 직시할 수 있는 용기를 준다. 우리는 이 용기에서 시작된 운명을 스스로의 힘으로 성장시켜 가야 한다. 우리는 각자의 삶의 목표를 위해 변화하고 선택할 수 있는 능력을 가지고 있다.

묵자는 이렇게 말했다.

"고대국가를 통치하던 왕과 신하들은 모두 그 나라를 부강하게 만들고 인구를 늘리고자 했으며, 체계적인 법률과 통치질서를 확립하고자 했다. 그러나 국가를 부유하게 하려다가 오히려 빈곤하게 되었고, 인구를 늘리고자 하려다가 도리어 줄어들게 했으며, 나라를 제대로 다스리고자 했지만 오히려 혼란을 불러일으켰다. 이것은 근본적으로 그가 바라는 것은 잃고 싫어하는 것을 얻은 것이다."

이것은 무엇 때문일까? 묵자는 그 원인을 '숙명론'을 믿는 사람이 지나치게 많기 때문이라고 했다.

숙명론자들은 이렇게 주장한다.

"부유하고 가난한 것, 인구가 많아지는 것과 줄어드는 것, 그리고 나라가 잘 다스려지는 것과 혼란스러워 지는 것, 인간의 수명 역시 모두 운명으로 정해져 있다. 이치가 이와 같으므로, 자신의 힘이 아무리 강하다 하더라도 무슨 소용이 있겠는가?"

묵자는 이 같은 숙명론에 대해, '본질, 연구, 실천'의 세 가지 관점을 통한 힘 있는 분석을 시도했다. 묵자는 이렇게 말했다.

"오늘날 천하의 선비와 군자들 중에는 운명이 있다고 믿는 이들이 많다. 이들은 어찌하여 옛 성왕聖王들의 업적을 살펴보지 않는가? 옛날 하나라 걸왕이 어지럽혀 놓은 세상을 상商나라 탕왕湯王이 이어받아 바로잡았고, 상나라 주왕紂王이 어지럽혀 놓은 세상은 무왕武王이 이어받아 다시 바로잡았다. 세상도, 백성도 변함없이 그대로인데, 걸왕과 주왕이 다스릴 때에는 세상이 어지러웠고, 탕왕과 무왕이 다스릴 때에는 세상이 잘 다스려졌다. 그러므로 어찌 운명이 있다고 할 수 있겠는가?"

숙명론에 대해 묵자는 자신감과 자립심을 지니고 자신을 단련해야 한다고 강조한다. 즉, 어려움에 처했을 때일수록 더욱 더 자기 자신을 믿고, 그 상황을 변화시키고자 최선의 노력을 다하는 가운데 자립심을 키우고 자신을 단련시켜야 한다.

사람은 **자신감**을 지녀야 한다. 자신 있는 사람만이 과감하고 용감한 결단을 내릴 수 있으며, 용감하게 앞으로 발전해 나감으로서 성공을 손에 넣을 수 있다. 자신감은 타고난 능력이 아니다. 그것은 자신의 용기와 의지, 끈기, 충분한 지식, 그리고 끊임없는 실천과 단련을 통해서 만들어진다.

자립심이란 남에게 의존하지 않는 자립의식과 그 능력을 의미한다. 자립은 일종의 생존방식이자, 생활태도이며, 동시에 그 사람이 지닌 인격과 가치관을 뜻하기도 한다. 각 개인들의 자립심은 그 사람의 독립적인 인격과 자유, 도전 그리고 창조정신을 표현한다.

자기단련이란 운명이 정해져 있지 않고, 스스로의 힘으로 개척해 나갈 수 있다는 것을 믿는 태도이다.

즉, 실패와 좌절과 시련을 밑바탕으로 열등감을 자신감으로, 스스로 최대한의 노력을 통해, 목표를 향하여 끊임없이 달려가는 것이다.

평생 순조로운 인생을 사는 사람은 없다. 살다 보면 반드시 크고 작은 시련이나 좌절을 만나기 마련이다. 그런데 왜 어떤 사람은 항상 남들보다 더 성공하고 더 많은 돈을 벌며, 좋은 직업을 가지고 좋은 인맥, 건강 등 생활에 필요한 모든 조건들을 남들보다 더 많이 갖추고 있는 것처럼 보일까? 그리고 많은 사람들은 하루 종일 쉴 새 없이 바쁘게 일함에도 불구하고 생계유지조차 힘든 것일까?

심리학자들은 이 같은 상황의 비밀은 바로 그 사람의 마음가짐에서 찾을 수 있다고 한다. 어느 철학자는 다음과 같이 말했다. "사람의 심리상태가 곧 그 사람을 지배하는 진정한 주인이다." 또 어떤 위인은 이렇게 말했다. "사람이 그 생명을 지배할 것인가, 생명이 그 사람을 지배할 것인가를 결정짓는 것은 바로 그 사람의 마음가짐이다."

또한 긍정적인 심리상태는 바로 자신감, 자립심, 자기단련의 정신에서 비롯된다.

역사에서 배우기

낮은 처마, 어두운 방, 그의 검은 피부색 그리고 주위 사람들의 냉랭하고 공허한 눈빛들…. 그의 주변에는 태어날 때부터 모든 것이 칠흑 같은 어둠뿐이었다.

작고 어린 그에게 세상은 항상 이기적이고 추악하다는 기억뿐이었다. 죄악으로 가득한 환경에서 자란 그에게 허락된 유일한 삶은 타락뿐이었고, 죽음 역시 세상에 대한 미움을 안은 채 이 세상에서 사라지는 것뿐이었다.

그러나 그의 어머니는 이처럼 암흑 같은 그의 삶 속에서 그 모든 어둠을 송두리째 몰아내고 그의 삶 전체를 변화시켰다. 그는 하나님께서 그에게 지나치게 불공평하셨음을 아시고 그에 대한 보상으로 어머니를 보내 주신 것이라 굳게 믿었다.

그는 농구를 좋아했다. 그러나 작은 키 탓에 농구장 주위를 맴돌며 조용히 키 큰 선수들의 경기를 바라보는 것 이외에는 아무것도 할 수 없었다. 그가 절망에서 헤어 나오지 못하고 있을 때, 그의 어머니는 감히 맞설 수 없는 확신에 찬 음성으로 그에게 말했다.

"너는 누구 못지않은 당당한 사내대장부다. 나는 내 아들이 꼭 자신의 가장 뛰어난 모습을 이 엄마에게 보여 주길 바라고 있단다."

그 이후, 그에게서는 사납고 고집스런 눈빛을 찾아볼 수 있게 되었다. 모든 것을 업신여기기 시작한 그는 마음속으로 "나는 영웅이 될 운명으로 태어났다 Some men are born to be hero" 라는 말을 수 없이 되새길 뿐이었다.

그의 어머니는 그를 위해서 농구화를 사 주었다. 그리고 매일 밤 전등도 켜지 않은 어둠 속에서 줄곧 농구연습을 하는 아들을 묵묵히 바라보며 마음으로 응원했다.

몇 년 후, 그는 건장한 체격과 남들이 따를 수 없는 스피드 그리고 보는 이로 하여금 간담을 서늘하게 만드는 강렬한 눈빛의 소유자로 성장했다. 그 누구도 감히 대적하지 못할 정도의 강력한 실력을 쌓은 그는 대학 농구 코트에서도 수많은 적수들을 속수무책으로 만들어 버렸다.

그리고 드디어 그는 돈과 꿈으로 가득한 NBA에 입성에 성공했다. 그리고 훌륭한 팀원들을 만났다. 팀원들은 모두 그의 눈에서 불타오르는 승리에 대한 야망을 보았고, 그의 그 꿈을 실현시키기 위해 온 전력을 쏟았다. 이미 마이클 조던 Michael Jeffrey Jordan의 계승자로 불리는 그였지만, 반드시 챔피언 타이틀을 손에 넣어 그의 가치를 증명하고 싶었다.

그는 스피드와 목표에 대한 강한 집념으로 동부지역의 모든 정상급 가드들을 제쳤다. 한번은 레이 알렌 Walter Ray Allen과 겨룬 경기가 있었다. 레이 알렌은 테크닉 면에서 최강을 자랑하는 뛰어난 선수였지만, 그의 강한 신념과 제왕으로서의 카리스마에는 따를 수 없었다.

그후, 그들은 LA에 도착했다. 그곳에서는 압도적인 분위기로 LA레이커스를 상징하는 노란 물결이 휩쓸고 있었다. 시합 시작 전부터 사람들은 그의 팀이 아무리 안간힘을 써도 결코 이 시합에서는 이길 수 없다고 생각했다. 이에 그는 반드시 그들에게 놀랄 만한 결과를 보여주리라 결심했다.

훗날, 경기장에 선 그의 어머니는 아들을 향한 자랑스러움을 유감없이 표현했다. 그는 자신의 열악한 신체조건에도 불구하고, 전 세계에 그 자신이 영웅임을 선포했다.

그 경기 이후 그는 전력을 다했지만, 결국은 챔피언의 위치를 잃고 말았다. 과거의 화려했던 시절은 점점 기억 속에서 잊혀져 갔고, 그들은 점차 챔피언의 영광으로부터 서서히 멀어져 갔다. 그러나 그의 눈빛은 여전히 변함없이 승리에 대한 열정으로 가득했다. 어쩌면 그는 이제 다시는 챔피언의 자리에 오를 수도, 또 영원히 마이클 조던 같은 제왕의 자리에는 설 수 없게 되었는지도 모른다. 그러나 그는 전혀 개의치 않았다. 그가 알고 있는 것은 이제 어머니가 어두운 방안에서 고생스러운 생활을 하지 않아도 된다는 사실 뿐이었다. 그리고 신발도 제대로 신지 못할 정도로 가난했던 세월을 다시 경험하지 않아도 된다는 사실이었다.

그가 바로, 183cm의 단신으로 NBA 역대 최우수 가드의 한 명으로 손꼽히는 앨런 아이버슨 Allen Ezail Iverson 선수이다.

앨런 아이버슨은 가난한 가정환경에서 성장했고, 농구선수로서는 가장 큰 약점이 되는 단신의 선수였다. 많은 악조건이 농구를 향한 그의 열정을 무너뜨리려 했지만, 그는 자신감, 자립, 자강의 정신, 그리고 패배를 두려워 않는 끈질긴 도전정신으로 이 모든 시련을 극복해냈다. 그리고 곧 농구의 성전에 자신을 위한 자리를 마련했다. 앨런 선수는 자신, 자립, 자강의 정신으로 성공을 손에 넣었고, 그 강인하고 맹렬한 도전정신은 수많은 사람들을 감동시켰다. 그는 여전히 세계적인 농구선수로서 대중적인 인기를 얻고 있다.

지금 사람들은 날짐승과 길짐승, 기어 다니는 벌레와 다르다. 이것들은 모두 자신의 깃털로 옷을 대신하고 발꿈치와 발톱으로 신발을 대신하며, 물과 풀로써 음식을 대신한다. 그러므로 수놈은 밭 갈고 씨 뿌리는 농사를 지을 필요가 없고, 암놈 역시 실을 뽑거나 베를 짤 필요가 없다. 또한 입고 먹을 것이 본래부터 이미 갖추어져 있다. 사람은 이와 다르다. 사람은 자신의 힘으로 살아나가야 하며, 그렇지 못하면 살아남을 수 없다.

묵자 · 비명

자신감, 자립심, 자기단련

부모님께 효도하라

"효孝, 이친위분以親爲芬, 이능능리친而能能利親, 불필득不必得."

묵자 · 경설상經說上

효란 가능한 할 수 있는 바를 다하여 부모를 이롭게 하는 것이나, 부모에게서 무엇을 되돌려 받을 것을 바라지 말라.

가정안에서의 효도는 주로 부모에 대한 공경과 재산의 보호, 그리고 가풍의 준수를 통해 나타난다. 이것이 사회의 효도로 확대되어 시행하고자 하면, 마땅히 웃어른을 존경하고 주위환경을 보호하며, 공중도덕을 중시해야 한다.

효孝의 기본적 의미는 '부모를 잘 섬김'이다. 이것은 유교문화권의 전통이다. 예로부터 효는 가정의 도덕이었을 뿐만 아니라, 개인, 정치, 사회도덕은 물론 개인의 출세와 윗사람을 대하는 태도, 사회처세술에 이르기까지 삶에 광범위하게 적용되어 왔다.

서주 시절의 효는 은나라와 주周나라의 종법관념宗法觀念을 뚜렷이 보여주는 특징이며, 『주례(周禮, 주관周官이라고도 함. 유교 경전의 하나로 주나라의 관제를 기록한 책-역주)』의 핵심 관념이기도 하다. 호우와이뤼(侯外廬, 중국 역사학자, 철학자-역주) 선생은 이렇게 말했다.

"효와 덕은 주나라 시대의 도덕강령이었다. 효의 관념과 은, 주나라의 사회는 밀접한 연관성을 가지고 있었으며, 이것은 가족제도를 유지시키는 기본적인 요소였다. 이에 중국에서는 예로부터 '효치천하(孝治天下, 효로써 천하를 다스림)'의 전통을 지켜오고 있다."

군주와 나라에 충성을 다하는 '충忠'과 집안을 다스리는 '효孝'는 그 범위만 다를 뿐, 본질적으로는 같은 개념이다. 그러나 가족윤리의 핵심인 효에 공리주의적 관념이 존재하는 지의 여부와 그것을 공리주의 가치관에 적용시킬지의 여부에 대해서는 사람들마다 다양한 관점을 제시하고 있다. 묵가와 유가 역시 이 부분에서는 서로 다른 관점을 가지고 있다.

후기 묵가에서는 가족규범 이상으로서의 효의 개념이 존재한다고 했다. 즉, 효란 인간이 마땅히 지켜야 할 도덕이라는 의미 뿐 아니라, 반드시 공리적 요소를 고려하여 부모에게 실질적인 이익과 혜택을 제공하는 것을 의미한다고 주장했다.

묵자는 일찍이 '겸상애兼相愛, 교상리交相利 (서로 모두가 사랑하고, 이롭게 하다-역주)' 사상을 주장하면서부터 그 공리주의적 개념을 부모에게 효도하고 윗사람을 공경한다는 친족 성향의 효도의 의미와 연결 지어 생각했다. 그는 겸애를 실천하는 사람은 "부모로서 반드시 자애로워야 하며, 자식으로서 반드시 효도해야 한다"라고 했다. 반면 후기 묵가는 '효는 부모를 이롭게 하는 것'이라 주장했으며, 가족 간의 정과 정치, 윤리적 의미의 효를 공리주의적 가치관으로 통일시켜 발전시켰다. 이에 대해서는 비판적인 수용의 자세가 필요하다.

『효경孝經』에서는, "효란 세상불변의 도리이고 땅의 올바른 도의이며, 백성의 행실"이므로, 그것을 세상에서 가장 중요한 일로 보아야 한다고 했다.

이홍장(李鴻章, 청나라 말기 정치가)은 자신의 70세 생일에 다음과 같은 시를 읊었다.

"조정의 최고벼슬에 오른 원로대신이지만, 늙으신 어머니가 계시니 여전히 이것저것 묻고 여전히 어릴 적 아명으로 불리고 있다. 이것이야말로 인생 최고의 행복이다!"

예로부터 성현들은 모두 부모에게 효를 다했으며, 그들의 언행은 오늘날까지 현대인들의 훌륭한 모범이 되고 있다.

당나라의 명의 손사막孫思邈은 필생의 노력을 기울여 800여 종의 약재와 3천여 개의 약재처방을 기재한 저서 『천금방千金方』을 완성했다. 후세인들에게 '약왕藥王'으로 칭송받는 그가 처음 의학의 길을 걷기로 결심한 것은 바로 부모님의 병을 치료하기 위해서였다.

산시陝西 성 야오耀縣 현의 가난한 목수집안에서 태어난 그는 7살 되던 해부터 부모님의 병으로 고통 받는 모습을 보며 성장했다. 그의 아버지는 야맹증, 어머니는 갑상선질환을 앓고 있었다. 어느 날, 톱질을 하던 아버지가 골똘히 생각에 잠겨 있는 그에게 물었다.

"아들아, 어른이 되면 목수가 되려고 생각하느냐?"

이에 그는 이렇게 답했다.

"아뇨. 전 명의가 돼서 반드시 부모님 병을 고쳐드릴 겁니다."

아버지는 그의 효심에 크게 감동했다.

12살 되던 해, 그는 집을 떠나 의학을 공부하기 시작했다. 그리고 몇 년 후 고향으로 돌아와 부모님의 병을 돌보기 시작했다. 그러던 어느 날, 손사막의 도움으로 병을 고친 한 환자가 감사인사를 하기 위해 그를 찾았다가, 귀가 번쩍 뜨이는 소식을 전했다. 그 환자는 "듣자하니 태산기슭에 진원陣元이라는 의원이 있는데, 선생 어머님의 병을 고칠 수 있다고 하더군요"라고 알려 주었다. 손사막은 크게 기뻐하며 곧 태백산으로 길을 떠났다. 고향에서 400리나 떨어진 태백산에 도착하는 데 이미 보름이나 걸렸다. 그는 사람들에게 물어 물어 진원을 찾아갔고, 곧 그를 스승으로 모시고 의학에 전념하기 시작했다.

그리고 얼마 후, 온 힘을 쏟아 부모님의 병을 완치시키고자 연구를 거듭했던 그는 드디어 치료법을 찾아내는 데에 성공을 거두었다. 결국 그 부모의 병은 손사막의 효심으로 인해 완쾌될 수 있었던 셈이다.

『맹자』에는 이런 말이 있다.

"작은 풀 한포기가 봄볕의 은혜에 보답하려 한다 한들, 그 큰 은혜를 갚을 수 있겠는가."

손사막은 부모에 대한 효를 다하고자 했고, 그것을 위해 자신의 인생목표를 결정했다. 그는 자신의 삶 전부를 투자해서 부모에 대한 효를 다하고자 했다. 그리고 그 지극한 효심을 통해 자신의 이상 역시 실현시켰다.

손사막의 일화는 감동과 교훈을 함께 전해준다. 진정으로 인생을 이해하고 그 안에서 성공을 꿈꾼다면, 나를 낳고 키워주신 부모님의 은혜를 먼저 헤아릴 줄 알아야 한다. 자식을 위한 부모의 사랑과 헌신은 그 무엇과도 비할 수 없다. 따라서 자식이 그 부모를 공경하고 효를 다하는 것은 사랑일 뿐만 아니라, 도의적으로도 더더욱 피할 수 없는 책임이다.

역사에서 배우기

1962년, 천이陣毅가 외교부장관을 역임하고 있을 때의 일이다. 한번은 외국을 방문하고 돌아오는 길에 마침 고향으로 가는 길목을 지나게 되었다. 그는 특별히 짬을 내어 고향에 계신 어머니를 뵙고 돌아가기로 결정했다.

그의 어머니는 연로하신데다가 건강도 좋지 않으신 탓에 항상 침상에 누워 계셨다. 하지만 아들이 자신을 보러 왔다는 소식을 전해 듣자 기쁜 마음에 한껏 기대를 하고 있었다. 아들이 도착했을 즈음, 그녀는 거동이 불편한 탓에 항상 착용하고 있던 속옷기저귀를 교환한 후 침대 옆에 놓아두고 치우지 않은 것을 눈치 챘다. 이에 곧 간병인에게 그것을 침대 아래로 치워달라고 황급히 신호를 보냈다.

곧 천이가 방으로 들어왔다. 그는 오랫동안 만나 뵙지 못했던 어머니의 모습을 보자 만감이 교차했다. 곧장 어머니에게 다가가서 손을 잡고 이런 저런 안부를 묻기 시작했다.

잠시 후, 그가 어머니에게 물었다.

"어머니, 제가 들어올 때 황급히 침대 아래로 무얼 치우신 건가요?"

이내 아들의 눈을 속일 수는 없다는 생각을 한 어머니는 사실을 털어놓았다. 어머니의 이야기를 들은 그가 말했다.

"어머니, 편찮으셔서 이렇게 누워 계신데도 곁에서 함께 있어 드리지 못해 죄송합니다. 이것은 제가 빨게 해 주십시오!"

한사코 말리려 했지만, 완고한 아들을 끝내 이기지 못한 어머니는 이렇게 말했다.

"너는 국가 간부이고 큰일을 하는 사람이다. 또 먼 길을 다녀오느라 힘들었을 텐데, 그만 쉬는 것이 좋겠다! 나와 얘기도 더 나누고…."

이때, 그의 부인 역시 빨랫감을 빼앗으려고 나섰다. 그러자 그가 황급히 말했다.

"어린 시절, 어머니께서는 저를 키우시면서 얼마나 많은 제 옷이며 기저귀를 빨아 주셨습니까. 오늘 제가 어머니의 빨래를 전부 해 드린다 해도 저를 키워 주신 은혜는 결코 보답할 길이 없습니다!"

그리고는 부인에게서 기저귀를 빼앗아 다른 세탁물들과 함께 가져갔다. 그리고는 어머니 곁에서 이야기를 나누며 빨래를 하기 시작했다. 천이는 그날 결국 어머님의 옷을 모두 깨끗이 빨아놓았다. 그의 어머니는 그 모습을 보면서 조용히 눈시울을 붉혔다.

천이 장관이 어머니를 위해 한 일은 지극히 평범한 작은 일이었다. 그러나 이 작은 일 하나를 통해서도 충분히 어머니에 대한 그의 사랑을 짐작할 수 있다. 그는 어머님이 자신을 위해 해 주신 모든 노력을 잊지 않고, 어머님의 고생스런 삶의 여정이 결코 쉽지 않았음을 깊이 이해하고 있었으며, 그 은혜를 항상 잊지 않고 있었다. 그의 효심은 세상의 모든 자녀들이 본보기로 삼을 만하다.

부모가 가난하면 부유하게 해 드리고 인구가 적으면 늘어나게 하며, 사람들이 많아 혼란스러우면 안정시켜 화목하게 해야 한다. 이것을 실천하는 효자 역시 힘과 재물, 그리고 지혜와 계획이 부족하여 그것을 멈출 때도 있다. 그러나 힘을 아끼고 훌륭한 계획을 숨기거나, 개인의 이익을 위해 재물을 숨기는 이는 없다. 효자는 부모를 위해서라면 못할 일이 없다.

묵자 · 절장節葬

부모님께 효도하라

신뢰받는 사람이 되라

"각려불의權慮不疑, 설재유무說在有無."

묵자 · 경하經下

확실한 근거를 가지고 내린 결정을 의심하지 말라.
남에게 신뢰받는 사람은 적극적이고 진취적인 사상과 강한 책임감을 가지게 된다. 믿음이란 사람들이 서로 마음을 나누고 유대감을 느낄 수 있도록 이어주는 마음의 통로이다. 사람들 간의 믿음은 지극히 견고하면서도, 동시에 지극히 약한 존재이다. 우리는 항상 인내심을 가지고 믿음을 지키며 소중히 해야 한다.

믿음은

사람과 사람 사이의 유대감을 형성시키는 고상한 감정이다. 상대가 결코 신임할 수 없는 사람이란 확증이 없는 한, 그를 반드시 믿어야 한다. 다른 사람들 역시 당신을 대할 때, 역시 이와 같을 것이다.

묵자가 제자인 경주자를 추천하여 초나라의 관리가 되게 했다. 이에, 몇몇 다른 제자들이 그를 찾아갔다. 이에 경주자는 쌀 석 되로 지은 식사만으로 그들을 대접했다. 제자들이 돌아와 묵자에게 말했다.

"경주자가 초나라에 갔다 해도 별로 좋은 일이 없습니다. 저희들이 그를 찾아가도 그는 쌀 석 되로 지은 식사를 마련하여 저희를 소홀히 대했습니다.

묵자가 대답했다.

"그것은 아직 알 수 없는 일이다."

얼마 지나지 않아, 경주자가 사람을 통해 묵자에게 황금 스무 냥을 보내와서, 이 같은 말을 전했다.

"제자는 스승님을 볼 낯이 없습니다. 제가 보낸 이 황금은 스승님께서 사용해 주십시오."

묵자가 말했다.

"과연 알 수 없는 일이었구나!"

사람들 간의 믿음은 지극히 견고하면서도, 동시에 지극히 약한 존재이다. 우리는 항상 인내심을 가지고 믿음을 지키며 소중히 해야 한다. 사람들은 수많은 사람들과 만나며 다양한 종류의 우정을 만들고 서로 간의 믿음을 쌓아간다. 친구와의 믿음은 원한과 마찬가지로 평생 잊혀지지 않는 존재이다. 경주자는 묵자가 아꼈던 제자였으므로, 묵자가 그를 굳게 믿었던 것은 당연한 일이었다.

묵가사상에서는 특히 믿음을 강조한다. 묵자는 「칠환」을 통해, "왕이 신임하는 신하는 충성스럽지 않고, 충신은 왕이 신임하지 않는 것이 여섯 번째 재앙이다"라고 했으며, 또한 「수신」에서는, "뜻이 굳세지 못한 사람은 자신의 지혜를 모두 활용할 수 없고, 그 말을 신뢰할 수 없는 사람은 행동을 해도 그 결과를 얻기 어렵다"라고 했다. 묵자는 남을 믿는 것에서는 충, 효의 품성을 강조했으며, 남에게 믿음을 얻는 것에서는 언행일치를 강조했다. 즉, 말한 바를 반드시 실천할 수 있을 때, 다른 이들의 믿음과 지지를 얻을 수 있다는 것이다.

믿음은 사람과 사람사이의 유대감을 형성시킨다. 사람들은 서로의 믿음은 키우되 의심은 줄여야 하고, 서로에게 더 많은 관심과 사랑을 쏟되, 이기심과 무관심한 태도는 줄여야 한다. 나 자신과 남을 모두 믿을 수 있는 것, 이것은 영원히 변치 않는 인간의 생존법칙이다.

적벽대전赤壁之戰 전야, 조조는 83만의 대군을 이끌고 장강을 건너 남방을 손에 넣을 준비를 하고 있었다. 당시 조조의 군대는 모든 군사가 북방기병이었기 때문에 육상전에 탁월했던 반면, 수전水戰에서는 속수무책이었다. 그러나 다행히 조조의 진영에는 그에게 항복한 채모蔡瑁와 장윤張允이라는 수전에 정통한 장수들이 있었다. 이에 조조는 즉시 그들을 발탁하여 수군을 훈련시키는 막중한 임무를 맡겼다.

조조의 수군을 얕보고 있던 동오東吳 장수 주유周瑜는 맞은편 기슭에서 훈련하고 있는 조조의 군대를 보고 크게 놀랐다. 주유는 곧 조조의 수군을 강화시킨 채모와 장윤을 제거하기 위한 계획을 세웠다. 때마침 조조가 주유를 회유하기 위해 주유와 함께 공부했던 장간蔣干을 주유의 진영으로 파견했다. 주유는 일부러 장간이 기밀문서를 볼 수 있도록 했다. 그것은 주유가 위조한 거짓 기밀문서였고, 그 안에는 채모와 장윤이 주유와 연합하여 조조를 협공하기로 결정한 내용이 담겨 있었다.

채간은 이 기밀문서를 읽고는 곧장 길을 재촉하여 조조의 진영으로 돌아가 이 사실을 조조에게 보고했다. 분노에 이성을 잃은 조조는 바로 두 장군을 죽여 버렸다. 뒤 늦게 냉정을 되찾은 그는 그제야 그것이 주유의 계략이었음을 알고 크게 후회했지만, 이미 벌어진 일을 되돌릴 수는 없었다. 조조가 채모와 장윤을 믿지 않았던 것은 그가 적벽대전에서 패배하는 직접적인 원인으로 작용했다.

묵자는 물론, 수많은 옛 선조들이 항상 충고하는 점이 있다. 바로 자신이 말한 것을 반드시 실천하고, 행동한 후에는 반드시 그 결과를 내도록 하며, 남에게 신임받을 수 있어야 한다는 가르침이다. 특히나 갑작스럽게 등장한 거짓이 어떤 이에 대한 믿음을 깨뜨리려 한다면, 냉정하게 생각하고, 그 상대가 자신에 대한 믿음을 증명할 수 있는 시간을 주어야 한다. 거짓에 흔들리지 않고 자신의 판단과 믿음을 고수하는 것이야말로 가장 정확한 선택이다.

역사에서 배우기

파도가 일렁이는 대서양 위로 화물선 한 척이 지나가던 중이었다. 배 뒷머리에서 잡일을 하던 흑인소년이 실수로 바다에 떨어지고 말았다. 소년은 있는 힘껏 소리를 질러 도움을 청했지만, 거센 바람과 파도소리에 묻혀, 배 위의 그 누구도 그 소리를 들을 수 없었다. 그리고 배는 점점 소년에게서 멀어져 갔다.

소년은 살아남기 위해 차가운 바다를 헤엄치고 또 헤엄치며, 화물선이 사라진 방향으로 조금이라도 가까이 가지 위해 안간힘을 썼다. 그러나 얼마 후, 점점 멀어지던 배는 결국 보이지 않는 곳으로 사라져 버리고 말았다. 이제 소년의 주위에는 끝도 보이지 않는 바다뿐이었다. 시간이 지나갈수록 힘이 빠지고, 소년은 이제 그만 포기하자는 생각이 들기 시작했다. 이때, 문득 선장님의 자상한 얼굴과 선량한 눈빛이 떠올랐고, 선장님이라면 반드시 자신을 구하기 위해 돌아올 것이라는 믿음이 들기 시작했다. 소년은 믿음 하나로 다시 마지막 남은 힘을 다해 헤엄치기 시작했다.

한편, 화물선에서는 한참 후에야 소년이 실종된 사실을 알아차리고 그를 찾기 시작했지만, 결국 찾아내지 못하자, 바다에 떨어진 것이 분명하다는 결론을 내렸다. 이에 선장은 곧장 뱃머리를 돌려 소년을 찾을 것을 명령했다. 이때, 한사람이 나서서 말했다.

"이 정도 시간이면, 설사 물에 빠져 죽지 않았더라도 상어밥이 되었을 겁니다."

이 말에 선장은 잠시 망설였다. 그러나 다시 마음을 다잡고 뱃머리를 돌리기로 결정했다. 또 다른 이가 말했다.

"흑인 소년 하나 때문에 이럴 필요가 있을까요?"

그러자 선장은 큰 소리로 호통 쳤다.

"더 이상 말하지 마시오!"

소년이 더 이상 버틸 수 없게 되었을 무렵, 선장은 겨우 소년을 바다에서 구해낼 수 있었다.

소년은 정신을 차린 후, 갑판에 무릎을 꿇고 생명을 구해준 은혜에 감사했다. 선장이 소년을 부축해 일으키며 물었다.

"애야, 어떻게 그렇게 오랜 시간 바다에서 버틸 수 있었느냐?"

소년이 대답했다.

"선장님이 반드시 절 구하러 돌아오실 거라고 믿고 있었으니까요. 반드시요!"

"어째서 그렇게까지 나를 믿었던 게냐?"

"선장님이 그런 분이시란 걸 알고 있었으니까요."

소년의 말을 들은 백발의 선장은 털썩 아이 앞에 무릎을 꿇고 눈물을 흘리며 말했다.

"애야, 내가 너를 구한 것이 아니라, 네가 나를 구했구나! 잠시나마 너를 구하러 가는 것을 망설였던 내가 부끄럽구나."

남의 신뢰를 얻는 것은 행복한 일이다. 누군가 절망에 빠졌을 때 당신을 떠올린다면, 당신은 그 사람에게 도움은 물론 행복을 줄 수 있는 사람임을 믿어라. 인간관계속에서 가장 슬픈 일은 신뢰도 불신도 아니며, 겉으로는 믿는 척하면서 마음으로는 경계하는 태도이다. 항상 약속을 지키는 태도를 가져야 한다. 만일 자신에게 불가능한 일이거나, 또는 결과를 확신하기 어려운 일이라면 그것을 두고 함부로 약속하지 말라. 이것 역시 신용을 지키는 방법이다. 남의 신뢰를 잃는 일 역시 신임 받지 못하는 중요한 원인 중의 하나이다.

아무 이유 없이 두려움을 느끼는 것은 잘못된 일이다. 이는 그것을 반드시 그렇다고 단정 지을 수 없기 때문이다. 아들이 군대에 있으면 그 생사를 단정 지을 수 없으며, 전쟁이 일어났다는 소식을 들으면 이 때 역시 그의 생사를 단정 지을 수 없다. 그러나 예전에는 두려워하지 않았으나, 지금은 오히려 그것이 두려워졌다. 이것이 바로 아무 이유 없이 두려움을 느끼는 이유이다.

묵자 · 절용

원칙 있는 삶을 살라

"거지구도去之苟道, 수광하상受狂何傷? 고자古者, 주공단비관숙周公旦非關叔, 사삼공辭三公, 동처우상개東處于商盖. 인개위지광人皆謂之狂, 후세칭기덕後世稱其德, 양기명揚其名, 지금불식至今不息."

묵자 · 경주耕柱

그곳을 떠나는 것이 진실로 올바른 도리라면, 사람들의 비난을 받는다고 한들 무슨 상관이겠는가! 옛적에 주공단周公旦은 관숙管叔의 모함에, 삼공三公의 벼슬을 버리고 동쪽 상엄商奄에 은거했다. 사람들은 모두 그를 미쳤다고 했지만, 후세 사람들은 그의 덕 있는 행동을 칭송하고 그 이름을 기렸으며, 이는 오늘날까지 이어지고 있다.

사람은 반드시 원칙을 가진 삶을 살아야 한다. 원칙이 없다는 것은 곧 옳고 그름을 구분하는 기준이 없다는 것이다. 자기 스스로도 옳고 그름과 해야 할 일, 하지 말아야 할 일을 구별하지 못한다면, 잘못된 길로 나아가기 쉽다.

사람들은 저마다 다른 환경과 문화, 계층 속에서 다양한 인생목표와 이상을 가지고 살아간다. 그러나 대부분의 사람들은 자신이 지키고자 하는 삶의 원칙 한, 두 가지 정도는 가지기 마련이다. 삶의 원칙이란 다양하게 나타난다. 예를 들어 공부, 일상생활, 직장생활을 하면서 자신이 지켜야 한다고 생각하는 원칙들도 그것이라 할 수 있다. 삶의 원칙이란 어떤 일을 해야 할지, 말아야 할지, 또 노력해야 할지, 절대로 해서는 안 될지, 행동여부를 결정하기 위해 필요한 기준이다.

묵자가 관검오管黔敖에게 고석자高石子를 추천하여 위衛나라의 관리가 되게 했다. 위나라 왕은 고석자에게 높은 벼슬과 많은 녹봉을 내렸다. 고석자는 위나라 왕을 세 번 알현하여 세 차례 모두 자신의 의견을 말했지만, 위나라 왕은 그 의견을 전혀 받아들이지 않았다. 이에 고석자는 위나라를 떠나 제나라로 갔다.

고석자가 묵자를 찾아와 말했다.

"위나라 왕은 스승님 때문에 제게 매우 두터운 녹봉을 주고 저를 경의 벼슬에 앉게 했습니다. 저는 세 번이나 왕을 뵙고 반드시 성의를 다하여 진언했지만 제 의견은 전혀 받아들여지지 않았습니다. 그래서 위나라를 떠나 왔습니다. 위나라 왕은 저를 미쳤다고 보지 않겠습니까?"

묵자가 말했다.

"그곳을 떠나는 것이 진실로 올바른 도리라면, 미쳤다는 소리를 듣는다 한들 무슨 상관이겠는가! 옛적에 주공단周公旦은 관숙管叔의 모함에, 삼공三公의 벼슬을 버리고 동쪽 상엄商奄에 은거했다. 사람들은 모두 그를 미쳤다고 했지만, 후세 사람들은 그의 덕 있는 행동을 칭송하고 그 이름을 기렸으며, 이는 오늘날까지 이어지고 있다. 또한 나는, '의를 실천하는 것은 비난을 피하고 기림을 받으려는 것이 아니다' 라고 들었다. 그곳을 떠나는 것이 진실로 올바른 도리라면, 미쳤다는 소리를 듣는다 한들 무슨 상관이겠는가!"

고석자가 말했다.

"제가 그곳을 떠난 것이 어찌 감히 올바른 도리를 따르지 않은 것이겠습니까? 예전에 스승님께서 말씀하시기를, '천하에 올바른 도가 행해지지 않으면, 어진 선비는 후대를 받고 살지 않는 법이다' 라고 하셨습니다. 지금 위나라 왕은 올바른 도를 행하지 않고 있습니다. 제가 그가 내린 많은 녹봉과 관직에만 욕심을 가졌었다면, 저는 백성들이 힘들여 일군 곡식을 공짜로 먹고 사는 것이 됩니다."

묵자는 고석자의 말을 듣고 크게 기뻐하며, 금골(禽滑, 묵자의 제자)을 불러 말했다.

"잠시 고석자의 말을 들어 보거라! 의로움을 배반하고 녹봉을 좇는 사람들 얘기는 나도 늘 들어왔지만, 녹봉을 거절하고 의로움을 좇는 사람의 얘기는 고석자에게서 처음 들었다."

자신의 학설을 어기지 않고 녹봉만 좇지 않는 것이 바로 고석자의 삶의 원칙이었다. 고석자는 관직을 버릴지라도 인의의 도리를 지키고자 했다. 묵자는 자신의 원칙을 지키는 그의 행동을 긍정적으로 평가했다.

사람은 반드시 원칙을 가지고 살아야 한다. 그렇다면 이 삶의 원칙은 어떤 특징들을 가지고 있을까?

(1) 적정한 선을 지키라

자신의 원칙을 정할 때에는 반드시 합리성과 실현 가능성을 고려해야 한다. 삶의 목표는 자신이 노력했을 때 실현 가능성이 있는 것을 선택해야 한다. 이 점을 고려하지 않고 결정한다면 현실성 없는 원칙이나 목표로 인해, 오히려 그것이 부담이 되어 버릴 수 있다. 사람들에게 있어서 삶의 원칙이나 인생의 목표, 이상 같은 존재들은 결국 즐거운 삶을 위한 것이다. 자신이 세운 원칙이나 목표, 이상으로 인해 즐거울 수 있을 때, 인생은 행복해질 수 있다. 삶이 피곤하게 느껴진다면 결코 즐거움을 느낄 수 없다.

(2) 시대의 발전과 조화를 맞추라

때로는 삶의 원칙들이 지나치게 많아져서, 그중 일부는 고정적인 관습으로 변하는 경우도 있다. 이 경우, 삶의 원칙은 사람들의 생각을 제한하고 개척정신이나 창의력을 잃어버리게 만드는 요인으로 작용한다. 심한 경우, 경직되어 버린 사상으로 인해 끊임없이 발전하고 있는 사회환경에 적응할 수 없게 될 수도 있다. 그러므로 삶의 원칙을 지키는 동시에, 시대의 요구도에 대한 그 원칙의 부합성을 수시로 확인하고 조정해야 한다. 이를 통해 원칙에 사상이 지배당하는 일이 없도록 해야 한다.

(3) 시대와 함께 발전하라

사회와 관념은 끊임없이 발전하며 변화하고 있으며, 시대가 요구하는 것 역시 다양하게 변화하고 있다. 시대배경이 다르면, 그 법률이나 도덕도 달라질 수 있다. 한 시대에는 진리로 통용되던 사실이, 다른 시대에는 거짓이나 위법행위로 간주되는 경우도 있다. 그러므로 원칙 역시 사회변화에 발맞추어 변동되어야 하다.

다시 말해 사람은 반드시 삶의 원칙을 가져야 한다. 이 원칙들이 사람들의 인생을 끊임없이 발전시키는 시발점이 될 수 있기를 바란다. 또한 최고보다는 좀 더 나은 것을 추구하는 발전과정 안에서 즐거움을 얻고, 사회에 공헌할 수 있길 바란다.

역사에서 배우기

그리스의 플라톤 학원, 30살 즈음 되어 보이는 한 청년이 학교 안을 배회하고 있었다. 고개를 숙이고 무언가를 끊임없이 중얼거리고 있다가도, 순간 멈춰 서서 고개를 휘젓기도 하고 고개를 끄덕이기도 하며, 분명 무엇인가 중대한 문제로 고민하고 있는 것처럼 보였다.

바로 이 청년이 17살 때부터 당대 최고의 학자로 존경받던 플라톤의 가르침을 받았던 아리스토텔레스Aristoteles였다. 그는 타고난 총명함과 함께 성실한 학습태도, 연구와 사색을 즐기는 성격을 지닌 학생이었다. 또한 스승 플라톤으로부터 많은 것을 배우려고 노력하는 동시에, 독서를 통해 더 많은 것을 알고자 했다. 그러다 보니 때로는 스승 플라톤조차도 읽은 적 없는 책을 보는 경우도 있었다. 그는 곧 플라톤 학원에서 가장 뛰어난 학문을 갖춘 학생이 되었다. 학생들은 모르는 문제가 생기면 가장 먼저 아리스토텔레스를 찾을 정도였다. 그는 플라톤 학원 학생들의 존경과 놀라움의 대상이자, 스승 플라톤이 아끼는 제자이기도 했다.

그러나 총명하고 높은 학문을 갖춘 것으로 유명한 그에게도 풀기 어려운 문제에 부딪힐 때가 있었다. 그 문제는 그 누구도 도와줄 수 없는 문제였다. 과연 이만큼 그를 고민에 빠지게 했던 문제는 무엇이었을까?

플라톤은 아리스토텔레스를 제자로 삼은 후, 줄곧 그에게 자신의 이론을 가르쳤다. 플라톤은 인간이 가진 이념만이 실질적인 존재인 반면, 눈으로 직접 볼 수 있는 나무나 꽃, 풀 등은 머릿속에만 존재하는 허상이며, 인간이 만든 집이나 수레 같은 도구들은 허상을 본 뜬 또 하나의 허상이라고 보았다. 플라톤 학원의 모든 학생들은 이 같은 플라톤의 사상을 진리로 여겼고, 감히 그것을 의심하는 사람은 아무도 없었다. 그러나 아리스토텔레스는 책을 읽으면 읽을수록, 생각하면 생각할수록 점점 스승의 이론에 대한 의구심이 생기기 시작했다. 나무는 분명 바로 눈앞에서 만질 수 있는 실재의 존재인데, 어째서 이것을 허상이라고 하는 것일까? 현실의 나무가 존재해야 상상 속에도 나무가 존재할 수 있을 것 아닌가? 어째서 현실을 허상의 모방이라고 하는 것일까?

아리스토텔레스는 이 문제를 두고 깊은 고민에 빠졌다. 그리고 어느 날, 드디어 이 고민을 플라톤에게 털어 놓기로 결정했다. 그의 질문을 받은 플라톤은 잠시 생각에 빠졌다가 말했다.

"너의 사상에 고삐를 채워야겠구나. 그렇지 않으면 점점 더 진리로부터 멀어져서 다시 돌아오기 힘들어질 것이다. 이것은 아주 위험한 일이다!"

결국 자신의 의문점을 해결하지 못한 아리스토텔레스는 그후 플라톤에게 다시 자신의 의문점을 묻지 않았다. 주위 사람들은 그를 비난했다.

"아리스토텔레스, 어떻게 감히 스승님의 이론을 의심할 수가 있나? 스승님의 이론은 절대적인 진리일세! 당신의 행동은 스승님에 대한 모욕이나 마찬가지네!"

이에 아리스토텔레스는 강하게 고개를 저으며 굳건히 말했다.

"저는 스승님을 존경합니다. 그러나 동시에 스승님보다 진리를 더 존중합니다."

아리스토텔레스는 이 같은 정신을 토대로 세계적인 철학자가 되었다.

사람은 반드시 원칙을 가진 삶을 살아야 한다. 삶의 원칙이란 세상에서 성공하기 위한 기본조건이다. "저는 스승님을 존경합니다. 그러나 동시에 스승님보다 진리를 더 존중합니다!" 이것이 바로 아리스토텔레스가 가진 배움에 대한 태도이자, 그가 가진 삶의 원칙이었다. 스승과 진리를 두고 그는 진리의 우위에 두었기 때문에, 이 두 가지를 혼동하여 주객을 전도시키는 실수를 저지르지 않았다. 이처럼, 아리스토텔레스는 확고한 원칙을 세웠기 때문에 오늘날까지도 위대한 철학자로 추앙받는 그의 명성을 이룩할 수 있었다.

묵자가 말했다.
"내 학설과 주장은 받아들일 만하다. 내 학설과 주장을 버리고 다른 사상을 주장하는 것은 마치 추수할 것은 버리고 조이삭을 줍는 것과 같은 것이다. 다른 사람의 말로써 나의 학설과 주장을 부정하는 것은 마치 계란으로 바위를 치는 것과 같은 짓이다. 천하의 계란을 다 없애더라도 그 돌은 그대로일 뿐, 결코 깨지지 않을 것이다."

묵자 · 귀의貴義

원칙 있는 삶을 살라

현실에 안주하지 말고 꾸준히 노력하라

"위소국야衛小國也, 처우제진지간處于齊晉之間,
유빈가지처어부가지간야猶貧家之處於富家之間也,
빈가이학부가지의식貧家而學富家之衣食, 다용칙속망필의多用則速亡必矣."

묵자 · 귀의貴義

위나라는 가난한 집이 부잣집 사이에 끼어 있는 것처럼, 제나라와 진나라 사이에 자리 잡고 있는 약소국이다. 만일 가난한 집이 부잣집과 마찬가지로 의식주에 많은 지출을 한다면 그 집은 곧 망하게 될 것이다.

성격, 습관, 목표, 의지력 등 성공에 필요한 적정 조건을 모두 갖춘 사람일지라도, 정작 그 자신이 현실에 안주하여 발전하려는 노력을 멈춘다면 그가 갖춘 모든 장점들은 곧 무용지물이 될 것이다.

청개구리를

가지고 다음과 같은 두 가지 실험을 해 보았다. 우선 첫 번째 실험은 청개구리를 끓는 물에 집어넣는 것이다. 그 결과, 청개구리는 곧장 물 밖으로 뛰쳐나온다. 두 번째 실험에서는 실온과 같은 온도의 따뜻한 물을 준비하고 그 안에 역시 청개구리를 넣는다. 그리고 청개구리를 넣은 채로 물을 서서히 가열하여 끓이기 시작한다. 결과는 어떻게 되었을까? 청개구리는 밖으로 나오지 않고 끓는 물 속에서 죽고 만다. 이 청개구리 실험은 현실에 안주해서 발전을 위한 노력을 포기하는 것이 바로 실패의 시작임을 말해주고 있다.

세상에는 현재 삶에 안주한 나머지 주위 변화에 아랑곳하지 않고 발전을 포기하는 사람들이 많다. 이것은 바로 우리가 가장 경계해야 할 삶의 태도이다.

어느 날, 유세하던 묵자가 위나라에서 공량환자(公良桓子, 위나라의 대부)와 만나게 되었다. 묵자가 공량환자에게 말했다.

"위나라는 작은 나라이므로, 제나라와 진나라 사이에 놓여 있는 것이 마치 가난한 집이 부잣집 사이에 놓여 있는 것과 같습니다. 가난한 집에서 부잣집의 입고 먹는 것을 따라 가려 한다면, 반드시 곧 망할 것입니다. 지금 공의 집안을 보건대, 장식한 수레가 수백 대나 되고 콩이나 곡식을 먹는 말이 수백 필이나 되며 수놓인 옷을 입은 부인들이 수백 명에 이릅니다. 만약 이 같은 일에 소비할 재물로 선비를 양성한다면, 족히 천여 명은 길러낼 수 있을 것입니다. 나라가 위기에 빠졌을 때, 수백 명의 선비들을 앞뒤로 세우는 것과 수백 명의 부인들을 앞뒤에 있게 하는 것을 비교한다면 어느 쪽이 더 안전하겠습니까? 저는 선비들을 기르는 쪽이 더욱 안전할 것이라 생각합니다."

묵자는 위나라가 작은 나라이기 때문에, 그 나라의 안전을 지키기 위해서는 반드시 강력한 정책을 펼쳐 국력을 키워야 한다고 생각했다. 만일 약소국이 주변 강대국들의 풍족한 생활과 여유로운 태도를 따르고 자신들의 처지를 망각하여 발전을 위한 노력을 게을리 한다면, 그 약소국은 곧 멸망의 위기에 직면하게 될 것이다. 요컨대, 묵자가 말한 위나라의 당시 상황은 물의 온도가 높아질수록 죽음의 위험이 가까이 와 있다는 사실도 모른 채 그 안에서 죽어 버린 청개구리와 같다고 할 수 있다.

미국 격언 중에 이런 말이 있다.

"젊은이들이 낡은 것을 답습하기 시작하면, 그 나라에는 멸망을 알리는 종이 울린 것과 다름없다."

이것이 바로 현실에 안주하여 발전하려는 노력을 멈춘 이들이 치르게 될 대가이다.

고대 로마의 플리니우스Gaius Plinius Secundus는 저서 『박물지Historia Naturalis』를 통해 다음과 같이 말했다.

"인간은 새로운 것을 추구하는 천성을 가지고 태어난다."

사람은 누구나 꿈을 가진다. 그렇다면, 지금 당신 앞에 놓여 있는 현실이 힘들더라도 결코 그것을 향해 나아가려는 노력을 멈춰서는 안 된다. 지금 당신이 서 있는 곳에 머물지 말라. 지금의 위치에 멈춰 선다면 당신은 더 좋은 성공의 기회들을 잃어버리게 될 것이다.

현실에 안주하여 더 이상 발전을 위해 노력하지 않는다면 과연 어떻게 될 것인가.

첫째, 더 멋진 성공을 위한 원동력을 잃게 된다. 당신이 열정을 가지고 심혈을 기울인다면 충분히 완벽하게 해 낼 수 있는 일들조차도, 그것에 훨씬 못 미치는 초라한 결과를 얻는 것으로 끝날지도 모른다.

둘째, 위기의식을 상실한다. 매일같이 편안히 일하고 월급 받는 일에 익숙해져 버리면, 어느새 직장을 잃는 것에 대한 위기감이나 동료들이 나를 앞서가고 있다는 사실을 자각하지 못하게 되어 버린다. 당신이 정리해고 리스트에 오르는 순간에도 당신은 여전히 이런 생각을 할지도 모른다. '뭐, 게으름 피워도 모르는데 오늘도 대충 시간이나 때워야지.'

셋째, 당신이 작은 성공에 득의양양해서 우쭐거리며 노력하지 않는 동안 어느새 당신은 더 많은 경쟁자들에게 추월당할 것이다. 현실에 안주해서 발전을 멈추는 것, 이것은 우리 인생의 가장 큰 적이다. 이로 인해, 사람들은 두려움을 느끼게 되고, 자신의 삶에 대한 기쁨과 용기, 그리고 믿음을 잃어버리고 만다.

당신이 어떤 사회조건을 가진 사람이건, 현재의 성공과 실패여부는 문제가 아니다. 가장 중요한 것은, 바로 현실에 안주하여 발전을 포기하려는 생각을 깨끗이 버리는 것이다. 그것을 버리고 찬란한 인생을 향해 적극적으로 전진하라.

역사에서 배우기

풀러 S.B.Fuller는 미국 루이지애나 Louisiana 주에서 흑인 소작농의 일곱 아이들 중 하나로 태어났다. 그는 5살부터 돈벌이에 나섰고, 9살도 되기 전부터 노새를 몰기 시작했다. 하지만 그 시대의 가난한 소작농의 자녀들이 모두 그렇듯 풀러가 어렸을 때부터 돈벌이에 나선 것은 결코 별다른 일도 아니었다. 소작농들은 보통 가난을 운명으로 받아들였고, 뭔가를 개선해 보려는 노력은 전혀 하지 않았다.

그러나 어린 풀러는 그들과 달랐다. 그의 곁에는 결코 평범하지 않은 어머니가 있었다. 그의 어머니는 가난은 하나님이 정한 운명이라는 다른 소작농들의 진리를 믿지 않았다. 어머니는 어린 풀러에게 항상 이렇게 말했다.

"얘야, 가난은 결코 운명으로 정해진 것이 아니란다. 절대로, '가난은 하나님의 뜻'이라는 핑계를 대지 말거라. 우리가 지금 가난한 것은 하나님이 정한 운명 같은 것 때문이 아니라, 네 아버지가 부자가 되겠다는 생각을 하지 않았기 때문이란다. 그리고 지금까지는 우리 가족들 중 그 누구도 그런 꿈을 가졌던 사람이 없었단다. 하지만 얘야, 너는 스스로의 능력을 믿어라. 우리도 부자가 될 수 있단다."

이 말은 풀러의 마음 깊이 자리 잡았고, 그의 인생 전체를 바꾸어 놓았다. 어른이 된 후, 풀러는 가장 빨리 부자가 될 수 있는 방법은 장사라는 결론을 내리고, 비누장사를 시작했다. 12년 후, 그는 15만 달러의 가격에 비누공장을 손에 넣을 수 있는 기회를 잡게 되었다. 그는 당장이라도 공장을 매수하고 싶었지만, 그가 지난 12년간 모은 돈은 고작 2만 5천 달러뿐이었다.

그러나 그는 결코 물러서지 않았다. 우선 그는 매수할 공장의 사장을 직접 찾아가서 자신이 이 공장을 손에 넣을 것임을 당당히 선언했다. 일단 2만 5천 달러를 계약금으로 하고, 나머지 12만 5천 달러는 열흘 안에 완납하는 것으로 계약을 성사시켰다. 단, 잔금을 열흘 안에 납입하지 못하면, 보증금을 잃게 된다는 조건을 걸어 두었다.

약속한 기한인 열흘 째 날 저녁, 풀러가 마련한 돈은 11만 5천 달러뿐이었다. 아직도 1만 달러가 부족했다. 결국 해결책을 찾지 못한 풀러는 한밤중에 생전 가 본 적도 없던 대부업자 사무실을 찾아갔다.

"한 달 안에 1만 달러를 벌고 싶지 않소?"

풀러가 단도직입적으로 물었다. 대부업자는 이 말에 깜짝 놀라 무의식적으로 고개를 끄덕이며 말했다.

"물론이지! 당연히 벌고 싶고말고!"

"그렇다면, 내게 1만 달러짜리 수표를 발행해 주시오. 한 달 안에 이자까지 해서 이 돈의 두 배를 돌려 드리겠소."

풀러가 그에게 말했다. 풀러는 지금까지 자신에게 돈을 빌려준 사람들의 명단을 그에게 보여준 뒤, 자신이 투자하려는 사업의 리스크까지도 상세하게 설명해 주었다.

결국, 풀러는 대부업자로부터 1만 달러짜리 수표를 받아서 그곳을 나올 수 있었다. 그로부터 1년이 채 되기도 전에, 풀러는 청부업자에게 1만 달러와 그에 대한 이자를 모두 돌려주고도 10만 달러에 달하는 이익을 남겼다.

가난을 고귀한 재산이라 부르는 이유는 그것이 사람이 현실에 안주하지 않고 적극적으로 발전할 수 있도록 만들고, 그들이 끊임없이 앞으로 나아갈 수 있는 힘을 주기 때문이다. 현실에 안주해서 발전하려는 노력을 멈추는 것은 곧 인생의 목표를 포기하는 것과 같다. 목표가 없다면 어떻게 성공이 존재하겠는가? 적극성과 진취성은 발전으로 이어지는 정신이다. 이들로 인해 사람들은 성공에의 희망을 품고, 찬란한 인생을 꿈꿀 수 있게 된다.

옛적 상고 시대 궁핍했던 백성들은 음식에는 탐욕스러우면서도 노동은 게을리 했다. 그러므로 음식과 재물이 부족하여 항상 배고픔과 추위에 시달려야 했다. 그들은 그것이 자신들이 허약하고 무능하며 열심히 일하지 않았기 때문임을 알지 못하고, 오히려 그것을 정해진 운명 탓이라고 여겼다.

묵자 · 비명

현실에 안주하지 말고 꾸준히 노력하라

상대의 장점을 배우고
자신의 단점을 보완하라

"조어가위우의鳥魚可謂愚矣, 우禹, 탕유운인언湯猶云因焉. 금적증무칭호공자호今翟曾無稱乎孔子乎?"

묵자 · 공맹公孟

새와 물고기는 어리석다고 할 수 있지만, 우왕과 탕왕조차도 (그들의 어리석음을 알면서도) 그대로 따랐습니다. 그러므로 지금 저 역시 공자를 인용하지 않았습니까?

겸손한 자세로 배우는 것을 즐겁게 생각하며, 남의 장점을 수용하여 배우고 자신의 부족한 점은 보완할 수 있도록 하라. 이 같은 태도는 성실한 학습태도로서 당신의 자아발전을 도울 것이며, 사람들과 좀 더 폭넓은 인간관계로의 개선을 도울 것이다. 또한 넓은 도량으로 남들이 가진 좋은 점을 배워, 다양한 장점을 널리 받아들일 수 있도록 돕는다.

예로부터

유교문화권에서는 겸허하게 배움을 즐기는 자세를 미덕으로 여겼다.

"세 사람이 길을 가면 반드시 나의 스승이 있는 법이다."

진심으로 배우는 것을 즐겁게 여기고 발전을 추구하는 사람은 겸손과 친절로 남을 대하며, 남의 좋은 점을 배우고 수용하여 자신의 부족함을 보완한다. 이들은 특별히 스승이나 영역, 학파 등에 구속되지 않으며, 자신의 학문과 발전에 도움이 된다고 여기면 과감하게 도전할 줄 아는 사람들이다.

묵자의 학설은 유가와 대립적인 성격을 띠고 있다. 그런데 이 같은 묵자가 정자(程子, 유가학파의 한 사람-역주)와 토론을 하던 중에 공자의 말을 인용했던 일화가 있다. 정자가 묵자에게 물었다.

"유가를 비난하시면서, 어째서 공자님을 인용하시는 겁니까?"

묵자가 대답했다.

"내가 인용한 말들은 합리적이고 절대불변의 진리들입니다. 새들은 땅이 뜨거워지고 건조해지는 것을 느끼면 높이 날아오르고, 물고기들 역시 그것을 느끼면 물 아래로 잠깁니다. 이 같은 이치는 우왕과 탕왕에게 물어도 바꿀 수 없는 것들입니다. 새나 물고기는 어리석다고 할 수 있는데도 우왕과 탕왕도 그들의 방법을 그래도 따르고 있습니다. 그렇다면 제가 지금 공자를 인용한들 어떻겠습니까?"

묵자는 관리가 스스로 높은 성벽을 쌓고 그 위에 군림해선 안 되며, 백성들의 생각에 귀 기울일 줄 알아야 한다고 했다. 학문을 닦는 것 역시 이와 마찬가지이다. 다른 이들의 경험과 지혜를 받아들여 자신의 것으로 활용할 수 있을 때, 더 해박한 지식과 지혜를 갖출 수 있다.

루쉰魯迅은 '나래주의(拿來主義, 루쉰의 말, 좋은 것은 받아들이고, 나쁜 것은 버리자는 사고방식-역주)'의 마지막에 이렇게 적었다.

"요컨대, 우리는 우선 받아들여야 한다. 그후에 사용하거나 보관하거나, 아니면 없애버려야 한다. 주인이 새로 바뀌면 그 집 역시 새로운 집이 된다. 그러나 이보다 먼저 침착함과 용기, 분별력을 갖춰야 한다. 아무것도 가져오지 못하면 사람은 새로운 사람이 될 수 없고, 문화예술 역시 새로워질 수 없다."

이 같은 사상은 묵자의 관점을 잘 설명해 주고 있다.

겸허하게 배우기를 좋아하는 자세를 지닌 사람만이 영민하게 배울 수 있다. 영민하게 배운다는 것은 무조건적으로 받아들여야 한다는 것이 아니다. 남에게서 배울만한 점을 선별하여 가져와 배움으로써 자신의 단점을 보완해 가는 것이다. 이것이 가능해지면 곧 학문의 목적을 달성할 수 있다.

장님 한 사람이 험한 길 앞에서 더 이상 앞으로 나아가지 못하고 있었다. 이때 마침 절름발이 한 사람이 그곳을 지나게 되었다. 장님이 절름발이에게 부탁했다.

"여보게. 이 장님을 불쌍히 여겨 좀 도와주지 않겠나?"

절름발이가 대답했다.

"나는 절름발이라오. 나 스스로도 제대로 걷지 못해 고생하고 있소. 도와주고 싶어도 도울 수가 없소! 보아하니 당신은 몸은 건강해 보이는군요."

장님이 말했다.

"몸은 아주 튼튼하오. 눈만 보인다면 이 정도 길은 문제도 아닐 텐데…."

이에 절름발이가 말했다.

"그렇다면 당신이 나를 업는 것은 어떻겠소! 내가 당신 눈이 되고, 당신이 내 다리가 된다면 이 길을 쉽게 지날 수 있을 것 같소."

장님이 찬성했다.

"그거 좋은 생각이오. 그렇게 합시다!"

이렇게 해서, 장님이 절름발이는 무사히 그 길을 지날 수 있었다.

이 일화는 남의 장점을 배워서 자신의 단점을 보완할 수 있음을 잘 보여준다.

남들의 장점을 수용하여 나의 단점을 보완하고자 한다면 겸손한 자세로 배우기를 좋아하고 겸허의 마음을 갖추어야 한다.

공자는 "세 사람이 길을 가면 반드시 나의 스승이 있다"라고 했다. 영국의 유명한 외교가 체스터필드 Chesterfield 백작 역시 그 자신의 인생경험을 통해 이 같은 진리를 깨달았다. 그는 사랑하는 아들에게 보내는 편지에 다음과 같은 말을 적었다.

"모든 사람이 너의 스승이 될 수 있다."

주위 사람들을 자세히 살펴보라. 제아무리 뛰어난 사람일지라도 전부 장점만 있는 것은 아니며 절대로 배울 것 없이 보이는 사람에게서도 반드시 배울 점을 찾을 수 있다. 어떤 사람일지라도 자신의 부족한 점을 깨달으면 반드시 이를 교훈 삼아 자신에게 경고해야 한다. 그들에게서 장점을 발견할 수 있다면 주저 없이 그것을 받아들이고 배워야 한다.

역사에서 배우기

채원배蔡元培는 근대 중국의 민주혁명가이자 교육자이며, 과학자이기도 하다. 그의 문화사상, 학술관점은 근대 중국 문화계를 이끌었으며, 중국 교육 발전에 지대한 영향을 미쳤다. 베이징 대학 총장 재임기간 동안, 그는 '겸용병포兼容并包' 사상을 중심으로 대학의 교육과 경영전반을 이끌어 나갔다.

그는 사상의 자유와 '겸용병포'를 주장했다. '겸용병포'란 학술계의 민주화를 이루기 위해 다양한 학파들의 자유로운 발전을 장려하고 수용하는 정신이다. 채원배는 다음과 같은 자신의 의지를 밝혔다.

"저는 세계적인 추세에 따라 각 학파들의 사상의 자유를 인정하며, 그 다양한 학설들을 수용할 것입니다. 어떤 학설이든 그 주장하는 바가 확실한 근거를 바탕으로 이치에 합당한 주장을 펼친다면, 설사 제 의견과 다르더라도 받아들이고 그 학설의 자유로운 발전을 지지할 것입니다."

이 같은 결정으로 가장 먼저 변하기 시작한 것은 대학의 인재선발제도였다. 그는 '겸용병포' 사상을 기반으로 구舊사상과 신新사상을 가진 교원들을 동시에 임용하는 정책을 펼쳤다. 이에 따라 다양한 사상을 가진 학파의 인재들이 공존할 수 있는 학술공간을 구축하여, 각자의 사상을 자유로이 발전시킬 수 있도록 뒷받침해 주었다. 그는 사람들이 가진 단점보다 장점에 더 큰 비중을 두어 인재들을 임용했다.

후인지(侯仁之, 중국의 저명한 역사지리학자, 베이징 연구전문가-역주) 선생은 그에 대해 이렇게 평가했다.

"채원배 선생은 사실상 베이징 대학을 세계적인 수준으로 성장시킨 장

본인입니다. 1917년, 처음 베이징 대학 총장으로 임용되었을 때부터 그는 남다른 교육사상과 신념을 가진 인물이었습니다. 다양한 학파들을 관대하게 수용하여 북경대학의 강단을 학술의 경연으로 만들었습니다. 베이징 대학의 학술과 사상이 급속도로 활기를 띠며 발전하기 시작한 것 역시 바로 그때부터였습니다."

채원배의 사상은 북경대학을 거점으로 하는 거대한 감화력을 사회전반으로 확대시켰으며, 중국 근현대사를 이끌었던 수많은 인재들을 베이징 대학으로 모이게 만들었다. 한 대학이 그토록 많은 학문사상의 대가들과 전문가를 확보했던 일은 분명 전대미문일 것이다. 당시 북경대의 발전을 떠올리면, 아직도 그 흥분과 기대로 가슴이 두근거리기 시작하는 이들도 있다. 채원배가 주장했던 '겸용병포'와 같은 사상이 바로 중국의 대학 발전과 현대교육 진보에 새로운 영혼을 불어넣은 셈이다.

중국 근대 사상계에는 수많은 학문유파들이 존재했으며, 사람들의 사상 속에서도 역시 신구新舊사상이 공존하는 복잡한 상태에 놓여있었다. 이 같은 시기, 자유로운 사상발전을 지지하고 실천했던 채원배의 '겸용병포' 사상은 새로운 사상들을 원동력으로 중국 사회를 계몽시키는 중대한 역할을 했다.

이것이 성왕의 귀와 눈이 밝아서였겠는가? 성왕은 한 번 보면 천 리 밖의 일을 보고, 한 번 들으면 천 리 밖의 일을 들을 수 있었단 말인가? 성왕은 직접 천 리 밖에 가서 본 것도, 들은 것도 아니었다.

묵자 · 비명

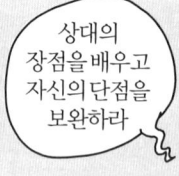

상대의 장점을 배우고 자신의 단점을 보완하라

아는것이 힘이다

> "석자주공단昔者周公旦, 조독서백편朝讀書百篇, 석견칠십사夕見漆十士,
> 고주공단좌상천자故周公旦佐相天子, 기수지어금其修至於今,
> 적상무군상지사翟上無君上之事, 하무경농지난下無耕農之難,
> 오안감폐차吾安敢廢此?"
>
> 묵자 · 귀의貴義

옛적에 주공은 아침에 백 편의 글을 읽고, 저녁에는 70명의 선비들을 만났다. 이에 주공은 천자를 보좌할 수 있었으며, 그 명성이 오늘날까지 전해지고 있다. 나는 위로는 천자의 공무를 수행한 일도 없고 아래로는 농사의 어려움을 경험해 본 적도 없으니, 어찌 감히 책을 손에서 놓을 수 있겠는가?

지식은 사람을 부유하고 고상하게 변화시킬 수 있으며, 그 삶을 더욱 풍요롭게 만들어 준다. 사람은 지식을 통해 강력한 힘을 얻고, 이를 통해 곤경을 이겨 내고 목표를 성공적으로 달성할 수 있다.

문화와

지식은 사회발전의 밑거름이자 인류의 진보를 위한 발판이며, 개인이 시대의 흐름에 발맞출 수 있는가의 여부를 결정하는 중요한 요소이다. 예로부터 사람들은 문화와 지식을 중시해 왔다.

남쪽지방을 유람하던 묵자가 외교사절 신분으로 위나라로 가게 되었을 때의 일이다. 위나라로 향하는 묵자가 마차 한 가득 책을 싣는 것을 본 현당자弦唐子가 그것을 이상하게 여기고 그에게 물었다.

"선생님께서는 일전에 '책은 다만 옳고 그름을 가늠하는 도구일 뿐'이라는 공상과公尙過의 가르침을 알려주셨습니다. 그런데 지금 마차에 이렇게 많은 책을 싣고 계신 것은 도대체 무엇에 쓰려는 것인지요?"

묵자가 대답했다.

"옛적에 주공은 아침에 백 편의 글을 읽고, 저녁에는 70명의 선비들을 만났다. 그로 인해, 주공은 천자를 보좌했으며 그 명성은 오늘날까지도 이어질 수 있는 것이다. 나는 위로는 천자의 분부를 받든 적도 없거니와, 아래로는 농사짓는 어려움을 경험해 본 적도 없다. 그러니 내가 어찌 손에서 감히 책을 놓을 수 있겠느냐? 세상일이란 것이 목적이 같아도 그 수단과 방법론은 제각각인 것처럼, 말 역시 듣는 사람에 따라 달리 전달되는 경우도 생긴다. 그러므로 세상에 책들이 이렇듯 많아진 것이다. 지금 공상과와 같은 사람이 있다면, 충분히 학문의 심오함을 연구할 수 있을 것이다. 비록 길이 달라도 도달하는 목표는 모두 같다는 것이 만물의 이치라고는 하지만, 그 같은 이는 그 안에서도 요점을 파악할 수 있다. 때문에 공상과는 책을 가지고 가르칠 필요가 없을 뿐인데, 너는 어째서 그것을 이상하게 생각하는 게냐?"

묵자는 주공이 매일같이 배우는 것을 게을리 하지 않았기 때문에, 그의 업적과 명성이 후세 사람들에게까지 전해질 수 있는 것이라 생각했다. 천자를 모시고 온갖 정무를 해결하는 중에도 한결같이 배움에 정진했던 주공을 생각하면, 묵자는 자신과 같은 사람은 더욱이 배움을 멈출 수가 없다고 여겼던 것이다.

송나라 진종眞宗은 『권학시勸學詩』에서 다음과 같이 적었다. "집을 부유하게 하려고 좋은 밭을 사지 말라." "책 속에 저절로 천종의 봉록이 있다." "편안히 살려고 큰 집을 짓지 말라." "책 속에 화려한 집이 있다." "문을 나설 때 따르는 사람이 없음을 한탄하지 말라." "글 속에 수레와 말이 수없이 많다." "장가들려 하는데 좋은 중매가 없음을 한탄하지 말라." "책 속에 얼굴이 옥 같은 여인이 있다." "사내대장부가 평생의 뜻을 이루려면, 육경의 경전을 부지런히 창을 향해 읽으라."

위의 글은 학문에 힘써 과거에 급제하고 이를 통해 공명을 얻는 것이 당시 선비들이 추구하는 가장 성공적인 인생이었음을 말한다. 그 당시 과거에 급제하여 공명을 얻는다는 것은 곧 부와 미인을 손에 넣는 것을 의미했다.

그러나 옛 선비들이 어떤 목적을 가지고 학문을 추구했건 간에, '외부와 접촉을 끊은 채 십 년이란 긴 세월을 학문에만 전념했던 그 정신만은 본받을 만하다.

서한西漢 시절, 어느 농가에 광형匡衡이란 아이가 살았다. 그는 어린 시절부터 공부를 하고 싶어 했지만 집안사정이 여의치 않아 학교에 다니지 못했다. 그러나 훗날 한 친척의 도움으로 글을 깨우칠 수 있었고, 그때부터 책을 읽기 시작했다.

책을 살 수 없었던 광형은 다른 사람의 책을 빌려서 읽을 수밖에 없었다. 그 당시의 책은 상당히 귀한 물건이었기 때문에, 책을 가진 사람들은 그것을 쉽게 남에게 빌려주려 하지 않았다. 때문에 광형은 농번기에 부잣집의 농사일을 돕고, 그 품삯 대신 책을 빌려 보았다.

세월이 흘러 어른이 된 광형은 가족들을 위해 밤늦은 시간까지 일해야만 했고, 점심 후 잠깐 짬을 내어 책을 읽는 것이 전부였다. 이렇게 책을 읽다보니 책 한권을 열흘에서 보름까지 걸려 읽을 때도 있었다. '낮에는 농사일을 해야 하니 책을 볼 시간은 없고. 저녁시간에 책을 보려하니 등불을 밝혀야 하는데, 가난한 살림에 등불을 살 수도 없는 노릇이고. 어찌해야 좋을까?' 그는 항상 책 볼 시간이 부족한 것을 안타까워하며 생각에 잠겼다.

어느 날 저녁, 광형이 침대에 누워 낮에 읽었던 책의 내용을 외우고 또 외우고 있을 때, 그는 돌연 동쪽 벽에서 희미하게 새어 들어오는 한 줄기 빛을 발견했다. 순간 그는 벌떡 일어나 벽 쪽으로 다가갔다. 아! 금이 간 벽 틈새를 통해 희미한 빛줄기가 들어오고 있었던 것이었다. 불현듯 좋은 방법이 그의 머리를 스쳤다. 작은 칼로 벽의 벌어진 틈새를 좀 더 크게 만들면, 불빛을 좀 더 들어오도록 만들어서 그 불빛에 책을 볼 수 있지 않을까라는 생각이었다.

광형은 바로 이렇게 어려운 환경에서도 손에서 책을 놓지 않았기에, 훗날 서한의 유명한 경학가經學家가 되었으며 재상의 관직에까지 올랐다.

"높은 산에 오르지 않고는 하늘의 높음을 알지 못하고, 깊은 골짜기에 가 보지 않으면 땅이 두꺼운 줄을 알지 못한다. 마찬가지로 선비는 선왕이 남긴 가르침을 듣지 못하면, 학문의 위대함을 알 수 없다."

아는 것이 힘이다. 아는 것만이 우리를 강하고 성실하며, 사리에 분명하게 만들 수 있다. 아는 것만이 우리를 성공과 위대함의 길로 인도할 수 있다.

역사에서 배우기

1561년, 프랜시스 베이컨Francis Bacon은 영국 런던의 귀족가문에서 태어났다. 어린 시절부터 몸이 약하고 내성적이었지만, 공부와 탐구를 좋아하고 책과 함께 조용히 사색에 잠기기를 즐기는 소년이었다.

13세 되던 해, 아버지의 뜻에 따라 케임브리지Cambridge 대학에 입학했지만, 유럽의 일류대학이라는 명성에도 불구하고 '스콜라철학 (Scholasticism, 신학을 변호하는 철학의 일파, 종교적 교리를 전문적으로 논증하려는 철학)'을 강요하는 학교 분위기와 그 안에서 넘쳐흐르는 신학논쟁과 사상정체, 그리고 상투적인 방법론에 큰 불만을 가졌다. 대학생활에서 배움의 즐거움을 찾지 못했던 그는 고통의 나날을 보냈다.

어느 날, 캠퍼스를 산책하고 있던 그는 분주히 움직이고 있는 개미떼를 발견하고 한참동안 깊은 생각에 잠겼다. 그리고 잠시 후, 나지막한 혼잣말로 입을 열었다.

"그렇지! 탁상공론은 내던지고 현상의 가장 작은 부분부터 실험을 통해 전체까지 증명해 보는 거야!"

실험과학을 연구하고자 하는 뜻을 세운 후, 베이컨은 줄곧 연구실과 도서관을 오가며 17년의 세월을 보냈다. 그는 스스로 직접 관찰하고 체험한 근거들을 바탕으로 수많은 과학결론을 정리해냈다.

1597년에 발행된 베이컨의 첫 저서 『수상록Essay』은 큰 인기를 얻으며 재판에 재판을 거듭했고, 이후 그는 더욱 왕성한 창작의욕을 불태우기 시작했다. 이에 1625년도에 발행된 재판에서는 수필 작품을 추가로 수록하여 총15편이 발표되었다. 그는 이 저서를 통해, 자신의 사회적 시각과 인생관이 고스란히 녹아 있는 조언들을 많은 이들에게 전달했다.

"인간의 마음을 건강을 지키는 가장 좋은 약은 바로 친구의 충고이다."

"행복할 때의 미덕은 절제이고, 역경에 처했을 때의 미덕은 인내이다."

"매사에 지나친 성급함은 가장 큰 위험 중의 하나이다."

이 조언들 속에는 풍부한 철학과 이성, 그리고 음미할수록 더 많이 느낄 수 있는 교훈들이 담겨 있다.

1620년에는 그의 대표작으로 손꼽히는 『신논리학Novum Organum』이 발간되었다. 그리고 이 저서의 공개와 함께, "아는 것이 힘이다"라는 그의 격언이 최초로 알려지기 시작했다. 그는 과학적 지식을 통해서만 자연을 인류에게 유익한 존재로 변화시키고 이용할 수 있다고 했다. 또한 과학실험의 중요성을 강조하면서, 오직 그것을 통해서만 지식을 얻을 수 있다고 했다. 이로써 베이컨은 근대 실험과학의 창시자로 불리게 되었다.

"아는 것이 힘이다." 이 말은 영국의 과학자이자 근대 실험 과학의 창시자인 프랜시스 베이컨이 남긴 명언으로, 오늘날까지 많은 이들에게 지식과 과학의 중요성을 일깨워주고 있다. 그는 지식과 학문을 제외하고는 이 세상 그 무엇도 인간의 정신과 마음, 사상과 견해, 그리고 신앙을 지배할 수 있는 권위를 가진 존재는 없다고 말했다. 베이컨은 경험과 행동을 통해 가장 설득력 있는 근거를 가지고 자신이 말한 바를 증명하고자 했다.

오늘날 세상에는 셀 수 없을 정도로 수많은 책들이 있다. 그리고 그 책들에 담긴 생각과 의견 또한 헤아릴 수 없을 정도로 많다. 이 책들은 제후와 열사들에게 모두 어짊과 의로움이라는 동일한 덕목을 말하면서도, 그 말하는 바는 모두 제각각이다. 어떻게 그들의 옳고 그름을 구별하는가? 그것은 바로, "내가 천하의 명법을 얻어 재어 보았기 때문이다."

묵자 · 천지

아는것이
힘이다

돈을 위해
일하지 말라

"연 칙 비 위 기 불 심 야 然則非爲其不審也, 위 기 과 야 爲其寡也."

묵자 · 귀의 貴義

보아하니 그대가 위나라를 떠나는 것은 위나라가 약속을 지키지 않았기 때문이 아니라, 그대에게 주는 대가가 적었기 때문입니다.

돈이란 일에 대한 보상으로 주어지는 방식 중 하나일 뿐이다. 금전적 보상은 가장 직접적인 방식의 보상이면서, 동시에 가장 근시안적 형태의 보상이기도 하다. 금전을 목적으로 일한다면, 그보다 더 장기적이고 높은 목표를 세우는 것은 불가능하다. 이것은 결코 올바른 삶의 선택이 될 수 없다. 그리고 잘못된 선택의 가장 큰 피해자는 바로 당신이 될 것이다.

많은 사람들이 일의 대가로 주어지는 봉급을 가지고 삶을 꾸려나간다. 생활을 영위하는 기본조건을 제공하는 만큼 봉급은 우리 삶에서 중요한 비중을 차지하고 있다. 이것은 이미 생산 활동이 활발하지 않았던 고대에서부터 존재해 온 가치관이다.

묵자가 추천하여 위나라의 관리로 등용된 제자가 있었다. 그런데 그 제자는 위나라로 떠난 지 얼마 지나지 않아 다시 되돌아왔다.

묵자가 물었다.

"어째서 다시 돌아왔느냐?"

제자가 대답했다.

"위나라가 저와의 약속을 지키지 않았습니다. 분명 천만큼의 녹봉을 주기로 했었으나 제게 오백밖에 주지 않았습니다. 때문에 위나라를 떠나왔습니다."

묵자가 다시 물었다.

"만일 위나라에서 천이 넘는 녹봉을 주었었다 해도 너는 그곳을 떠나왔겠느냐?"

"떠나오지 않았을 것입니다."

제자의 이유를 다 듣고 난 묵자는 이렇게 말했다.

"그렇다면 너는 위나라가 약속을 지키지 않았기 때문에 그곳을 떠나온 것이 아니라, 그들이 준 대가가 적었기 때문에 떠나온 것이구나."

아무리 시대가 변하고 사회가 발전해도 풍족한 삶을 바라는 사람의 마음은 영원불멸의 진리이다. 경제력은 바로 이 풍족한 삶을 위한 가장 기본적인 조건이며, 동시에 인간사회의 경제발전을 주도하는 원동력이기도 하다.

돈을 목적으로 삼아도 좋다. 그러나 "군자는 재물을 좋아하되, 반드시 도에 맞게 구한다"는 가르침만은 반드시 명심하라. 눈앞에 있는 작은 이익에 눈멀어 그 보다 더 중요한 것들을 소홀히 해서는 안 된다.

이 세상에는 오로지 돈을 위해서만 움직이는 사람들도 있다. 사람들 눈에 그들은 확고한 목표를 가진 사람으로 보일 때도 있다. 그러나 그들은 이익에 눈멀어 자신이 진정으로 나아갈 방향을 잃고 헤매는 사람들이다.

회사의 직원들이 이런 생각을 하며 일한다면, 봉급은 그들의 불만을 불러일으킬 수 있는 가장 위험한 요소가 된다. 그리고 그 불만은 일의 효율성과 집중력을 저하시키는 직접적인 요소로 작용한다. 그 순간 경영자는 가장 큰 타격을 입는다. 그러나 장기적인 손익을 계산한다면, 경영자보다 더 큰 손해를 보는 이는 오히려 직원들 자신이 될 것이다. 금전이 유일한 목표인 그들은 결국 자신들의 재능과 잠재력을 잃은 채 약자로 살아갈 수밖에 없다.

사람들은 누구나 남보다 뛰어난 사람을 부러워한다. 그러나 주위의 부러움을 사는 그들의 능력도 결코 한순간에 얻어진 행운은 아니다. 그 이면에는 분명 오랜 기간 축적된 경험과 노력의 시간이 존재할 것이다. 자신의 맡은 일에 최선을 다해 노력하는 이들은, 그 과정을 통해 자신의 잠재력과 가능성을 찾아낼 수 있다.

금전적 보상이 유일한 목표라고 생각지 않는 이들은 지금 그들이 투자하는 시간과 노력이 결코 헛된 것이 아니며, 자아발전의 기회와 원만한 사회관계를 형성할 수 있는 성공의 발판이 될 것을 알고 있다.

금전적 보상을 목적으로 일하는 사람은 불성실하거나 무책임한 태도를 가진 경우가 많다. 지각과 조퇴, 잡담을 일삼고, 출장과 외근을 핑계로 한가로운 시간을 즐기더라도, 지금 당장 해고나 감봉의 위기는 오지 않을지도 모르겠지만, 언젠가는 반드시 자신에게 불이익을 가져올 것이다. 어느 날 달라진 자신의 모습을 사람들에게 보여준다 해도, 이미 굳어진 이미지는 쉽게 바꾸기 어려울 것이다. 어쩌면 당신이 달라졌다는 사실조차 아무도 관심 갖지 않을지 모른다.

금전적 보상만을 중요하게 생각하고 항상 그것을 최우선으로 고려하는 사람이라면, 우물 안 개구리처럼 금전의 우물에 갇혀 우물 밖 세상에 있는 수많은 기회들을 볼 수조차 없다. 또한 성실하게 터득한 경험과 노하우들이 그들의 미래에 얼마나 큰 영향력을 발휘할 수 있을지, 그 인생에 어떤 변화를 가져다줄지도 알 수 없을 것이다.

역사에서 배우기

어느 기업의 CEO가 직원들에게 전했던 말이다.

"회사 경영자의 입장에서의 제 생각을 여러분들께 말해 보려 합니다.

우선 첫째로, 저 역시 여러분들과 같은 평범한 직장인으로서 사회생활을 시작했다는 점을 밝혀 두고 싶습니다. 그만큼 지금 여러분들이 어떤 마음으로 직장생활을 하고 있는지 전혀 모르는 것이 아니기 때문입니다. 요즘 기업들을 보면 근무환경도 열악하고 조직 자체도 불안정한 경우가 많습니다. 이런 문제는 누구 한 사람이 나선다고 해서 해결될 문제도 아니고, 단기간에 어떻게든 해결될 수 있는 일도 아닙니다. 결국 이 문제에 대한 해결책이라고 해 봤자, 여러분이 외국계 기업으로 이직을 하거나, 그것도 아니면 직접 회사를 세우는 것뿐입니다. 결국 가장 평범한 해결책은 현실에 적응하는 것뿐이지요.

둘째는 근무에 대한 여러분 스스로의 태도에 대한 것입니다. 저도 이전에는 어느 기업 경영자의 비서로 근무한 적이 있습니다. 비서라고는 하지만, 사실상 문서편집과 출력, CEO가 하는 이런저런 업무들을 전부 보조해야 했습니다. 즉, 회사에서 시키는 일은 뭐든지 해야 하는 식이었습니다. 한번은 회사제품의 납기일이 임박했는데, 제품을 완성하지 못해서 직원들과 함께 작업현장에서 삼일 밤낮을 매달려 일한 적도 있었습니다. 물론 그 CEO는 수고했다는 말은 물론 직원들에게 초과 근무 수당조차 주지 않았지만 말입니다. 또 한번은 CEO의 운전기사가 교통사고를 내서 면허정지를 당하는 바람에 할 수 없이 제가 3개월 가까이 운전기사를 한 적도 있었습니다. 어떤 때는 납품과 수금을 모두 맡아 해결하기도 했었지요. 아마 제가 했던 일들이 아무런 가치 없는 시시한 일이라고 생각하는 사람들도 있을 것입니다. 당시엔 저도 분명 그랬으니까요. 왜 제가 그런 일을 해야 하는지 답답하고 억울하다는 생각을 했었습니다. 하지만 지금에 와서 생각해 보면, 그렇게라도 작업현장에서 직접 일했던 경험이 없었다면 지금 우리 현장직원들이 가진 여러 가지 어려움들을 이해할 수 없었을 것입니다. 또, 운전기사를 해 보지 않았다면 지금만큼 운전에 능숙해지지 못했을지도 모릅니다. 직접 제품을 납품하고 수금했던 경험도 전부 지금 생각하면 제 능력을 키우는 밑거름이 되었습니다. 여러분들도 비슷한 생각을 하며 직장생활을 하고 있지 않을까 생각합니다. 지금 우리가 어떤 일을 하고 있건 간에, 거기에는 결코 하찮거나 시간낭비인 일은 없습니다. 지금의 충실한 태도가 바로 성공을 위한 밑거름이 된다는 사실만은 확신하고 있습니다. 요즘 직원들은 문서편집이나 출력 같은 업무를 시키면, 그 일을 시시하다고 생각하는 경우가 많습니다. 하지만 알고 계십니까? 같은 내용의 문서를 편집하고 출력하는 간단한 일도 어떤 사람이 만드는가에 따라 더 보기 좋고 일목요연하게 정리될 수도 있습니다. 제가 비서로 일했던 회사를 그만두려고 했을 때, 그 CEO는 연봉을 올리면서 끝까지 저를 붙잡으려고 했습니다. 지금도 저를 회사에 두고 싶어 매달리던 그 CEO가 생각이 나곤 합니다. 만약 제가 하찮은 일이라고 무시하고 맡은 일에 최선을 다해서 잘해내지 못했더라면, 과연 그 CEO는 저를 붙잡으려 했을까요? 그는 항상 성실하게 근무하는 저의 태도와 능력을 높이 평가했습니다. 그는 지금까지도 저의 가까운 벗이며, 오늘날 우리 회사를 일으키기까지 많은 도움을 준 인물이기도 합니다.

세 번째는 이직에 관한 이야기입니다. 여러분들은 이직에 대해 어떤 생각을 가지고 있습니까? 아마도 이 일이 자신의 적성과 잘 맞는지, 스스로 이 일을 감당할 수 있을 만한 능력을 갖추고 있는지, 또는 연봉과 근무환경이 자신이 받아들일 수 있는 조건인지와 같은 사항들을 고려해 볼 것이라 생각합니다. 모든 구직자들이 이런 점들을 생각해 보고 직장을 결정하는지는 모르겠지만, 적어도 이런 내용 중 몇 가지는 고려해 볼 것이라 생각합니다. 직장에서 맡게 되는 일들은 여러분이 입사 전에 생각했던 것과는 전혀 다른 일인 경우도 많습니다. 그러나 또 다시 취업전선에 뛰어든다고 해서 자신이 원하는 직장에 취직할 수 있다는 보장이 있습니까? 두 달 정도 시간을 들여 새로운 직장에 취직하고, 그 직장에서 석 달 정도 적응하고 나면, 그때 즈음 다시 현재의 일이 정말 자신의 적성에 맞는 지에 대해 고민하기 시작합니다. 그리고 이렇게 몇 달을 고민하고 나면, 또 다시 이직을 두고 고민하게 됩니다. 예를 들어 한 얘기지만, 이런 식으로 직장생활을 하다보면 정작 아무런 일도 하지 못한 채, 한 해를 보내 버리는 경우가 대부분입니다. 따라서 저는 여러분이 현재 일하고 있는 직장이 자신의 발전에 절대로 방해가 된다고 확신하지 않는 한, 이직은 결코 쉽게 생각하고 결정할 문제가 아니라고 생각합니다. 현재의 일이 맞지 않는다고 해서 아무런 계획도 없이 이직을 한다면 오히려 자신에게 마이너스 요인이 될 것입니다. 이직이란 그런 것이 아닙니다. 이직이란 지금까지 자신이 쌓은 기본을 바탕으로 더욱 발전하기 위해 나아가야 할 방향을 결정하는 것입니다.

이제, 회사의 근무조건을 마지막으로 이야기를 마치려 합니다. 경영자와 직원은 결코 부모와 자녀 같은 관계는 될 수 없다는 점, 이것을 분명히 인식해야 합니다. 회사가 직원에게 급여를 제공하는 것은 직원들이 그 급여의 대가로 몇 배, 몇십 배, 아니 몇백 배까지도 일하기를 기대하기 때문입니다. 이것이 바로 자본주의 경제논리입니다. 저 역시도 '이 사람 정도면 어느 정도 연봉을 줄 만하다'고 판단되는 사람을 직원으로 채용합니다. 바로 이렇게 정해진 직원들의 가치가 연봉의 최저선이 되는 것입니다. 직원은 반드시 회사에 이익을 주어야 합니다. 회사는 자선사업체가 아닙니다. 그렇기 때문에, 경영자조차도 능력 있는 직원의 연봉은 임의로 낮추거나 할 수 없는 것입니다. 때때로 회사는 어떤 직원이 스스로 그만둬 주길 바라는 의도를 가지고 일부러 연봉을 낮추는 방법을 쓰기도 합니다.

허허, 저는 사실을 그대로 말했지만, 어쩌면 제 이야기가 편파적이라며 수긍하지 않는 이들도 있을 것이라 생각합니다. 하지만 평생 아르바이트만 하면서 살 생각을 가진 것이 아니라면, 구직자들이나 직장인들에게 이 말을 꼭 전하고 싶습니다. 자신이 어떤 일을 하든, 그것이 바로 '나 자신을 위한 일' 이라는 마음가짐을 가지십시오. 그러면 분명 성공할 수 있습니다."

낮은 연봉을 받는 사람일지라도, 이 점을 꼭 기억하길 바란다. 직장에서 주는 급여는 단순히 돈 그 이상도 이하도 아니다. 그러나 그 일을 하면서 자신의 것으로 만들어 가는 경험과 능력들은 금전적인 가치와는 감히 비교할 수도 없을 정도로 큰 가치를 가진다. 그것은 소중한 경험이자 훌륭한 훈련의 기회이며, 또한 재능을 발휘하고 인성을 단련할 수 있는 기회의 장이기도 하다. 직장 역시 우리가 성장할 수 있는 기회를 제공하는 배움의 장인 셈이다.

입으로는 인의를 말하면서 그것을 행동으로 옮기지 않는 사람은 그 잘못됨을 알면서도 잘못을 저지르는 사람과 같다. 그는 이를 몰랐던 것이 아니라, 약속보다 대가를 더 중요하게 생각했던 것이다.

묵자 · 노문魯問

돈을 위해 일하지 말라

매사에 신중을 기하라

"사지계리士之計利, 불약상인지신야不若商人之慎也."

묵자 · 귀의貴義

선비들이 자신을 다루는 태도가 상인들이 돈 한 푼 쓰는 것만도 못하다.

사람의 처세에서는 신중함과 조심스러움이 중요하다. 이는 결코 겁 많고 소심함을 의미하지 않는다. 신중하고 조심스러운 사람은 그 자신에게 불리한 어떤 것도 남겨 두고자 하지 않는 지혜로운 사람이다. 성공의 고지를 바로 눈앞에 두고도 한순간의 실수로 실패의 늪에 빠지는 사람들이 많다. 이 같은 실수들은 한순간의 부주의와 소홀함에서 비롯된다. 항상 신중함을 기해 행동할 수 있도록 해야 한다.

신중愼重 이란 조심스럽다는 뜻이다. 즉, 불리하거나 불행한 상황이 발생하지 않도록 외부사물 또는 자신의 언행에 대해 항상 세심하게 주의를 기울이는 것이다. 또한 행동에 앞서 꼼꼼하게 계획을 세워 준비하여 질서정연하게 효율적으로 일을 처리하는 것을 가리킨다. 신중함은 주관적 행동에 속하며, 적극적인 행동을 위한 사전 준비 과정이라 할 수 있다.

묵자는 제자들에게 당부하길, 밖으로 어떤 학설을 알리고자 할 때에는 그 말과 행동에 항상 신중을 기하라고 했다.

묵자는 선비들이 관직에 나서기 위해서만 학업에 열중한다면, 이는 상인들이 물건을 사면서 돈 한 푼 사용하는 신중함만도 못한 일이라고 했다. 상인들은 물건을 구입할 때 결코 헛돈을 낭비하지 않으며 반드시 가장 이득이 되는 물건을 구입하고자 노력한다. 그러나 당시 선비들은 자신이 하고픈 대로 행동하였으므로, 심한 경우는 형벌을 받았으며 최소한 사람들의 비난을 면하지 못했다. 그러므로 묵자는 선비들이 자기 몸을 다루는 태도가 상인들이 돈 한 푼을 쓰는 것만도 못하다고 했다.

묵자는 제자들에게 다음과 같이 경고했다.

"인의仁義를 널리 알리고자 하나 그것이 뜻대로 되지 않을지라도, 결코 그 사상의 본질을 벗어나서는 안 된다. 이는 목수가 나무를 올 곧게 자를 수 없다고 해서 그 먹줄(먹을 묻혀 곧게 줄을 그을 때 쓰는 도구-역주)을 버릴 수 없는 것과 같다."

성공은 결코 쉽게 이루어지지 않는다. 반드시 합당한 노력과 대가를 투자했을 때에만 가능하다. 그러므로 항상 인내심을 가지고 꾸준히 노력하며, 매사에 신중을 기해 행동해야 한다.

서한의 곽광霍光은 한漢 무제武帝를 20여 년간 보필했던 신하이다. 그는 항상 단정하고 신중한 행동과 충직함으로 한 무제의 총애를 받았다. 그는 시위侍衛의 직책에 있을 당시에도 자신의 책임이 황제의 안전을 지키는 일임을 마음에 새기고 한 치의 소홀함도 용납하지 않았다. 그는 궁을 나서거나 어전御殿을 출입할 때조차 항상 규범에 맞춰 조심스럽게 행동했다. 어떤 이가 몰래 그의 발걸음을 좇아 표시했더니, 그 움직임에 한 치의 오차도 없었다고 한다. 이로 보건대, 그의 태도가 얼마나 주도면밀하고 신중했던가를 짐작해 볼 수 있다. 한 무제는 이 같은 곽광의 태도와 품성을 한무제의 높은 찬사를 받았다. 한 무제는 생전에 늘 곽광을 중용하여 항상 곁에 두었으며, 임종 시에는 그에게 자신의 어린 아들과 대신들을 부탁했다.

옛말에 "왕을 모시는 것은 호랑이를 모시는 것과 같다"라는 말이 있다. 묵자가 제자들에게 말과 행동에 각별히 신중할 것을 조언한 것과 곽광이 작은 일까지도 세심하게 신경을 썼던 것은 모두 그들이 평범하지 않은 사회적 지위에 있었기 때문이었다. 그러나 그들의 신중한 삶의 태도는 분명 우리들에게 중요한 삶의 교훈을 전해주고 있다.

성공의 고지를 바로 눈앞에 두고도 한순간의 실수로 실패의 늪에 빠지는 사람들이 많다. 이 같은 실수들은 한순간의 부주의와 소홀함에서 비롯된다. 생각해 보라. 성공에 도달하는 마지막 순간까지 처음과 같은 신중함으로 차분히 일을 진행시킨다면 성공의 가능성은 더욱 커지지 않겠는가?

항상 다음과 같이 신중함을 기해 행동할 수 있도록 해야 한다.

(1) 아주 하찮은 일이라도 신중히 하라

태산은 작은 흙덩어리도 버리지 않고 받아들여 큰 산이 되었고, 바다는 작은 물줄기도 가리지 않고 받아들여 그렇게 깊어질 수 있었다. 성공은 모두 작은 일에서부터 시작되는 법이다. 그러므로 일상생활 속의 사소한 일들 역시 항상 신중하게 처리해야 한다.

(2) 말을 신중히 하라

묵자는, "뜻이 굳세지 못한 사람은 자신의 지혜를 모두 활용할 수 없고, 말을 신뢰할 수 없는 사람은 행동을 해도 결과를 얻기 어렵다"라고 했다. 말을 함부로 하거나 지나친 허세를 부려서는 안 되며, 지키지 못할 약속은 삼가야 한다. 허세와 거짓, 겉치레와 욕설에 익숙해 있는 이들이라면 더욱 그 말과 행동에 각별히 주의를 기울여야 한다.

(3) 친구를 신중히 사귀라

"붉은 색을 가까이하면 붉게 물들고, 검은 색을 가까이 하면 검게 물든다" "맹모삼천지교" "유유상종" 등의 말들은 모두 친구나 환경 등의 요소가 사람에게 얼마나 커다란 영향력을 미치는가를 말하고 있다. 그러므로 친구를 선택할 때에는 반드시 신중에 신중을 기해야 한다.

인생은 곳곳에 숨어 있는 암초를 피해 거칠고 험난한 뱃길을 나아가는 배와 같다. 때로는 잔잔한 바람과 물결 위에서도 한순간의 부주의로 배가 침몰되거나 전복되는 비극을 경험할 수도 있다. 인생은 또한 차를 운전하는 것과도 같다. 험난한 산길을 무사히 통과하고도, 오히려 넓고 평탄하게 닦여 있는 고속도로 위에서 죽음에 이르는 사고를 당하기도 한다. 사람들은 위기상황에 처하면 반드시 신중함을 발휘하며 경계심을 높인다. 그러나 모든 일이 순조롭고 평화로울 때에는 안일함에 빠져서 오히려 게으르고 태만해지기 쉽다. 그러므로 반드시 시시각각 생각을 환기시켜 만사에 신중함을 기할 수 있도록 해야 한다.

역사에서 배우기

228년, 마속馬謖을 잘못 기용하여 가정街亭을 잃게 된 제갈량은 단 2,500명의 군사를 서성현西城縣에 주둔시켰다. 이때, 정찰병이 쏜살같이 달려와 급히 알렸다.

"사마의가 15만 대군을 이끌고 이곳 서성으로 구름 떼처럼 몰려오고 있습니다!"

이에 제갈량이 곧 명령을 내렸다.

"깃발을 내려 모두 감추고, 성의 네 문을 활짝 열어 두어라. 그리고 각 성문마다 일반 백성으로 변장시킨 군사 20명씩을 배치하여 그 길을 청소하게 하라. 위나라 군사가 들이닥쳐도 내게 다 계획이 있으니, 절대 당황하거나 허둥대지 마라."

전 군에 이 같은 명령을 내린 후, 제갈량은 학창의(鶴氅衣, 주로 덕망 높은 학자나 도사들이 입었던 옷-역주)를 입고 윤건을 쓰고 두 명의 어린아이에게 거문고를 들게 한 뒤, 성의 가장 높은 곳에 올라가 향을 피워 두고 단정하게 앉아 거문고를 뜯기 시작했다.

성 앞에 다다른 위나라의 선봉은 서둘러 이 광경을 사마의에게 알렸다.

사마의는 그 즉시 군사를 멈추고 자기 눈으로 확인하기 위해 직접 말을 달려 서성에 도착했다. 과연 제갈량은 높은 성위에서 세속을 초월한 얼굴로 잔잔한 미소를 띤 채 거문고를 연주하고 있었고, 성문 안팎에서 20명 정도 되는 백성들이 아무 일도 없는 듯 평화롭게 길을 쓸고 있었다. 믿을 수 없는 장면을 목격한 사마의는 분명 함정이 있을 것이라는 불안과 의심을 떨치지 못하고, 곧장 전군에 퇴각을 명령했다. 그 아들 사마소가 그 이유를 물었다.

"거느린 군사가 적은 공명이 속임수를 쓰는 것일지도 모릅니다. 아버님께서는 어째서 군에 퇴각을 명령하십니까?"

이에 사마의가 정색을 하고 말했다.

"제갈량은 일생 신중함을 지켜 온 사람이다. 결코 전쟁에서 모험을 무릅쓰는 일을 할 리 없다. 지금 성문을 활짝 열어 두고 있으니, 분명 성안에 많은 군대를 매복시켜 두었을 것이다. 지금 공격해 들어간다면, 분명 그가 만들어 놓은 함정에 빠질 것이다."

마침내 위나라 군대가 멀리 물러나자, 모든 관원들이 영문을 알지 못하는 듯 제갈량에게 물었다.

"사마의는 명색이 위나라의 명장인데, 어째서 15만의 정예군을 이끌고 왔음에도 불구하고 승상을 보자마자 서둘러 퇴각한 것입니까?"

제갈량이 대답했다.

"그는 내가 평생 신중하고 결코 모험을 하지 않는 성격임을 잘 알고 있었다. 이 때문에 분명 성안에 많은 군사를 매복시켜 놓았다고 의심하고 군대를 퇴각시킨 것이다. 나는 결코 모험을 한 것이 아니라, 이미 막다른 길에 처한 이유로 다른 방법을 생각할 수가 없었던 것뿐이다!"

인간의 감정에는 항상 굴곡이 존재한다. 하는 일이 순조롭게 진행되면 자연히 싱글벙글하고 기뻐하며, 일이 뜻대로 되지 않을 때에는 자신의 능력이 부족하다고 여기게 되고, 누구와 어떤 일을 하던 간에 쉽게 집중하기 어렵게 된다. 일이 순조로울 때도 뜻대로 되지 않을 때에도 이런 마음가짐을 가지고 행동한다면 실수나 잘못을 저지르기 쉽다. 제갈량의 한 평생에 큰 잘못이나 실수가 극히 적었던 것은 바로 그의 신중함 덕이었다. 그는 진실로 처세의 모범이 될 만한 인물이다.

지금 선비들이 자기 몸을 다루는 태도는 상인들이 한 필의 천을 다루는 것만큼도 신중하지 않다. 상인들이 한 필의 천을 다루어 팔 적에는 감히 함부로 아무렇게나 팔지 않고 반드시 좋은 것을 고른다. 지금 선비들이 자기 몸을 다루는 태도는 그렇지 아니하다. 자기 마음이 바라는 것이면 곧 그것을 행하여 심한 자는 형벌을 받고 가벼운 자는 비난을 받고 있다. 그러니 선비들이 자기 몸을 다루는 태도가 상인들이 한 필의 천을 다루는 만큼도 신중하지 않다는 것이다.

묵자 · 귀의

매사에 신중함을 기하라

능력을 기준으로 인재를 선발하라

"유기가행唯其可行, 비약약연譬若藥然, 초지본草之本, 천자식지天子食之, 이순기질以順其疾, 기왈豈曰 '일초지본—草之本' 이불식재而不食哉?"

묵자·귀의貴義

그것이 쓰일 만한 가치가 있는 것이라면, 마치 약처럼 그것이 풀뿌리라 하더라도 천자가 그것을 먹고 병을 다스릴 수 있습니다. 그러므로 어찌 그것을 한낱 풀뿌리라 하여 먹지 않을 수 있겠습니까?

인재는 타인의 수완과 능력을 가진 이들이다. 그들은 장기적인 안목과 비교적 강한 분석력 및 판단력을 갖추고 있다. 또한 새로운 것을 개척해 나가는 창조력을 갖추고 있다. 어느 시대 어느 곳에서건 인재를 필요로 하지 않는 곳은 없다.

청淸나라의 쇠락과 부패 그리고 내우외환의 위기에 통감하던 시인 공즈전龔自珍은, "통치자여, 분발하여 일어나라. 신분에 연연치 말고 인재를 선발하라"는 구호를 외치며 당시 중국인들의 찬탄을 불러일으켰다. 아래 소개한 묵자와 목하穆賀의 일화 역시 바로 이것, 즉 "규범에 얽매이지 말고 공정하고 자유롭게 인재를 선발하라"는 진리를 알려준다.

묵자가 초 혜왕을 알현할 것을 청했다. 그러나 혜왕은 천민 출신인 묵자를 만나고 싶지 않아 나이가 들어 몸이 불편하다는 핑계를 대고 만나주지 않았다. 대신 신하인 목하를 보내어 자신을 찾아온 묵자를 만나게 했다. 목하는 묵자의 주장을 들은 뒤 크게 기뻐하며 그에게 말했다.

"실로 훌륭한 주장이오! 그러나 왕께서는 천하의 주인이십니다. 때문에 그대의 주장이 아무리 훌륭할지라도 그것이 천민의 말이라 하여 받아들이지 않으실 것입니다."

이에 묵자가 말했다.

"비록 천한 사람의 말이라도, 그것에 쓸 만한 가치가 있다면 약으로 쓰이는 풀뿌리와 마찬가지로 천자의 병을 고칠 수도 있습니다. 이치가 이러하니 어찌 한낱 풀뿌리라 하여 무시하고 사용하지 않을 수 있겠습니까? 지금의 농민들은 귀족에게 세금을 내고, 귀족들은 그 세금으로 술과 곡식을 마련하여 하늘과 귀신에 제사를 드립니다. 이때 하늘과 귀신이 설마 그것이 '천한 사람이 만든 것'이라 하여 먹지 않을 것이라 생각하십니까? 그러므로 아무리 천한 사람이라도 위로는 농부에 비겨보고 아래로는 약에 비겨본다면, 한낱 풀뿌리만도 못할 리 없습니다."

묵자는 보잘것없는 풀뿌리도 약초로 활용되어 병자를 치료할 수 있듯, 아무리 천한 신분의 사람일지라도 그 의견과 재능만 충분하다면 반드시 중용될 수 있다고 생각했다. "선제께서는 신이 보잘 것 없는 신분임에도 불구하고"라고 한 제갈량의 출사표에 담긴 사상과 "신분에 연연치 말고 인재를 선발하라"라는 공자전의 주장은 모두 묵자의 이 같은 사상과 일맥상통한다.

재능을 가진 인재라면, 그 신분이나 환경에 얽매이지 않고 과감하게 등용한다는 묵자의 이 같은 사상은 시대를 막론하고 사회를 계도하는 작용을 할 것이다.

인재의 중요성은 오늘날의 기업들 역시 중점을 두는 부분이다. 그러나 이들 중, 유비나 한 무제, 당 태종 등과 같이 인재의 능력을 믿고 과감한 등용을 실천하는 기업이 과연 얼마나 있을까?

일반적인 직원 채용 공고에는 학력, 경력 등에 대한 구체적인 채용조건이 명시되어 있다. 이 때문에 공시된 자격에 미달될 경우, 시험에 응시할 기회조차 주어지지 않는다. 오늘날 기업들은 그 기업의 발전을 위해 일할 진정한 최적의 인재를 찾는다는 채용의 근본 목적을 잊어버린 채, 오히려 온갖 조건을 내걸어 인재들을 멀리 쫓아 버리고 있다. 오늘날 경영자들은 반드시 위와 같은 묵자의 인재 등용관을 통해 깨달음을 얻고, 이를 통해 기업발전에 유익한 채용방식으로의 개선을 적극적으로 추진해야 한다.

역사에서 배우기

한 무제는 부친 경제景帝의 뒤를 이어 기원전 141년에 즉위했고, 제위 기간 동안 효과적인 통치정책을 펼쳐 나라를 크게 번영시켰다. 그가 실시한 정책 가운데 국가발전에 가장 큰 힘을 실어준 것은 단연 신분에 얽매이지 않는 과감한 인재 등용 정책이었다.

한 무제는 즉위 후, 승상丞相, 어사御使, 열후列侯 등 각급 관료들에게 현명하고 어질며, 또한 황제에게 당당히 간언할 수 있는 인재를 추천하라는 내용의 조서를 내렸다. 또한 전국의 관리 및 백성들이 직접 황제에게 의견을 제시할 수 있도록 장려했다. 인재확보가 간절했던 한 무제는 백성과 관리들로부터 접수된 상소들을 모두 검토했고, 이를 통해 그 안에서 동중서董仲舒, 주부언主父偃, 엄안嚴安, 주매신朱買臣 등의 유명한 사상가 및 정치가들을 발탁해 내는 데 성공했다. 특히, 주부언과 주매신은 나무를 해서 생계를 유지할 만큼 가난했던 사람들이었다.

기원전 134년, 한 무제는 인재 천거를 위한 대책을 제시할 것을 명령하는 조서를 내렸다. 이에 동중서는 『천인삼책天人三策』에서 유가의 육경六經 및 공자의 사상과 학설에 어긋나는 모든 사상을 금지시키고, 유가를 중심으로 사상통일을 추진할 것을 주장했다. 동중서의 주장은 한 무제의 왕권 강화에 크게 기여했다. 그로부터 얼마 후, 동중서를 강도상江都相에 임명한 한 무제는 곧 전국의 모든 사상을 금지하고 오로지 유가학설만을 인정하는 조서를 발표했다. 이로써 한 무제의 사상통일은 이후 중국 사회에 커다란 영향을 끼쳤다.

화약발명 이전 시대의 전쟁에서는 전투마와 활과 화살, 그리고 예리한 검이 전쟁의 승패에 큰 영향을 미쳤다. 그러나 역시 승패를 좌우하는 가장 막강한 조건은 인재였다. 흉노족에 맞서 싸웠던 일대의 명장 위청衛靑 역시 본래는 노예 출신이었다. 신분의 개념이 철저하게 지켜지던 봉건사회 내에서 노예는 가장 최하층의 신분이었지만, 그의 뛰어난 재능을 높이 평가한 한 무제는 신분에 상관없이 그를 과감하게 기용했다. 위청과 함께 활약했던 명장 곽거병霍去病 역시 한 무제에 의해 20세 때 장군으로 기용된 인물이었다.

위대한 업적을 남긴 황제들은 모두 기본적으로 신분계급에 연연치 않고 오직 능력을 위주로 인재를 등용했다. 제갈량을 등용한 유비, 위청을 발탁한 한 무제, 위정魏征을 등용한 태종太宗, 배공裴公을 선택한 강희제康熙帝에 이르기까지 위대한 황제들은 모두 한결같이 묵자가 주장했던 능력중심의 인재등용을 실천에 옮겼다. 이들 위대한 황제들은 그 신분계급에 상관없이, 자신의 발전에 도움을 줄 수 있는 인재라면 과감한 기용을 감행했다. 그리고 이 점이 바로 오늘날 현대의 기업가들이 반드시 갖춰야 할 능력이기도 하다.

팽씨의 아들이 말했다.

"이윤은 천하의 천한 사람입니다. 왕께서 그를 만나려 하신다면, 사람을 대신 보내어 그에게 물으신다 해도, 그는 그것을 왕의 은혜라 여길 것입니다."

탕왕이 말했다.

"그것은 네가 몰라서 하는 말이다. 지금 여기에 약이 있어서 그것을 먹으면 귀와 눈이 더욱 밝아진다고 한다면, 나는 반드시 억지로라도 그 약을 먹을 것이다. 지금 이윤은 우리 나라에 있어서 훌륭한 의사나 좋은 약과 같은 존재이다."

묵자·귀의

능력을 기준으로 인재를 선발하라

어질고 올바른 마음가짐을 기르라

"쟁일언이상살爭一言以相殺, 시의귀어기신야是義貴於其身也
고왈故曰, 만사막귀어의야萬事莫貴於義也"

묵자 · 귀의貴義

한 마디 말이 화근이 되어 일어난 말다툼이 서로 목숨을 거는 큰 싸움으로 번지는 일도 있다. 이것은 그들이 그 자신보다도 자신이 믿는 의를 더욱 중요히 여기기 때문이다. 그러므로 의로움을 위한 싸움에선 때로는 서로를 죽이고자 한다. 이것은 그들이 의를 그들의 신체보다 높이 평가하기 때문이다. 그러므로 말하길, 이 세상에서 의보다 더 귀한 것은 없다고 하는 것이다.
인의仁義는 도덕의 한 범주로서, 사람과 사람이 서로 사랑하고 도우며 마음을 나누는 것을 뜻한다. 현대적 의미로 의역한다면, 인의란 사람들을 위해 봉사하는 것이라 설명하는 것이 적합할 것이다.

『역경易經』에서는 세 가지를 세우는 도리에 대해 말한다. 즉, 하늘을 세우는 도리, 땅을 세우는 도리, 사람을 세우는 도리가 바로 그것이다. 사람의 근본은 '인의仁義'이다. 그러므로 사람이 인의를 실천하지 않는다면, 그는 겉만 사람의 모습을 하고 있을 뿐, 사람으로서 마땅히 갖춰야 할

인격을 갖추지 못했으므로 본질상으로는 사람이라고 할 수 없다.

춘추 전국 시대 사상가들 중에는 공자와 맹자 이외에도 인의의 중요성을 주장했던 학자가 있다. 그가 바로 묵자이다. 묵자는 이렇게 말했다.

"화씨벽和氏璧, 삼핵육익(三翮六翼, 구정의 명칭-역주), 구정(九鼎, 중국 고대 하나라의 우왕때, 전국의 아홉 주에서 거두어들인 금으로 만들었다는 솥. 주나라 때까지 대대로 천자에게 전해지는 보물이었다고 함-역주) 등은 모두 제후들이 최고의 보물이라 여기는 물건들이다. 그러나 이 보물들이 나라를 풍족하게 하고, 인구를 늘리며, 나라의 조정과 그 정치를 바로잡을 수 있는가? 당연히 그럴 수 없다. 무릇 귀한 보물이란 사람들을 이롭게 하는 존재이다. 그러므로 사람들에게 이익을 줄 수 없는 보물은 진귀한 보물이라 할 수 없다. 지금 인의로써 나라를 다스리면, 그 백성은 자연히 늘어날 것이며 조정과 정치도 바로잡힐 것이다. 진귀한 보물이란 사람들에게 이익을 가져다주는 존재이다. 이제 인의로써 사람들을 이롭게 했으므로, 인의야말로 가장 진귀한 보물인 셈이다."

묵자가 또 말했다.

"세상에 인의보다 더 귀중한 것은 없다. 만일 어떤 이에게, '모자와 신발을 줄 테니, 대신 당신의 손발을 자르시오'라고 한다면, 그 사람은 그 거래를 받아들일까? 분명 그럴 리 없다. 그 이유는 무엇인가? 바로 모자와 신발보다 손발이 더 귀중하기 때문이다. 어떤 이에게 또 말하길, '세상을 전부 당신에게 줄 테니, 대신 당신 목숨을 내놓으시오'라고 한다면, 그 사람은 또 어떻게 하겠는가? 그 역시 절대 승낙할 리 없다. 이것은 또 무슨 이유겠는가? 바로 온 세상보다 자신의 목숨이 더 소중하기 때문이다. 서로의 주장을 두고 옳고 그름을 따지다가 목숨을 건 싸움으로까지 번지는 경우가 있으니, 이것은 곧 자신이 믿는 인의를 자기 목숨보다 더 소중히 여기기 때문이다. 그러므로 이 세상에서 인의보다 더 중요한 것은 없다고 하는 것이다."

「귀의」에서는 "인의에 따라 일하는 사람은 반드시 성인이라 할 수 있다"라고 했으며, 동시에 "의롭지 않은 곳에는 머물지 않으며, 이치에 맞지 않는 것은 행동으로 옮기지 않는다"라는 처세원칙을 제시했다. 맹자는 묵자에 대해 다음과 같이 말했다.

"묵자는 인간을 널리 사랑했고, 자기 몸을 돌보지 않고 온몸을 바쳐서 천하를 이롭게 하는 일을 했다."

묵자에 대한 맹자의 평가는 그가 세상의 옳고 그름과 흥망에 대해 강한 사회적 책임감과 도덕성을 가지고 있었던 인물이었음을 말해주고 있다.

보물들을 손에 넣기 위해서라면 서슴없이 인의도 저버릴 수 있는 사람은 시대고하를 막론하고 항상 존재했다. 묵자의 시대에는 항자우(項子牛, 제나라의 장군-역주)와 같은 이들이 있었고, 오늘날 역시 그 같은 사람들은 셀 수 없을 정도로 많다. 중국에서는 심지어 가짜 담배, 가짜 술, 가짜 약품 등을 만들어 시중에 유통시키고, 죽은 돼지를 사들여 식용으로 판매하는 등의 범죄를 저질러 시민들을 공포로 몰아넣는 사례들도 빈번히 발생하곤 한다. 특히, 근래에 가짜 분유를 시중에 유통시켜 어린 아기들의 생명과 건강을 위협했던 사건은 전 세계를 경악으로 몰고 간 적도 있다.

　세상 사람들은 이로운 일이 있으면 모두 그것을 위해 모여들고, 그 이로움이 사라지면 사람들 역시 뿔뿔이 흩어져 떠나간다. 명예와 이익을 바라는 것은 인간의 천성이다. 따라서 그 자체를 비난하기는 어렵다. 단, 여기에는 절대불변의 조건이 존재한다. 바로 반드시 인의를 지켜야 한다는 점이다.

　사실상, 이익과 인의 중 어느 한쪽을 버려야 한다는 것은 잘못된 생각이다. 도의와 이익은 본래 공존하는 것이기 때문이다. 「비악非樂」에는 다음과 같은 구절이 있다.

　"어진 사람이 하는 일은 반드시 천하의 이로움을 일으키고 천하의 해로움을 없애는 것이어야 한다. 이를 천하의 법도로 삼아, 사람들에게 이익이 되는 것은 바로 실천하고, 해를 끼치는 것은 바로 그만두어야 한다."

　세상살이 역시 이와 마찬가지이다. 서로 사랑하고 아끼는 겸애의 정신을 실천하라. 먼저 베풂으로 인해 돌아올 대가는 분명 상상을 초월할 것이다.

역사에서 배우기

　1941년 12월, 일본은 진주만 공습을 감행함과 동시에 중국 내 일본군 병력을 화난華南에 집중시켰고, 그 병력으로 곧 홍콩을 공격하기 시작했다. 12월 25일, 홍콩을 점령한 일본군은 그 곳에 주둔하던 대규모의 연합군을 포로로 사로잡았다.

1942년 9월 25일, 일본군은 주룽반도 九龍半島와 홍콩에 억류하고 있던 연합군 포로 1,816명을 '리스본 마루 Lisbon Maru 호'로 이동시켰다. 9월 30일 밤, 미국 태평양 함대의 잠수정은 리스본 마루 호를 향해 어뢰를 발사했고, 이로 인해 배의 연료선창이 파괴되면서 배에는 거대한 폭발음이 울려 퍼졌다.

사태가 악화되자, 일본군은 혼란을 막기 위해 포로들이 갇힌 선창입구를 모두 봉쇄한 후 나무판자로 못질하고 방수천을 덮은 후 밧줄로 동여맸다. 포로들이 갇힌 선실은 순식간에 어둠으로 뒤덮였고 공기가 통하지 않는 탓에 호흡이 곤란할 정도였다.

동력원을 잃은 리스본 마루 호는 하루 밤낮을 표류한 끝에 서서히 가라앉기 시작했고, 그 이튿날 오전 8시, 급기야 선장을 배를 버리기로 결정했다.

일본군은 포로감시를 위한 최소 인력만을 배치한 뒤, 그외의 모든 군병력과 선원들을 구조선으로 이동시켰다. 잔학무도한 일본군은 포로들을 배와 함께 수장시킬 작정이었다.

리스본 마루 호가 침몰하기 시작했던 지점은 중국 조우산 舟山 동지 東極 부근의 바다로, 주위에는 칭빈 青濱, 먀오즈후 廟子湖 등 어민들이 생활하는 작은 섬들이 모여 있는 지역이었다. 당시 조우산의 본섬과 다이산 岱山 등 비교적 큰 섬들은 이미 일본군에 점령된 상태였지만, 외도에 속하는 작은 섬들에선 여전히 항일 무장세력들이 활발하게 활동하고 있었다. 이 같은 상황은 포로들이 구출될 수 있는 조건을 마련했다.

1942년 10월 2일 9시, 동지에서 200해리 남짓한 곳까지 표류한 리스본 마루 호가 뒤쪽부터 가라앉기 시작하자, 배 앞머리가 공중으로 치솟았고, 배에 실려 있던 화물과 함께 포로들이 바다로 떨어지기 시작했다.

때마침 동지와 먀오즈후 등 부근 섬 어민들이 이 광경을 발견하고 곧 구조활동에 나섰다. 196명의 어민들이 총 48척의 배를 이끌고 바다로 나섰고, 65차례나 조난현장을 왕복하며 총 384명의 포로들을 구출해 냈다. 여기에서 구출된 이들 이외에도 일부 포로들은 부근의 무인도에 표류되어 어민들에게 구조되기도 했다. 섬 어민들은 포로들을 각자의 집에 머무르게 하고, 그들의 허기를 달래주기 위해 곡식, 건어물, 고구마 등을 꺼내어 대접하고, 갈아입을 옷까지 마련해 주었다.

10월 3일, 요란한 소리와 함께 섬 부근에 일본군 전투기가 출현했다. 그들은 리스본 마루 호가 침몰한 해역에 대량의 폭탄을 투하했다. 10월 4일, 5척의 일본군 선박이 동지 해역에 출몰했고, 약 200여 명의 일본군이 섬에 상륙하여 어민들의 집을 수색했다. 이 과정에서 일본군은 무고한 어민들에게 폭력을 휘두르며 위협했고, 구조되었던 연합군 포로 대다수가 다시 일본군에게 사로잡히고 말았다. 그러나 일본군들은 그들의 잔혹한 폭력의 협박 속에서도 끝까지 어민들의 도움을 받아 도망친 포로들이 있을 줄은 상상도 하지 못했다.

일본군의 수색을 무사히 넘긴 3명의 포로들은 5일 후, 어민으로 변장하여 항일 무장세력의 비호 아래 부근의 다른 섬으로 이동했고, 여러 차례 이동을 거쳐 마침내 주중 영국대사관을 통해 무사히 영국으로 귀환할 수 있었다. 이 포로들은 영국으로 돌아가기 전, 직접 라디오 방송에서 일본군의 잔학무도한 행위들을 세상에 알렸고, 이로 인해 국제 사회에서는 일본에 대한 비난여론이 형성되었다.

  1949년 2월 27일, 홍콩에서는 리스본 마루 호에서 목숨을 잃은 많은 병사들을 애도하고, 조우산 어민들의 용감한 행적을 치하하는 기념행사를 가졌다.

사람들이 '인의'를 저버린다면, 세상에는 폭력이 난무하게 될 것이다. 세태가 아무리 암울하고 인정이 메말라 있을지라도, 인의는 영원토록 인류를 발전으로 이끌 등불이다. 사람들이 진심으로 인의를 실천한다면, 그 실천은 더 많은 이들에게 전달되고 또 다른 실천으로 이어질 것이다. 그러므로 인의란 사회를 화합으로 이끌기 위해 없어서는 안 될 필수조건이다.

세속의 군자들은 의로운 선비들을 곡식을 지고 가는 사람보다도 못하게 여긴다. 지금 여기에 곡식을 지고 가는 사람이 있는데, 길 한켠에서 잠시 앉아 쉬었다가 일어나려고 했으나 일어나지 못하고 있다. 군자들이 이것을 본다면 그 사람이 늙고 젊거나 귀하고 천한 것에 관계없이 반드시 도와서 일으켜 세워 줄 것이다. 이유가 무엇이겠는가? 그들은 분명 그것이 의로움이기 때문이라고 대답할 것이다.

묵자 · 귀의

어질고 올바른 마음가짐을 기르라

과감하게 자신의 길을 걸어가라

"호미욕부귀자불시인好美慾富貴者不視人, 유강위지猶强爲之.
부의천하지대기야夫義天下之大器也, 하이필시인何以必視人? 강위인强爲人."

묵자 · 공맹公孟

아름다움을 좋아하고 부귀하게 되고 싶은 사람은 남의 눈을 의식하지 말고 그것을 얻기 위해 노력하라. 의로움이란 천하의 큰 능력인데, 남의 눈을 의식할 필요가 있겠는가? 반드시 최선을 다해 그것을 해야 한다.
자신의 길을 걸어가라. 남을 앞지르려 하지 말며, 남에게 뒤처지는 것을 두려워하지도 말라. 최선을 다해 실행하여, 자신의 마음에 부끄러움이 없으면 된다. 스스로의 결정에 믿음을 가지고 과감하게 밀고 나가라. 그러나 자신을 돋보이려고 신념도 없는 주장을 내세우지는 말라. 확신을 가지고 과감하게 자신의 의지대로 나아가는 사람은 평범하더라도 결코 속되지 않다. 즉, 그는 이미 남들과 다른 특별한 존재인 셈이다.

넓은 길에 행인이 많고 좁은 길에 인적이 드물 듯, 인간의 인생길 역시 각양각색이다. 그러나 그 수많은 인생길 중 어떤 길을 선택하고 어떤 사람이 되든, 과감하게 자신의 길을 걸어갈 수 있는 사람이 되어야 한다는 점은 잊지 말아야 한다. 자기주관을 잃고 이전의 관례를 답습하거나, 인생의 꿈을 포기하고 목표를 바꾸면서까지 남들과 같아지려고 하지 말라.

스스로 옳다고 생각하는 일들은 실제로도 올바른 선택인 경우가 대부분이다. 다른 사람들의 눈치를 살피며 자신이 옳다고 생각하는 일들을 포기하지 말라. 굳이 남의 눈을 의식하며 행동을 주저할 필요는 없다.

어떤 사람이 묵자의 가르침을 청했다. 묵자가 그에게 물었다.

"어째서 배우고자 하지 않았는가?"

그가 답했다.

"저희 집안에 배우는 사람이 없었습니다."

이에 묵자가 말했다.

"그렇지 않다. 진정 아름다움을 좋아하는 사람이 집안에 어찌 집안에 그것을 좋아하는 사람이 없다고 해서 좋아하지 않는다고 하겠는가? 진정으로 부유해지고 싶어 하는 사람이라면 어찌 집안에 재물을 바라는 사람이 없다고 하여 자기도 그것을 바라지 않는다고 말하겠는가? 절실히 바라는 것이 있는 사람은 남의 생각이 어떻든 신념을 가지고 최선을 다해 그것을 얻고자 노력한다."

과감하게 자신의 길을 걸어가라! 그러나 이것을 행동으로 옮기기는 결코 쉽지 않다. 많은 이들이 시대흐름과 사회관습을 따르기 위해 자신의 개성을 억누르고, 집단 속에서 서로의 공통점을 찾으려고 한다. 그들은 자기 삶의 의미와 꿈조차 남들에게 맞춰가려 한다. 때문에 우리는 과감하게 자신의 신념을 실천하며 과감하게 자신의 길을 걷는 이들을 찾아보기 힘들다.

어느 날, 묵자가 오랜 친구를 만나기 위해 제나라를 찾았다. 친구가 묵자에게 말했다.

"지금 세상에는 의로움을 행하려는 사람이 없네. 이제 자네도 그만두는 것이 좋겠네."

묵자가 답했다.

"여기에 한 농부가 있는데, 그에게 아들이 열 명 있다 하세. 그 열 아들 중, 단 한 명만이 농사를 짓고 나머지 아들들은 모두 한가롭게 쉬고 있네. 자연히 농사를 짓는 아들은 더욱 열심히 일할 수밖에 없게 되네. 그 이유가 무엇이겠는가? 집안에 딸린 식구는 많은데, 일하는 사람은 그 한 사람뿐이기 때문이네. 지금 세상에는 의로움을 행하려는 사람이 없으니, 친구된 자네가 나를 격려해 주는 것이 당연한 일일 것을, 어째서 나를 말리려 하는 겐가?"

남을 의식하기보다 자기 자신이 믿는 바를 과감하게 실천으로 옮기라. 이것이야말로 진정한 자신감이자 굳센 기개가 아니겠는가!

그리스 신화에 등장하는 프로메테우스Prometheus는 인류에게 문명을 전하는 일을 자신의 사명으로 여겼기에, 인류에게 다양한 기술들을 전수했다. 또한 신들의 세계로부터 불씨를 훔쳐 인간 세상에 전달하는 목숨을 건 모험을 하기도 했다. 결국 그는 이 죄의 대가로 절벽에 묶인 채 독수리들에게 내장을 뜯기는 형벌을 받게 되었다. 프로메테우스는 아무런 대가 없이 인류를 돕기 위해 사력을 쏟았다. 형벌의 고통 속에서도 그는 자신의 사명을 끝까지 지키리라 마음먹었다.

종교의 권위 아래 과학의 객관성이 묵살되던 중세 유럽, 지동설을 주장하던 브루노Giordano Bruno는 훨훨 타오르는 화형대의 불길 속에서도 마지막 순간까지 '지동설'의 진실성에 대한 확신과 과학적 신념을 굽히지 않았다. 탐구와 연구를 거듭하며 증명해 낸 사실들과 그 진실을 지키고자 했던 그의 신념이 있었기에, 오늘날까지도 그의 명성과 업적은 찬란한 빛을 발하고 있다. 그는 진정 과감하게 자신의 신념을 실천한 인물이었다.

역사에서 배우기

마쓰시타 고노스케松下幸之助는 젊은 시절부터 자신의 사업을 경영하고자 하는 이상을 실현하기 위해 끊임없이 도전했다. 비록 도전은 번번이 실패로 끝났지만, 그는 결코 자신의 신념을 굽히지 않고 목표를 위해 정진했다.

마쓰시타의 아버지는 아들에게 항상 이렇게 말했다.

"남에게 고용되어 급여를 매개로 통제받는 삶을 살지 마라. 반드시 너 자신의 사업을 하거라."

그리고 끝내 아들을 학교에 보내지 않았다. 마쓰시타는 아버지의 뜻을 가슴 깊이 새기로 자신의 길을 개척하리라 결심했다. 어느 날, 길을 가던 그는 외국에서 새로 들여온 전차를 보게 되었다.

'전기란 정말 편리한 존재구나! 이건 마차보다 훨씬 편리할 것이 틀림

없어.'

그는 앞으로 전기가 우리 생활에서 크게 중요한 존재가 될 것이라고 생각하고, 그 길로 일하고 있던 정비소를 떠나 전등공장의 견습생이 되었다. 그는 전기산업의 가능성을 확신하고 그곳에서 자신의 이상을 만들어 나가기로 결정했다. 대발명가 토마스 에디슨Thomas Alva Edison 은 바로 당시 마쓰시타의 우상이었다.

당시 그는 회사에서 가장 젊은 배선공이었고 직책이며 월급도 상당히 안정적이었다. 게다가 근무시간 역시 반나절 정도밖에 되지 않았다. 이미 결혼하여 가정을 꾸리고 있던 마쓰시타는 일본 사회의 전통적 관점에서 볼 때 상당히 안정된 삶을 살 수 있을 것이 분명했다. 그러나 모든 이들의 생각을 뒤엎기라도 하듯, 24세 되던 해에 직장을 그만두고 사업을 시작했다.

자신의 일생이 걸린 중대한 결정인 만큼, 한참을 심사숙고한 끝에 어렵사리 내린 결정이었다. 귓전에는 항상 "너 자신의 사업을 하라"는 아버지의 가르침이 맴돌았고, 그 역시 안정되고 편안하기만 한 자신의 현재 삶에 안주하고 싶지 않았다.

그러나 전 재산 75만 엔을 투자하여 세웠던 전등소켓 회사는 결국 실패로 돌아가고 말았다. 곤경에 처한 그는 어쩔 수 없이 아내의 기모노를 팔아 생활했던 시절도 있었다. 그러나 젊은 마쓰시타 부부는 이런 시련에도 결코 실망하거나 포기하지 않고, 계속해서 전구소켓에 관한 연구를 이어나갔다. 이 노력의 결실로 탄생한 것이 바로 신식 전등소켓이었다. 이 제품은 시장에 등장하자마자 대단한 인기를 얻었고, 이 성공이 바로 오늘날 마쓰시타 기업의 출발점이 되었다.

성공을 위해서는 그에 합당한 대가를 치러야 한다. 그만큼 성공을 위해 위험을 무릅쓸 만한 용기도 필요하다. 때문에 극소수의 사람들만이 그것을 손에 넣을 수 있다. 이 세상에는 자신이 하고 싶은 일을 하지 못하는 피로움 속에 살면서도, 끝내 용기를 내지 못하고 그 자리에 주저앉고 마는 사람들이 많다. 마쓰시타가 성공할 수 있었던 것은 결코 남보다 능력이 월등했기 때문이 아니다. 그는 다만 남보다 좀 더 많은 용기, 그리고 좀 더 강한 의지를 가졌을 뿐이었다.

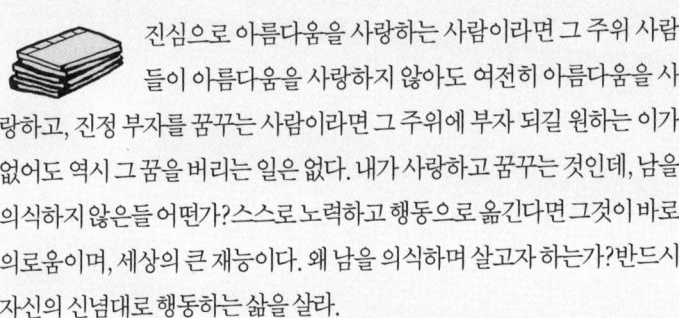

진심으로 아름다움을 사랑하는 사람이라면 그 주위 사람들이 아름다움을 사랑하지 않아도 여전히 아름다움을 사랑하고, 진정 부자를 꿈꾸는 사람이라면 그 주위에 부자 되길 원하는 이가 없어도 역시 그 꿈을 버리는 일은 없다. 내가 사랑하고 꿈꾸는 것인데, 남을 의식하지 않은들 어떤가? 스스로 노력하고 행동으로 옮긴다면 그것이 바로 의로움이며, 세상의 큰 재능이다. 왜 남을 의식하며 살고자 하는가? 반드시 자신의 신념대로 행동하는 삶을 살라.

묵자 · 귀의

과감하게 자신의 길을 걸어가라

적극적이고 능동적으로 행동하라

"인의균仁義鈞, 행 설인지行說人者, 기공선역다其功善亦多.
하고불행설인야何故不行說人也."

— 묵자 · 공맹公孟

똑같이 인의를 유세하더라도, 밖으로 나서서 적극적으로 인의를 유세하는 자의 선행과 공덕은 그렇지 않은 자보다 더욱 크다. 그 이치가 이러하니, 어찌 각지를 떠돌며 인의를 유세하지 않을 수 있겠는가?

능동적인 생각과 행동은 그 사람의 내면을 반영한다. 우리는 이를 통해 사고의 폭을 넓히고 잠재능력 개발의 가능성을 높일 수 있다.

각지를 떠돌며 한결같이 사람들에게 '인의'를 유세하는 묵자를 지켜보던 공맹자公孟子가 그에게 물었다.

"진정으로 선善을 행하면, 어느 누가 그것을 알아주지 않겠습니까. 영험한 무당은 밖으로 나서지 않아도 그를 찾는 이들로 인해 집 안에 식량이 넘쳐날 것이며, 미인은 집 밖에 그 모습을 보이지 않아도 구혼자들이 끊이지 않을 것입니다. 이치가 이러한데, 선생님께서는 각지를 돌아다니며 유세하기에 여념이 없으시니, 무엇 때문에 그런 고생을 하십니까?"

이에 묵자가 답했다.

"지금 세상은 혼란에 빠져 있습니다. 미인을 좇는 이들은 많으니, 설사 그 미인이 집을 나서지 않는다 해도 구혼자가 줄을 이을 것입니다. 그러나 지금 세상에 인의를 구하는 사람들은 적습니다. 만일 온 힘을 쏟아 유세하지 않는다면 사람들은 분명 선함을 알지 못할 것입니다. 예컨대, 두 사람의 영험한 무당이 있습니다. 한 무당은 집을 나서 돌아다니며 사람들에게 점을 쳐 주고, 다른 한 명은 전혀 집 밖으로 나서지 않는다고 생각해 보십시오. 이 두 무당 중, 누가 더 많은 복채를 모을 수 있겠습니까?"

"당연히 집 밖으로 돌아다니며 사람들에게 점을 쳐 주는 무당이 더 많은 복채를 모으겠지요."

"인의를 설파하는 것도 마찬가지입니다. 밖으로 나서서 사람들에게 인의를 유세한다면, 더 많은 선을 전할 수 있을 것입니다. 이치가 그러하니 어찌 돌아다니며 유세하지 않을 수 있겠습니까?"

묵자는 가만히 집에 앉아 오로지 자신의 학문적 명성에 기대어 사람들이 찾아오기만을 기다릴 것이 아니라, 적극적이고 능동적인 자세로 인의의 가르침을 전해야만 이를 더욱 효과적으로 전파할 수 있다고 했다. 이것은 현대를 살아가는 우리들에게도 반드시 필요한 태도이다.

적극적인 태도는 직장생활에서도 중요한 영향력을 발휘할 수 있다. 뛰어난 사원은 항상 적극적이고 주도적인 태도로 업무에 참여

하며, 자기계발에도 많은 공을 들인다. 이들은 강제적인 외부자극이 주어지지 않아도 스스로 동기를 부여하고 발전해 나갈 수 있다.

오늘날 기업에서는 권위주의적 체제가 그 영향력을 점차 상실해 가고 있으며, 점차 적극적이고 능동적인 태도를 지닌 직장인들이 성공하는 새로운 체제로 변화해 가고 있다. "나는 할 수 있다"라는 자신을 가지고 행동하는 사람만이 성공에 도달할 수 있다.

적극적으로 행동하는 사람들은 남보다 더 많은 정보와 지식을 접하게 된다. 그리고 이것이 바로 융통성 있는 처세술로써 성공하는 데 큰 도움을 준다. 능동적인 사고방식은 곧 적극적인 행동으로 연결된다. 그리고 이 행동은 다시 긍정적인 외부의 피드백을 불러일으키며, 이는 또 다시 자신감으로 이어져 적극적이고 창의적인 능력을 계발하게 된다. 이러한 일련의 과정은 각 개인의 업무능력 및 효율을 향상시킨다.

성격이나 습관, 또는 과거의 실패나 좌절로 인한 경험에 의해 소극적인 행동을 하는 사람들도 있다. 환경이나 남을 탓하며 불평만 하는 사람은 결코 성공적인 삶을 살아갈 수 없다. 이미 불평불만이 습관화되어 버린 사람들은 자신이 바라는 환경에 있을 때조차도 불만을 가진다. 즉, 이들의 불만은 객관적인 환경과는 무관한 것이며, 스스로의 수동적이고 소극적인 성향에 억눌려 만들어진 분노인 셈이다.

세상은 완벽하게 평등하다. 삶은 우리에게 도전의 기회를 부여해 줌으로써, 각자 부족한 것을 스스로의 힘으로 보완할 수 있도록 배려해 준다. 적극적이고 능동적으로 생각하고, 시련 속에서도 그 생각한 바를 실천으로 옮기는 사람은 반드시 성공을 손에 넣을 수 있다.

역사에서 배우기

어느 대기업 CEO가 직원들 앞에서 돌연 다음과 같이 명령했다.
"8층에 있는 사무실에 대한 출입을 일제히 금지합니다."
이 규정을 제정한 이유에 대해서는 아무런 설명도 덧붙이지 않았다. 이미 복종에 익숙해져 있는 그 회사 직원들은 누구 하나 의문을 제기하지 않고 한결같이 CEO의 명령에 따랐다. 그로부터 한 달 후, 그 CEO는 신입사원들을 앞에 두고 역시나 이전과 같은 규정을 반복하여 강조했다. 이때, 단상 아래 앉아 있던 한 신입사원이 투덜거리기 시작했다.
"이유가 뭡니까?"
잠시 그에게 시선을 멈추었던 CEO는 다시 엄숙한 표정으로 대답했다.
"이유는 없습니다."
그 신입사원은 늘 금지된 사무실이 눈앞에 아른거리곤 했다.
'사무실도 아니고 중요문서 보관실도 아닌데, 어째서 들어가지 못하게 하는 걸까?'
그는 당장이라도 그 방으로 달려가서 문을 열어 보고 싶은 생각이 굴뚝같았다. 동료 직원들 모두가 사서 고생하려는 그를 설득했다.
"뭐 하러 그런 위험한 일에 뛰어들려 하는 건가? 괜히 규정을 어겼다가

해고라도 당하면 어쩌려고!"

그러나 고집을 꺾지 않던 그는 결국 출입이 금지된 사무실로 향했다. 가볍게 노크한 사무실에선 아무런 대답도 없었다. 용기를 내어 문을 열자, 방 가운데에 책상이 하나 놓여있을 뿐이었다. 그리고 그 책상 위에는 "이 종이를 CEO에게 전달하시오"라고 적힌 쪽지가 한 장 놓여 있었다.

크게 실망했지만, 일단 시작한 일은 끝을 맺어야 한다고 생각에 그 종이를 들고 CEO의 직무실로 발걸음을 옮겼다. 그러나 어찌된 일인지? CEO를 만나고 돌아온 그는 해고된 것이 아니라, 오히려 마케팅 책임자로 발령받게 되었다.

"창의력은 마케팅에서 없어서는 안 될 능력입니다. 이 분야에서는 고정관념에서 벗어나 적극적으로 창조하고자 하는 사람만이 성공할 수 있습니다."

CEO는 직원들에게 이렇게 설명했다. 훗날, 그 적극적인 신입사원은 결국 CEO의 기대에 어긋나지 않는 훌륭한 인재로 성장했다.

 항상 적극적이고 능동적으로 행동하라. 이것이 바로 기존의 틀을 벗어나 새롭게 발전하기 위한 필수조건이다. 적극적인 사람은 자신의 목표를 확고히 하며, 그것을 실현시키기까지 결코 노력을 게을리 하지 않는다. 반면, 기존의 틀에 얽매여 있는 사람은 매사에 수동적이다. 외부 환경에 끌려 다니는 수동적이고 소극적인 사람은 결국 자기 본연의 의지와 재능을 잃고 퇴보하는 삶을 살게 된다.

공맹자가 묵자에게 말했다.
"군자는 창작하지 않고 옛것을 계승할 따름입니다.
묵자가 이에 대해 말했다.
"그렇지 않습니다. 사람들 중에 가장 군자가 못되는 자들은 옛날의 훌륭한 것을 계승하지도 않고 지금 훌륭한 것을 만들어 내지도 않습니다. 그 다음으로 군자가 못되는 자들은 옛날의 훌륭한 것을 계승하지 않으면서 자기에게 좋은 것이 있으면 곧 만들어 냅니다. 그것은 훌륭한 것이 자기로부터 나오도록 하고자 한 것입니다. 지금 옛것을 계승은 하면서도 창작하지 않는 것은, 옛것을 계승하지 않으면서 만들어 내기만 하는 자와 다를 것이 없습니다. 옛날의 훌륭한 것은 곧 계승하고, 지금 훌륭한 것은 곧 만들어 내야 한다고 생각합니다. 훌륭한 것이 더욱 많아지기를 바라기 때문입니다.

묵자 · 경주

형식에 지나치게 얽매이지 말라

"차사군자此四君者, 기복불동其服不同, 기행유일야其行猶一也. 적이시지행지부재복야翟以是知行之不在服也."

묵자 · 공맹公孟

이 네 군주는 각기 복장이 달랐지만, 그 행동은 모두 같았다. 그러므로 나는 그들을 통해 행동은 복장에 구애받지 않음을 알게 되었다.
형식에 지나치게 얽매이게 되면 그 본질을 소홀히 하기 쉽다. 이것은 말을 많이 하게 되면 자연히 그 실천하는 바가 적어지는 것과 같은 이치이다. 형식에 지나치게 구애받지 말라. 형식에 얽매이면 삶은 힘들어지지만, 항상 그에 합당한 효과를 되돌려 받는 것은 아니다.

형식주의란

형식에 치중하여 실제를 소홀히 하는 태도, 또는 본질을 배제하고 사물의 현상만을 관찰하는 방법이다.

지나치게 형식을 중시하게 되면 그 형식에 구속되기 쉽다. 그리고 그 기간이 길어질수록 형식주의는 더 많은 병폐를 만들어낸다. 이것은 모두 행동의 효율과 성과에 큰 영향을 줄 수 있다.

공맹자가 관冠을 쓰고 허리에 홀笏을 꽂고, 유가의 예복을 입고서 묵자를 찾아와 물었다.

"군자는 옷차림을 바로 한 후에야 바른 행동을 하는 것입니까, 아니면 바른 행동을 한 후에 바른 옷차림을 하게 되는 것입니까?"

묵자가 말했다.

"행동은 옷차림에 달려 있는 것이 아닙니다."

이에 공맹자가 물었다.

"어떻게 그렇다는 것을 아십니까?"

묵자가 대답했다.

"옛적에 제나라 환공은 높은 관을 쓰고 허리에는 넓은 허리띠와 금칼을 찼으며, 손에는 나무방패를 들고서, 그 나라를 훌륭히 다스렸습니다. 또 옛적 초나라 장왕은 화려한 관을 쓰고 색실로 짠 허리띠를 두른 채 붉은 풍성한 웃옷에 넓은 용포를 입고, 역시 나라를 훌륭히 다스렸습니다. 옛적 월나라 구천은 머리를 짧게 자르고 몸에는 문신을 새기고 나라를 다스렸으나, 그 또한 나라를 잘 다스렸습니다. 이 세 명의 왕은 제 각기 그 옷차림은 달랐지만, 그 행동은 모두 같았습니다. 이에 저는 행동이 그 옷차림에 달려 있지 않음을 알고 있는 것입니다."

공맹자가 말했다.

"좋습니다! 선행임을 알게 된 후에도 곧장 그것을 실천하지 않음은 나쁜 것이라 했습니다. 홀을 버리고 관을 바꿔 쓴 후에 다시 찾아뵈어도 괜찮겠습니까?"

이에 묵자가 말했다.

"그냥 이대로도 괜찮습니다. 만일 홀을 버리고 관을 바꿔 쓴 후에야 다시 만난다면, 그야말로 행동이 그 옷차림에 달려 있는 셈이 될 것입니다."

옛 선조들은 탁상공론은 나라를 망치고, 실행은 나라를 부흥시킨다고 보았다. 묵자 역시 형식주의의 폐단을 피하기 위해서는 반드시 형식에 얽매이지 말고 실행을 중요시 해야 한다고 주장했다.

실행을 할 때에는 반드시 '실제' 와 '현실' 을 중시해야 한다. 실행을 위해서는 반드시 사실과 무관한 모든 거짓 형식을 단절시켜야 한다. 실행이란 단순히 행동의 실행 여부만을 살펴보는 것이 아니라, 그 행동이 지닌 실용성과 실제로 산출된 결과를 따져 보아야 한다.

실행은 반드시 과학적 법칙에 따라 이루어져야 한다. 사람들은 형식이나 헛된 명성보다는 실질적인 실행을 더 원하기 마련이다. 그러나 그것은 이상일 뿐, 현실에서는 아무리 노력해도 성과를 얻지 못하거나 열심히 일하고도 공을 인정받지 못할 때가 더 많다. 이 같은 이상과 현실의 괴리는 과학적인 법칙을 위반했을 때 일어난다. 과학적 법칙을 통제하기 위해서는 정확한 방법으로 일을 실행해야 한다. 이때 제기되는 가장 기초적인 작업은 조사연구이다. 모든 실행은 실제를 기반으로, 구체적인 수행 과정을 통해 이루어져야 한다.

실천을 위해서는 뛰어난 창조성을 갖춰야 한다. 오늘날 인간사회는 급속한 속도로 발전과 변화를 거듭하고 있다. 이 같은 변화추세에 발맞추지 못한다면, 시대의 요구와 그에 부합하는 새로운 사상, 방법, 수단 등을 수용할 수 없다. 이 경우 사람들은 새로이 발생한 사회 문제들을 해결할 수 없게 된다. 어떤 이들은 단지 실수만 면할 수 있기를 바라면서 과거의 규범을 끝까지 고집하기도 한다. 그러나 오랜 정체는 필연적으로 실패나 도태로 이어질 것이다.

역사에서 배우기

아인슈타인Albert Einstein은 20세기 최고의 위대한 물리학자로 손꼽히는 인물이다. 하지만 그는 평소 옷차림에 무신경했던 것으로도 유명하다.

그는 일 년 내내 검은색 가죽상의를 걸치고 맨발로 다녔으며, 넥타이나 멜빵을 사용하는 법도 없었다. 그 때문에 강연 중에 그가 칠판에 필기라도 하는 날이면, 그의 한 손은 필기를, 나머지 한 손은 흘러내리는 바지춤을 잡고 있느라 상당히 우스꽝스러운 풍경을 연출하곤 했다. 또 이발을 하지 않은 긴 머리를 단정하게 손질하는 법도 없었다.

어느 날, 아인슈타인이 뉴욕 거리에서 우연히 친구와 마주쳤다. 친구는 그에게 인사를 건네다 대뜸 이렇게 말했다.

"아인슈타인, 자네 새 코트가 필요한 것 같은데? 보라고, 지금 입고 있는 옷은 너무 낡았지 않나!"

아인슈타인은 태연하게 대답했다.

"그게 뭐 어떤가? 어차피 뉴욕에는 날 알아보는 사람도 없을 텐데."

몇 년 후, 두 사람이 다시 만나게 되었다. 이때는 이미 아인슈타인이 세계적인 과학자로 유명해진 후였다. 그러나 그의 옷차림은 여전히 예전 그대로였다. 결국 친구는 다시 한 번 아인슈타인에게 새 옷을 사 입을 것을 조언했다.

"굳이 그럴 필요가 있겠나?"

아인슈타인은 이번에도 역시 태연하게 대답했다.

"어차피 여기서 날 모르는 사람도 없는데 말이지."

그 친구는 훗날 아인슈타인에 대해 이렇게 회고했다.

"만일 아인슈타인이 다른 사람들처럼 옷차림이나 남들의 시선에 신경 썼더라면 아마 상대성 이론과 같은 위대한 업적은 탄생하지 못했을지도 모르지요."

사실상, 옷차림에 대한 아인슈타인의 생각을 가장 잘 알고 있던 사람은 그의 부인이었다. 그녀는 아인슈타인이 강연을 위해 여행을 떠날 때마다 항상 깔끔하게 여행가방을 꾸려 주었다. 그런데 매번 여행에서 돌아올 때면 그 여행가방이 한 번도 열지 않은 것처럼 완벽하게 정리되어 있다는 점이었다. 결국 아내의 추궁에 아인슈타인은 그 이유를 밝힐 수밖에 없었다. 사실 실제로도 그 여행가방을 열어 본 적도 없었으며, 그는 여행 내내 떠날 때 입었던 옷 한 벌로 생활했던 것이었다.

그는 새 옷, 헌 옷, 패션 같은 것에는 관심을 두지 않았지만, 청결에는 항상 주의를 기울였다. 한번은 그가 강연을 위해 중요한 회의에 초청되었을 때의 일이다. 회의 참석자들 대다수가 연미복 차림을 하고 있었다. 이를 발견한 회의 주최 측 책임자가 아인슈타인에게 물었다.

"연미복으로 갈아입지 않으셔도 되겠습니까?"

이 질문에 그는 미소를 지으며 재치 있게 대답했다.

"나는 갈아입을 생각이 없소. 만일 여기 계신 분들이 내 옷차림을 보고 무례하다고 생각하신다면, 차라리 내가 목에다가 '방금 세탁한 옷'이라는 푯말을 내걸고 강연을 하도록 하지요."

사람의 옷차림은 그 사람의 겉모습과 분위기에 큰 영향을 주는 요소이다. 그러나 그렇다고 옷차림에 지나친 신경을 쏟는 것도 좋지 않다. 만일 일상생활에서 옷차림을 가장 중요한 요소로 생각한다면, 결국 옷차림이 그 옷을 입은 사람의 가치보다 더 중요한 것처럼 주객이 전도될 수도 있다. 위대한 인물들은 결코 사소한 격식들을 무시하는 것이 아니다. 그들은 다만 그 격식보다는 좀 더 본질적인 사람의 태도와 정신에 더 큰 중요성을 두고 있는 것뿐이다.

공맹자가 묵자에게 말했다.
"선생님은 삼년상三年喪을 잘못이라고 하는데, 그러면 선생님의 삼월상三月喪도 잘못일 것입니다."
묵자가 말했다.
"당신이 삼년상을 근거로 삼월상도 잘못이라 하는 것은 마치 벌거벗은 사람이 옷자락을 걷어 올린 사람에게 단정치 않다고 말하는 것과 같은 것이오."

묵자·공맹

형식에 지나치게 얽매이지 말라

전진을 위한 후퇴는 현명한 선택이다

"국사전차부인國士戰且扶人, 유불가급야猶不可及也.
금자비국사야今子非國士也, 기능성학豈能成學, 우성사재又成射哉?"

묵자·공맹公孟

전쟁에 나선 병사는 한편으로는 적과 싸우며, 또 한편으로는 동료를 도우려 하나 이 두 가지를 동시에 해내기는 어렵다. 하물며 병사도 아닌 너희들이 배우고 공부하며, 또 동시에 활쏘기를 한다 하느냐?
돌아가야 할 곳에서는 돌아가고 넘어갈 것은 넘어가며, 포기할 것은 포기하고 투자해야 할 곳에선 투자한다. 명확한 목표의식이 있다면, 때로는 물러섬도 현명한 선택이 된다. 이것을 잘 활용하여 노력하는 사람만이 성공할 수 있다.

성공을 원한다면 먼저 나아갈 방향, 즉 명확한 목표를 설정하라. 명확한 목표를 세우면 자신의 현재 상황을 정확히 판단하여 필요한 요소와 불필요한 요소를 선별해 낼 수 있다. 이 같은 과정은 목표를 달성하는 데 그 효율성을 높일 수 있다.

묵자의 여러 제자가 활쏘기를 배우고자 했다. 이에 묵자가 말했다.
"그것을 배워서는 안 된다. 현명한 사람은 무슨 일을 하든 먼저 자신의 능력을 가늠한 후에 그것을 행동으로 옮긴다. 전쟁에 나서는 용사들도 적과 싸우며 동료를 돕는 두 가지 일을 동시에 돌보기는 어렵다. 그런데 지금 용사가 아닌 너희들이 배우고 공부하며, 또 동시에 활쏘기까지 배울 수 있겠느냐?"

도道를 듣는 것에도 앞뒤가 있고, 기술과 직업에도 각자 그 정통한 바가 있다. 묵자는 사람마다 각자 가진 능력이 다르므로 그것을 가장 잘 활용할 수 있는 일을 해야 하며, 그렇지 못하면 성공을 거두기 어렵다고 했다.

세상은 항상 유혹으로 가득하다. 그만큼 후회 없는 선택을 내리기도 결코 쉽지는 않다. 하지만 이런 어려움도 인생의 찬란함을 앗아 갈 수는 없다. 한 그루 나무를 지키기 위해 숲 전체를 포기하는 사람이 있다 해도, 그 역시 나름의 소중한 것을 지키는 방법일 수 있다. 때로는 포기가 더 나은 선택의 기회가 되기도 한다. 한 발짝 물러서는 것으로 새로운 전진을 준비할 수 있다면, 그것이 바로 자신의 운명을 제어할 수 있는 길이 된다.

옛날 어느 나라에 삶에 지친 사람이 있었다. 어느 날, 그는 고민 끝에 현인賢人의 가르침을 받기로 결심했다. 현인은 그의 고민을 들은 후, 그를 형형색색의 돌이 깔려 있는 작은 길로 데려갔다. 그리고 광주리 하나를 건네며 이렇게 말했다.

"이 광주리를 지고 걷다가 마음에 드는 돌을 보면 주워 담도록 하시오."

그는 곧 현인의 말에 따라 돌길을 걷기 시작했다. 불처럼 눈부신 열정과 활기를 느끼게 하는 붉은 돌, 맑고 투명해 순결한 느낌의 하얀 돌, 번쩍이는 빛이 근엄함과 정중한 느낌을 주는 검은 돌…. 이렇게 하나하나 마음에 드는 돌들을 주워 담다 보니 어느새 광주리는 가득 차, 점점 무거워지기 시작했다. 결국 그는 그 길의 끝에 도착하기도 전에 무게를 이기지 못하고 넘어지고 말았다. 현인이 다시 그에게 말했다.

"지금부터는 가장 마음에 드는 돌만 광주리에 남겨 두고, 나머지는 모두 버린 후에 걸어보시오."

현자의 말에 따르자, 그의 어깨는 곧 가벼워졌고 곧 길의 끝에 도착할 수 있었다.

눈부시게 아름다운 장미에게도 가시가 있듯이 아름다운 세상에도 수많은 시련과 어려움이 존재한다. 그 안에서 무엇을 경험하고 어떤 길을 걸을 것인가는 오직 자신의 선택에 달려 있다.

삶에서 선택은 결코 피할 수 없다. 그리고 이때 올바른 선택을 내리는 사람이 바로 자신의 삶을 잘 제어하고 관리해 나갈 수 있다. 잘못된 선택은 당신을 성공에서 멀어지게 만들고 이전의 노력마저 수포로 돌려버리기도 한다. 그러나 올바른 선택은 간편한 차림으로 나섰을 때 활동이 더 편한 것처럼 당신의 성공을 한결 손쉽게 만들어 줄 수 있다. 올바른 선택은 성숙한 인생과 더 만족스러운 생활, 그리고 행복하고 즐거운 인생을 가능하게 만들 수 있다.

인생은 연극이며, 사람들은 모두 자신의 삶을 연출하는 감독이다. 그러므로 올바른 선택을 하는 사람만이 자신의 인생을 제어하고 여유롭게 인생의 경지에 도달할 수 있다.

『성경』에서는 이렇게 말한다. 인간은 세상에 태어날 때, '세상은 나의 것'이라고 말하기라도 하듯 두 주먹을 꼭 쥐고 태어나지만, 세상을 떠날 때는 '빈손으로 떠나는 것'을 알리기라도 하듯 두 손을 펴고 떠난다.

인생이란 결국 선택의 연속이다. 선택이 있으면 포기가 있고, 얻는 것이 있으면 반드시 잃는 것도 있다. 어차피 버려야 할 것이라면, 버릴 수밖에 없다. 확고한 신념을 가지고 과감하게 선택하라. 엘리베이터가 없으면 계단으로 걸어 올라가는 방법도 있음을 잊지 말라.

역사에서 배우기

장지종張紀中은 최근 TV드라마나 영화계에서 가장 유명세를 누리고 있는 제작자 중의 한 사람이다. 그렇지만 그의 성공은 결코 쉽게 이루어지지 않았다.

1972년, 그는 베이징에 살고 있는 친척을 방문하는 기회를 빌려 중앙희극학원과 산시성예술학교의 입학시험에 연이어 응시하여 합격했다. 그러나 출신배경의 문제로 합격이 취소되었다. 그는 다시 농촌으로 돌아갈 수밖에 없었다. 드디어 1978년, 그는 꿈에 그리던 배우가 될 수 있는 기회를 얻었다. 바로 산시극단에서 일할 수 있게 된 것이다.

밤에는 무대에 오르고 낮에는 극단의 여러 가지 사무를 보는 고된 생활이 시작되었지만 그는 연극을 할 수 있다는 기쁨으로 온 힘을 다해 일했다. 그러나 불행히도 당시 중국 큰 불황에 빠져 있던 중국 연극계는 연극 한 편 무대에 올리기도 힘든 상황이었다. 이에 그는 어쩔 수 없이 영화계로 활동영역을 옮기게 되었다.

그는 연극배우 출신으로서의 탄탄한 실력과 잘생긴 외모로 곧 영화사의 주연배우로 발탁되었다. 그러나 이때 역시 여러 편의 영화에서 주연을 맡았으면서도, 이상하리만큼 인기를 끌지 못했다.

장지종은 영화에 출연하면서 자신의 연기를 발전시키고자 했고, 그 과정에서 카메라의 움직임이나 촬영의 조명, 색채 등까지도 주의 깊게 살피기 시작했다. 이 같은 경험은 그가 영화 제작자로 변신하는 계기가 되었다. 그러나 그가 제작했던 초창기 영화들은 성공을 거두지 못했고, 이로 인해 그는 배우도, 영화 제작자도 자신의 길이 아닐지 모른다는 고민에 빠지기도 했다.

그러나 그는 결코 평범한 삶을 살고 싶지 않았다. 그즈음, CCTV(중국공영방송)가 TV드라마 '삼국연의三國演義'의 제작을 결정했다. 많은 제작자들이 이 드라마 제작권을 두고 치열한 경쟁을 벌였다. 총 4개 시즌으로 기획된 이 드라마에서 시즌3 제작은 특히 가장 치열한 경쟁이 벌어졌다. 반면, 처음부터 모든 것을 만들어 가야 하는 시즌1의 제작에는 선뜻 나서는 제작자가 없었다. 이때, 무명의 장기종이 과감하게 이 제작에 나섰다. 그리고 결국 그의 노력으로 시즌1은 가장 성공적인 작품으로 평가받을 수 있었다.

얼마 후, CCTV가 또 한 편의 대작 '수호전水滸傳'의 제작을 결정했고, '삼국연의'를 통해 실력을 인정받은 장지종을 총제작감독으로 선택했다. 이를 계기로 그는 본격적인 제작자의 길을 걷기 시작했다. 그가 제작한 '소오강호小熬江湖' '천룡팔부天龍八部' '사조영웅전射雕英雄傳' '격정찬란한 세월激情燦爛的歲月' 등은 대단한 호평을 받으며 국내외에서 큰 인기를 얻었다.

그를 아는 사람들은 이렇게 말한다.

"그가 농촌에 있었던 시절, 문예모임에서 맡았던 일도 프로그램을 편집하는 일이었습니다. 지금 하고 있는 제작과 공통점이 많은 일이었지요."

"그 친구는 예전부터 계획하고 통솔하는 데에 남다른 능력이 있었지요."

장지종은 배우의 꿈을 포기해야 했던 힘겨운 좌절을 경험했지만, 그 좌절을 딛고 일어나 결국 자신의 길을 찾아냈다.

시련에 과감히 맞설 수 있는 사람은 용감한 사람이다. 그러나 어려움을 알고 잠시 물러나는 것 또한 현명한 사람의 행동이다. 상황이 절대적으로 불리하다면, 고집대로 무작정 노력한다고 해서 성공할 수 있는 것이 아니다. 상황의 불리함을 판단하고 잠시 물러서는 것은 포기나 실패가 아니다. 이것은 오히려 성공의 가능성을 높이는 융통성 있는 대책이 될 수 있다. 모든 길이 로마로 통한다면, 굳이 쉬운 길을 두고 일부러 어려운 길을 선택할 필요는 없다. 장지종 감독의 인생을 통해 성공을 위해서는 과감한 용기가 필요하다는 점을 배울 수 있다. 그러나 그보다 더 중요한 교훈은 인생에도 선택이 필요하며, 때로는 한발 물러서는 결단이 필요할 때도 있다는 점이다.

비유하자면 담을 쌓는 것과 같다. 흙을 잘 다지는 사람은 흙을 다지고, 흙을 잘 메우는 사람은 흙을 잘 메우고, 측량을 잘하는 사람은 측량을 함으로써 비로소 담장을 완성할 수 있다. 의로움을 실천하는 것 역시 이와 마찬가지이다. 변론을 잘하는 사람은 변론을 하고, 책을 잘 해설하는 사람은 책을 해설하고, 일을 잘하는 사람은 일을 열심히 한다면, 의로운 일들 역시 성공적으로 완성시킬 수 있다.

묵자 · 경주 耕柱

전진을 위한 후퇴는 현명한 선택이다

남을 바로잡고자 한다면 먼저 자신을 바르게 하라

"자불능치자지신子不能治子之身, 오능치국정惡能治國政?
자고망자지신란지의子姑亡子之身亂之矣!"

묵자 · 공맹公孟

자기 자신을 바르게 하지 못하고 어찌 나라를 다스릴 수 있겠는가? 먼저 자기 자신을 바로잡으라!
옛말에 이르길, "내가 하고 싶지 않은 일은 남에게도 시키지 말라"고 했다. 남이 어떤 일을 해 주길 바란다면, 그보다 먼저 나 자신부터 모범을 보여야 한다. 나 스스로 모범을 보일 수 있는 사람만이 그것을 남에게도 바랄 수 있다.

남의

잘못을 바로잡으려면 그보다 먼저 나 자신의 잘못을 바로잡으라는 말이 있다. 내가 하기 싫은 것은 남 역시 하기 싫은 것이 당연하다. 어떤 일을 요구하거나 금지하려 한다면, 그 전에 반드시 자신이 솔선수범하여 모범을 보여야 한다. 그렇지 않으면 그것을 말할 자격이 없으며, 이 전제가 지켜졌을 때 그 요구에도 한층 설득력을 더할 수 있다.

고자告子가 묵자에게 말했다.

"저는 정치를 잘할 수 있습니다."

묵자가 말했다.

"정치란 것은 입으로 말한 바를 반드시 행동으로 실천하는 것입니다. 지금 당신은 입으로는 말하면서 행동으로는 옮기지 않고 있으니, 이것은 당신의 몸이 어지러운 것입니다. 당신은 자신의 몸조차 다스리지 못하고 있는데, 어찌 나라를 다스려 정치를 할 수 있겠습니까? 당신은 먼저 자신의 어지러움을 바로잡으십시오!"

묵자는 말로써 가르치는 것보다 직접 행동으로 모범을 보이는 것이 더욱 효과적이라고 했다. 사람들은 흔히 남을 평가할 때는 높은 기대치를 적용하고 자기 자신에게는 관대한 잣대를 적용하는 잘못을 저지를 때가 많다. 남을 바로잡기 전에 먼저 스스로의 잘못을 돌아보고 바로잡아야 한다. 묵자는 이에 대해 스스로 모범을 보일 수 없는 사람은 결코 남을 바로잡을 수 없다고 했다.

우왕禹王은 직접 백성들을 이끌고 치수사업에 나섰던 성군으로 유명하다. 그는 치수사업을 벌이는 동안 늘 자신의 행동을 엄격히 단속하여 백성들의 모범이 되었다. 이것이 바로 우왕의 치수사업이 성공할 수 있었던 가장 근본적인 요인이다. 『묵자』에서는 우왕의 치수사업의 성공에 대해 다음과 같이 기록했다.

"『하서夏書』를 보면 우왕 때는 7년간 홍수가 이어졌다고 한다. 이처럼 극심한 흉년과 기근이 있었지만 백성들은 추위에 떨거나 굶주리지 않았다고 한다. 이 까닭은 무엇이겠는가? 그들이 재물을 풍족하게 생산하였으며, 그것을 사용할 때에는 절약했기 때문이다"

우왕은 직접 20만여 명의 백성들을 이끌고 치수사업에 나섰다. 그러나 그는 단순히 백성들을 이끌기만 하는 지도자가 아니었다. 그는 항상 백성들과 함께 현장에서 일하며 백성들에게 모범을 보였다. 먹고 자는 것을 소홀히 할 정도로 밤낮을 가리지 않고 백성들과 함께 일했던 우왕은 장딴지와 정강이의 털이 다 닳아 없어질 정도로 몸을 아끼지 않고 일했다. 마침내 10년 후, 그는 아홉 줄기 큰 강의 물줄기를 터서 소통시키는 거대한 치수사업을 완성시켰다. 이로 인해, 매년 백성들을 괴롭히던 강물의 범람이 사라지고, 그 강물은 새로 열린 물길을 따라 유유히 바다로 흘러들어가게 되었다.

자고로 대중을 이끌었던 지도자들은 뛰어난 권모술수가이거나 또는 훌륭한 인성을 갖춘 인물들이었다. 우왕의 경우는 후자에 해당하는 지도자였다. 그는 자신을 엄격히 다스림으로써 백성들에게 모범을 보였으며, 여기에서 비롯된 백성들의 신뢰와 지지를 기반으로 훌륭히 나라를 다스렸다. 이처럼 남에게 바라는 일은 우선 자기 스스로부터 시작해야 하는 법이다.

『사기史記』에서는 우왕을 다음과 같이 묘사했다.

"총명하고 부지런하며 덕과 인자함, 신용을 두루 갖추었다. 그 말하는 바가 조화롭고 행동이 법도에 맞았으므로 모두의 모범이 되었다."

그는 지도자인 동시에 만인의 모범이 되는 인물이었다. 당시 순 임금의 신하 고요는 백성들이 우왕의 말과 행동을 본받을 것을 명했다.

남을 바로잡기 전에 나 자신을 먼저 바로잡으라. 특히, 아랫사람들을 관리하는 입장에 있는 사람들은 스스로 먼저 모범을 보여야 함을 잊어서는 안 된다. 우왕의 솔선수범은 그것이 남에게 미칠 수 있는 강력한 영향력을 입증하고 있다. 오늘날 사회를 이끄는 교육자, 지도자, 그리고 특히나 정치가들에게는 "내가 하기 싫은 일은 남에게도 강요해서는 안 된다" 라는 가르침의 실천이 더욱 절실히 요구된다. 모범을 통해 다져진 위엄과 명성은 위아래 모든 사람들을 한마음으로 단결시키고 조직결속력을 강화시킬 것이다. 사람들의 마음을 얻는 사람이 성공하며, 사람들의 존경을 받는 지도자만이 효율적으로 조직을 이끌어 갈 수 있다.

역사에서 배우기

중국에는 우리나라의 감사원에 해당하는 기관인 심계서審計署가 있다. 심계서는 매년 1억여 위안에 달하는 중국의 국가재정 지출에 관한 감사 및 감찰을 담당하고 있다.

심계서의 일반 업무는 단연 회계감사와 비리조사를 중심으로 이루어진다. 그렇다면 이 같은 업무를 담당하는 심계서 직원들은 과연 남을 바로잡을 수 있을 만한 자격을 갖추고 있을까?

사실상, 심계서에서는 직원들이 조사 대상 기관 관계자들로부터 뇌물수수를 하는 불미스러운 일이 적지 않게 발생했었다. 이에, 심계서의 리진화李金華 총장은 대대적인 제재조치를 실시하기로 결정했다.

리진화 총장은 종전까지 심계서 내부에 관행화되어 있던 폐단을 방지하기 위해 감사 대상 기관으로부터의 각종 이권 수수를 금지하는 '8대 불문율'을 발표했다. 8대 불문율이란 감사 대상 기관으로부터 숙박 및 식사, 각종 유흥접대, 기념품을 포함한 모든 종류의 뇌물 수수 및 청탁을 금지하고, 심계서 직원들이 감사 대상 기관과 관련성을 가진 모임 및 이벤트에 참여하는 것을 금지했다. 이외에도, 감사 기간 중 해당기관 내부에서 일하는 과정에서 그 기관의 사무용품을 사용할 경우에는 그 사용물건에 대한 모든 구입비용을 지불했다. 감사 과정에서 사용한 모든 비용 역시 감사 대상 기관이 아닌 심계처가 결제하는 방식으로 전환시켰다. 일절의 청탁행위를 금지하는 등 엄격한 제재를 발동시켰다.

객관적이고 공정한 감사실시를 위해서는 감사 대상 기관과의 경제적 관련성을 배제하는 것이 가장 중요하다. 이에 따라 언행일치의 신념을 중시하는 심계서에서는 전 직원을 대상으로 감사에 앞서 대상기관 관련자들에게 반드시 이 같은 8대 불문율을 사전통보할 것을 지시했다.

2002년 4월, 건설은행 북경지점에 대한 회계감사가 진행되었다. 당시 심계서는 이 감사를 위해 천진天津 직원인 징진지京津冀를 베이징으로 파견했는데, 그때 역시 이 8대 불문율에 의거한 까닭에 그는 건설은행의 회계감사가 진행되는 장장 3개월 동안 자비로 베이징 생활을 해결해야만 했다. 징진지를 인터뷰했던 어느 기자는 당시 상황을 이렇게 묘사했다.

"심계서 직원들은 건설은행 회계감사 과정에서 자신들이 사용한 사무용품에 대해서까지 모두 일일이 건설은행에 그 비용을 지불했다."

심계서는 위법행위와 비리를 조사하는 전문기관이다. 만약 이 심계서가 자기 조직 내부의 어려움이나 문제도 해결하지 못하고 있다면, 과연 다른 기관이나 조직들의 잘못을 조사하고 찾아낼 자격이 있는 것일까? 사회규범, 규칙, 교육 같은 관념들은 이론적인 학습을 통해 계승되기도 하지만, 모범이 되는 대상의 직접적인 행동을 통해 배우게 되는 경우도 있다. 오늘날 심계서의 성공적인 운영비결이자 모든 이들이 본받아야 할 교훈은 바로 그 스스로가 다른 기관들의 모범이 되는 행동을 수행한다는 점이다.

반드시 먼저 다른 사람의 부모를 존경하고 사랑하며 도우라. 그런 후에야 남도 역시 나의 부모를 존경하고 사랑하며 도울 것이다.

묵자 · 겸애

다른 사람의 충고에 귀 기울이라

"금자위의今子爲義, 아역위의我亦爲義, 기독아의야재豈獨我義也哉? 자불학子不學, 즉인장소자則人將笑子, 고권자어학故勸子於學."

— 묵자 · 공맹公孟

지금은 너나 할 것 없이 모두 의로움을 실천한다 하니, 어찌 나 혼자만 의로움을 실천한다 하겠는가? 배우지 않으면 곧 사람들의 비웃음을 사게 되니, 서둘러 배울 것을 권할 뿐이다.

세상의 유혹에 부딪히면, 사람들은 평정심을 잃고 비이성적이거나 부정확한 행동을 하게 될 때가 많다. 이때, 우리가 올바른 인생궤도에서 벗어나는 것을 막는 가장 좋은 방법은 바로 다른 사람의 충고에 귀 기울임으로써, 조금이라도 더 늦기 전에 그 잘못을 바로잡는 것이다.

인간관계를 성공적으로 이끌어 나가는 사람들은 일반적으로 그 말과 행동이 비굴하거나 거만하지 않으며, 또한 자신의 단점을 정확히 인식하고 있다. 또한 남의 충고를 받아들여 그것을 적극적으로 고치고자 한다.

묵자가 신체 건장하고 생각이 열린 한 젊은이를 제자로 받아들였다. 당초 묵자가 그에게 이렇게 말했다.

"열심히 공부하거라. 너를 관직에 나가도록 할 것이다."

그러나 그는 묵자가 이런 듣기 좋은 말로 격려할 때에만 공부했다. 일 년 후, 그가 묵자에게 관직에 나갈 수 있도록 추천해 줄 것을 부탁했다. 그러자 묵자가 말했다.

"아직 너를 관직에 추천해줄 수 없다. 너는 노나라의 일화를 들어본 적이 없느냐? 노나라에 다섯 형제가 있었다. 아버지가 돌아가셔서 장례를 지내야 하는데, 맏아들은 술에 빠져 그 준비조차 하지 않았다. 이에 네 동생들이 형에게 말했다. '형님이 장례 준비를 함께 한다면, 우리가 형님에게 술을 사겠습니다.' 형제들은 이렇게 형을 달래서야 겨우 아버지의 장례를 무사히 끝마칠 수 있었다. 이에 형이 동생들에게 술을 사달라고 하자, 동생들은 이를 거절하며 이렇게 말했다. '형님에게 술을 사줄 수 없습니다. 형님은 형님 아버지의 장례를 준비하고, 우리는 우리 아버지의 장례를 준비했을 뿐입니다. 우리만 아버지의 자식이라고 생각하시는 겁니까? 만일 형님이 아버지 장례를 준비하지 않았다면, 사람들은 모두 형님을 비웃었을 것이 분명합니다. 우리는 형님이 혹시라도 비난을 받을까 걱정되어 함께 장례를 준비할 것을 권했을 뿐입니다.' 지금 너와 내가 모두 의로움을 실천하고 있으니, 이것이 나 혼자만의 의로움이겠느냐? 네가 공부하지 않으면 사람들이 모두 너를 비웃을 것을 알기 때문에, 너에게 공부할 것을 권했을 뿐이다."

이 일화에서 묵자는 성급하게 성공만을 목표로 하기보다 성실하고 침착하게 학문에 힘쓸 것을 제자에게 권했다. 그는 배움에 힘쓰는 것이야말로 규범을 지키는 가장 좋은 방법이라 믿었으며, 배움을 게을리 하면 세상 사람들의 비웃음거리가 될 것이라 경고했다. 우리는 과연 이 같은 묵자의 충고를 어떤 태도로 받아들여야 할까?

퀴리 부인Madame Curie은 이런 말을 남겼다.

"자주 길을 묻는 사람은 결코 길을 잃고 헤매지 않는다."

한번쯤 주위의 성공한 사람들을 주의해서 보라. 분명 주위의 조언을 절대 흘려듣지 않는 그들의 모습을 발견할 수 있을 것이다.

남의 조언이나 의견에 귀 기울이고, 그것을 겸허하게 받아들일 줄 아는 사람은 지혜로운 인생의 경지에 도달한 것이다. 이들은 결코 인생길에서 방향을 잃고 헤매는 법이 없다. '정관의 치貞觀之治'를 이룬 당唐 태종太宗은 신하들의 조언에 귀 기울였던 군주로 잘 알려져 있다. 그는 위징魏征과 같은 이들의 조언에 귀 기울이고 이를 수용했기 때문에, 지금까지도 중국사에 길이 남는 황금시대를 이룩했다.

성공한 사람들은 자신감 있고 과감하면서도, 동시에 겸손함과 성실함의 미덕을 겸비하고 있다. 성공을 목표한다면 반드시 자신을 믿어야 한다. 단, 자신감과 자기 고집만 주장하는 아집, 남의 조언에 귀 기울이는 것과 맹목적인 수용은 분명 다르다는 사실을 혼동해서는 안 된다.

자기 의견만을 고집하고 남의 의견과 조언을 무시하는 것은 패자들의 전형적인 특징이다. 초나라 회왕懷王은 굴원屈原의 조언을 무시했기에 타향에서 객사했고, 오吳나라 왕 부차夫差는 오자서吳子胥의 조언을 무시했기에 결국 나라를 잃었다. 제갈공명 역시 선제의 유언을 어긴 탓에, 결국 가정街亭을 잃게 되었다.

인생이란 조금이라도 더 가까이 완벽함에 가까이 가기 위해 끊임없이 배움과 발전, 그리고 성숙을 반복해 나가는 과정이다. 성공을 원하는가? 그렇다면 먼저 자신의 장단점을 정확히 인식하고 현실을 정면으로 마주하라. 인간은 남의 의견과 조언을 받아들임으로써 자기 잘못을 바로잡는 과정을 통해 더욱 발전할 수 있다.

역사에서 배우기

편작(扁鵲, 중국 전국 시대의 명의-역주)이 채蔡 환공桓公을 알현했다. 잠시 채 환공의 모습을 살핀 후, 편작이 말했다.

"대왕께서는 피부에 작은 병이 있습니다. 서둘러 치료하지 않으면 더욱 심해질 것입니다."

그러나 채 환공은 단호하게, "나는 병이 없다"며 그의 조언을 무시했다. 편작이 돌아간 후, 채 환공이 말했다.

"의원들이란 멀쩡한 사람도 병자라 속이며 치료하는 것들이다. 나중엔 애시당초 있지도 않은 병을 치료했다며 내세우기에 바쁜 자들이다!"

열흘 후, 편작이 다시 채 환공을 알현하고 말했다.

"대왕의 병이 이미 혈맥까지 퍼졌습니다. 서둘러 치료하지 않으면 더욱 심해질 것입니다."

그러나 채 환공은 이번에도 그의 말을 불쾌하게 생각하며 무시했다. 그로부터 열흘 후, 편작이 채 환공을 다시 알현하여 말했다.

"대왕의 병이 이미 내장까지 퍼졌습니다. 서둘러 치료하지 않으면 병은 더욱 심각해질 것입니다."

그러나 이번에도 채 환공은 크게 화를 내며 그를 내쫓고 말았다.

다시 그 열흘 후, 편작은 멀리에서 채 환공을 보고는 인사만 올린 채 곧 돌아가 버렸다. 이에, 이를 이상히 여긴 채 환공이 신하를 보내어 그 이유를 알아보도록 했다. 편작은 이렇게 말했다.

"피부에 있는 작은 병은 탕약과 고약으로 고칠 수 있고, 혈맥까지 퍼진 병은 침으로 고칠 수 있습니다. 또한 병이 내장까지 퍼진다 해도 약을 복용하여 고치는 방법이 있습니다. 그러나 병이 골수에까지 퍼지면 무엇으로도 그 병을 고칠 수 없습니다. 지금 대왕의 병은 이미 골수까지 퍼지고 말았습니다. 때문에 더 이상 치료를 권하지 않고 돌아온 것입니다."

얼마 후, 과연 채 환공이 병들어 눕게 되었다. 채 환공은 그제야 편작의 말을 믿고 그를 찾아 나섰지만, 그는 이미 떠난 지 오래였다. 결국 채 환공은 곧 죽고 말았다.

병과 의원을 싫어하던 채 환공은 편작의 조언을 무시했던 탓에 결국 죽고 말았다. 나라의 병 역시 사람의 병과 다르지 않다. 남의 의견과 조언을 수용할 줄 모르는 사람은 결국 나라를 멸망으로 이끌 것이다. 지혜와 용기를 겸비했다 할지라도 남의 말을 들을 줄 모르는 사람은 결코 훌륭한 군주가 될 수 없다. 현대인들, 그리고 특히나 지도자들은 이것을 결코 잊어서는 안 된다.

어진 사람은 옳고 그름과 얻고 버림의 이치를 서로 알려주고 격려하고, 도리가 없는 이는 도리가 있는 자를 따라간다. 도리를 모르는 자는 아는 자를 따라가야 하고, 아무 이유도 없는 자는 복종할 뿐이다. 선한 것을 보면 반드시 그것을 따라 선을 실천해야 한다.

묵자 · 비유非儒

다른 사람의 충고에 귀 기울이라

도에 어긋나지 않게 재물을 구하라

"적문지翟聞之, 언의이불행言義而弗行, 시범명야是犯明也, 작비불지지야綽非弗之知也, 녹승의야祿勝義也."

묵자·노문魯問

입으로는 인의를 말하면서 정작 행동으로 실천하지 않는 사람은, 그 잘못을 알면서도 고의로 죄를 범한 것과 마찬가지이다. 승작(勝綽, 묵자의 제자 역주)은 결코 그 잘못을 몰랐던 것이 아니라, 의로움보다 재물을 더 중요하게 생각했던 것뿐이다.

돈이 결코 세상의 전부는 아니다. 그러나 가난한 인생은 결코 쉽지 않다. 부자의 고민은 배부른 투정이지만, 가난한 자의 고민은 불행일 뿐이다. 사람이 부자가 되고 싶어 하는 것은 당연한 일이다. 그러나 그 재물을 모으는 방법이 결코 도에 어긋나선 안 된다.

선인들은

현대인들에게 "군자는 도에 어긋나게 재물을 구하지 않는다"라는 값진 교훈을 선물했다. 즉, 재물이란 반드시 자신의 노력과 노동을 통해 손에 넣어야 하며, 또한 법과 도덕에 어긋남이 없는 것이어야 한다.

묵자가 승작을 제나라로 보내어 항자우를 섬기게 했다. 항자우는 세 차례에 걸쳐 노나라를 침범했는데, 승작은 이 세 차례 모두 항자우를 따라 전쟁에 나섰다. 묵자는 이 소식을 듣고 곧 고손자(高孫子, 묵자의 제자-역주)를 제나라로 보내 항자우에게 승작을 파면시킬 것을 부탁하며 다음과 같은 말을 전했다.

"제가 승작을 제나라에 보낸 것은 장군의 횡포를 막고 그 잘못을 바로잡아 주길 바랐기 때문입니다. 그런데 봉록이 많아지자 승작은 오히려 장군을 속이고 있습니다. 장군이 세 차례나 노나라를 침략했는데도, 승작은 모두 장군의 뒤를 따랐습니다. 이것은 말에 채찍질을 하는 것과 마찬가지입니다. 입으로는 인의를 말하면서도 정작 행동으로 옮기지 않는 사람은 분명 잘못임을 알면서도 죄를 저지르는 것입니다. 승작은 자신의 잘못을 몰랐던 것이 아니라, 인의보다 재물을 더 중요하게 생각했던 것입니다."

인간은 예로부터 풍족하고 여유로운 생활을 기원했고, 이것이 바로 노동의 기원이다. 이에 묵자는 재물을 모으고자 하는 사람의 마음이 결코 인의나 도의(道義)에 어긋나지 않는다고 했다.

사람은 모두 제각기 다른 능력을 가지고 태어난다. 그렇기에 그들이 능력을 발휘하는 인생의 무대도, 재물을 모으는 과정과 방법도 모두 다를 수밖에 없다. 남보다 앞서서 능력을 발휘하기 시작한 사람이 먼저 부자의 대열에 설 수도 있고, 그보다 늦게 능력을 발휘하는 사람이라도 그 뒤를 이어 재물을 모으는 길을 모색하기 시작한다.

그러나 일부 일하지 않고 그 대가만을 바라는 사람들도 있다. 이들은 잘못된 세계관과 인생관이 야기한 오류로 인해 정도正道를 벗어나 잘못된 방식으로 부를 축적하려 하기도 한다. 그리고 그중에는 권력과 부의 힘을 악용해서 재물을 모으는 정치가나 공무원들이 포함될 때도 있다.

사람은 누구나 부자가 되고 싶어 한다. 그러나 그 과정과 방법은 반드시 도의에 어긋나서는 안 된다.

세상에는 다양한 인생이 존재한다. 그러나 그 길들은 결국 모두 '바른 길'과 '잘못된 길'로 나누어진다. 성실하게 일하는 옳은 길을 선택한다면 행복한 삶을 누리겠지만, 옳은 길에 대한 믿음을 잃고 잘못된 길을 선택한다면 그들은 점점 더 어두운 늪에 빠져들게 될 것이다.

상인들은 그 재물의 내력을 따지기보다 그것이 가져올 이익과 손해를 더 중요하게 여긴다. 그러나 때때로 사람들은 재물의 내력에 따라 그것을 '깨끗한 것'과 '더러운 것'으로 구분짓기도 한다. 농부가 땀 흘리며 모은 재물과 상인이 사재기로 모은 재물을 각각 그 전자와 후자로 구분하는 것 역시 이러한 도의의 영향이라 할 수 있다.

군자는 결코 도의에 어긋나는 재물을 구하지 않는 법이다. 이것을 지키지 못하는 이들, 특히 법도에 어긋나는 재물을 바라는 이들이 있다면 이 가르침을 더욱 경계로 삼아야 한다.

역사에서 배우기

2005년 1월 14일 베이징, 2005년도 05006회 치싱차이(七星彩, 중국 스포츠복권) 추첨이 이루어졌다. 광둥성廣東省에서 발행되는 복권 가운데 유일하게 5백만 위안에 달하는 큰 당첨금이 걸린 이 행운의 복권은 양아이홍楊愛虹이란 사람이 운영하는 베이징의 한 슈퍼마켓에서 나왔다. 이 소식이 알려지자, 그녀의 가게에는 복권을 구입하려는 사람들로 넘쳐났다.

예전부터 그녀의 가게에는 항상 복권을 구입하기 위해 찾아오는 단골손님들이 있었다. 그들은 평소 백 위안 정도 복권을 구입하고 숫자를 고른 후에, 숫자에 돈을 거는 일을 비롯해서 나머지는 모두 그녀에게 맡겨 두는 손님들이었다. 그날 역시 평소와 다름없이 단골손님들이 구입한 복권번호를 맞춰 보고 있을 때였다. 그녀는 순간적으로 정신이 번쩍 들었다. 그녀가 한 할아버지를 대신해서 고른 번호가 바로 5백만 위안의 상금이 걸린 1등에 당첨되었기 때문이었다!

놀란 가슴은 점점 빨리 뛰기 시작했고 손발이 어찌나 떨리는지, 그녀는 가게 문을 닫는 것도 잊고 무작정 자물쇠란 자물쇠는 모두 잠가두었다. 그리고 곧장 행운의 주인공인 할아버지에게 전화를 걸었다. 그러나 웬일인지 전화는 연결되고 전원이 꺼져 있다는 음성만 반복될 뿐이었다. 할아버지와 연결이 되지 않자 그녀는 행여 연락처가 바뀐 것은 아닐까 걱정이 앞서기 시작했다. 누구에게 물어볼 수도 없는 일이었다. 그녀는 자정이 될 때까지 계속해서 할아버지에게 연락을 했지만 꺼져 있는 전원은 끝까지 켜지지 않았다.

이제 그녀는 집안 구석구석을 살피기 시작했다. 우선 주인에게 복권을 안전하게 전달하기 전까지는 이것을 어딘가에 숨겨놓아야 했다. 하지만 어디에 숨겨도 불안한 마음은 가라앉지 않았다. 가게 밖에서 들리는 작은 소리에도 벌떡 일어나다보니 어느새 날을 꼬박 새우고 말았다. 당첨복권을 지켜야 한다는 생각에 그녀는 뜬눈으로 밤을 지새웠다.

다음날 오전 11시, 그녀는 드디어 복권의 주인인 할아버지와 연락을 할 수 있었다. 평소와 마찬가지로 친구들과 차를 마시며 한가로운 시간을 보내고 있던 할아버지는 복권에 당첨되었다는 소식을 듣고 헐레벌떡 그녀의 가게로 찾아왔다. 이게 사실이란 말인가! 할아버지는 자기 눈으로 직접 번호를 확인한 후에야 그 사실을 믿기 시작했다.

평생 가난하게 살았던 할아버지는 갑작스럽게 나타난 이 행운에 놀란 나머지 순간적으로 정신이 멍해지고 말았다. 한참이 지나서야 겨우 정신을 차린 할아버지가 그녀에게 말했다.

"자네가 복권을 맡아 두었다가 나 대신 당첨금을 받아다 주면 안 되겠는가?"

"아이고, 전 못해요. 복권에 주인 이름이 쓰여 있는 것도 아니고, 제가 가지고 갔다가 당첨금을 그대로 제가 가져 버리면 어쩌시려고 그러세요. 어서 가지고 집으로 가세요!"

이에 할아버지가 말했다.

"당첨된 걸 알리지 않고 자네가 가질 수도 있는 일이었는데, 일부러 나에게 연락까지 한 마당에 무슨 의심할 게 있겠나! 이왕 도와주는 일, 자네가 가지고 있다가 끝까지 도와주게나."

결국 할아버지의 부탁을 들어드린 그녀는 그 후 복권을 보관하고 있던 6일 동안 평생에서 가장 힘든 시험의 시간을 보냈다. 그녀는 당첨 수속을 마치고 할아버지께 무사히 전달하고 나서야 비로소 무거운 마음의 짐을 내려놓을 수 있었다.

지금 눈앞에 놓여 있는 이 거금은 손만 뻗으면 곧 자신의 것이 될 수 있다. 그리고 평생 부귀영화를 누리는 것이다. 만일 이런 행운이 당신에게 찾아온다면 당신은 어떻게 할 것인가? 끝까지 양심을 지킬 것인가? 양아이홍은 양심을 지키는 데 성공했다. 그녀는 자신이 마땅히 해야 할 일을 했을 뿐이라고 말했다. 이 얼마나 순박하고 꾸밈없는 말인가. 그녀의 이 말 한 마디를 통해서 우리는 이미 "재물을 구하는 것이 도에 어긋나지 않게 하라"라는 성현들의 가르침을 발견할 수 있다.

묵자가 말했다.
"북쪽에 저를 업신여기는 자가 있어 당신의 힘을 빌려 그를 죽이고자 합니다."
공수반은 기쁘지 않은 모습을 지었다. 묵자가 말했다.
"스무 냥의 금을 드리겠습니다." 공수반이 말했다.
"저는 어질고 의로움을 받드는 사람입니다. 결코 사람을 죽이지 않습니다."

묵자 · 공수

도에 어긋나지 않게 재물을 구하라

세상에 우연한 성공은 없다

> "금이일돈제今以一豚祭, 이구백복어귀신而求百福於鬼神,
> 귀신유공기이우양측야鬼神唯恐其以牛羊貸也."
>
> 묵자 · 노문魯問
>
> 지금 돼지 한 마리를 놓고 제사를 지내면서 백 가지 복을 빌었으니, 귀신들은 그가 소나 양으로 제사 지낼까 봐 두려워하고 있을 것이다.
>
> 이 세상에 공짜란 없다. 항상 뿌린 대로 거둘 뿐이다. 하늘은 땅에 비를 주고 땅은 하늘에게 푸르름을 선사한다. 대자연은 인류에게 숨 쉴 수 있는 공기를 주고 인류는 대자연에게 번화한 세계를 선물한다. 광활한 산과 강은 인류에게 자연의 아름다운 경치를 선사하고, 인류는 그들에게 한없는 그리움을 보낸다.

하늘에 복을 비는 사람은 많지만, 그들 중 그 누구도 하늘을 위해 무엇인가를 하려는 이는 없다. 이처럼 인간이란 남에게서는 늘 보답을 바라면서도, 정작 자신은 남에게 베푸는 것에 인색하다.

「노문」에서는 노나라 제사장이 돼지로 제사를 지내며 귀신에게 백 가지 복을 기원했다고 하는 내용이 있다. 이에 묵자는 그에게 이렇게 말한다.

"그래서는 안 됩니다. 지금 남에게는 적게 주려 하면서도, 큰 보답을 받길 바라고 있으니, 그 받는 이는 오히려 당신에게 무엇을 받는 일을 두려워할 것입니다. 제사 역시 마찬가지입니다. 지금 돼지 한 마리를 놓고 제사를 지내며 백 가지 복을 빌었으니, 귀신들은 당신이 소나 양으로 제사 지낼 것을 두려워하게 될 것입니다."

자신은 남에게 작은 은혜를 베풀고 상대에게는 커다란 보답을 바랄 수는 없다. 세상에 공짜는 없는 법이다. 보답을 받고 싶다면, 반드시 그것에 대한 대가를 지불해야 한다.

사막을 지나던 나그네가 모래폭풍을 만나 길을 잃었다. 한참을 헤매다 지칠 대로 지쳤을 무렵, 그는 빈집 한 채를 발견하고 그곳에서 쉬어가기로 했다. 좁은 집안 한편에는 목재들이 수북이 쌓여 있을 뿐, 바람도 통하지 않았다. 그러던 중, 문득 한 구석에 있는 물펌프가 그의 눈에 들어왔다.

흥분에 찬 그는 서둘러 물을 퍼 올리려 했지만, 아무리 펌프질을 해도 물은 단 한 방울도 나오지 않았다. 실망감에 털썩 주저앉은 그는 우연히 물펌프 옆에 놓여 있는 작은 병을 발견했다. 그 병에는 이런 글이 적힌 쪽지가 있었다.

"이 병 안의 물을 펌프에 부으면, 물을 양껏 얻을 수 있습니다. 단, 떠나기 전에는 꼭 이 병에 물을 다시 채워 두시기 바랍니다!"

마개를 열어보니 과연 병에는 물이 가득 차 있었다. 순간 그는 고민에 빠졌다.

자기 생각만 해서 이 병 안의 물을 다 마신다면, 그는 분명 갈증을 해결하고 이 집을 나설 수 있을 것이다. 하지만 이 쪽지대로 펌프에 물을 부어 넣었는데, 물이 나오지 않으면, 이 집에서 죽을 것이 분명했다. 굳이 이런 위험한 모험을 할 필요가 있을까?

결국, 한참의 고민 끝에 그는 펌프에 병의 물을 넣어 보기로 결정했다. 그런데 이게 웬일인가! 병의 물을 펌프에 부어 넣자, 마치 거짓말처럼 물이 솟아 나오기 시작하는 것이 아닌가! 덕분에 그는 물을 충분히 마실 수 있었다. 그 집을 떠나기 전, 그는 그 병에 다시 물을 채워 놓은 후, 원래의 쪽지 옆에 이렇게 적어 놓았다.

"믿으세요. 사실입니다."

이 일화에서는 무슨 일이든 자신이 한 만큼 그 대가를 받을 수 있다는 진리를 가르쳐 주고 있다.

뿌린 대로 거둔다. 사람들이 너무나 잘 알고 있는 이치이면서도 이것을 실천하는 사람은 찾기 어렵다. 그리고 때로는 이 나그네처럼 대가를 위해 기꺼이 투자한 사람들조차 혼란에 빠질 때도 있다. 이 진리를 실천하는 이들 가운데서도 자신이 치른 대가보다 훨씬 더 많은 보답을 바라는 이들이 있기 때문이다.

어느 철학자는 이렇게 말했다.

"나는 초록색 나뭇잎 하나를 얻고자 했지만, 그는 나에게 봄이라는 계절을 선물했다."

대가라는 것은 바로 이 작고 작은 나뭇잎과도 같다. 우리가 나뭇잎을 세상에 선물하면, 세상은 인간이 예상치도 못했던 봄이라는 커다란 선물로 보답하기도 한다.

가끔은 작은 선행으로 큰 보답을 받는 경우도 있지만, 세상에는 남에게서 큰 보답을 바라면서도 정작 자신의 베푸는 것에 인색한 경우가 훨씬 많다.

진정한 베풂은 대가를 바라지 않는다.「노문」에 등장하는 제사장처럼 처음부터 욕심을 가지고 베푸는 사람은 원하는 것을 얻지 못할 뿐만 아니라, 그 작은 베풂을 보답받을 수 있는 기회조차도 놓쳐버리기 쉽다.

역사에서 배우기

쑤앙드雙德建 건축회사의 룽쑤앙드冷雙德 사장은 숱한 고난과 시련을 이겨내고 성공을 손에 넣은 인물이다.

젊은 시절, 대학 입시에 실패한 그는 정든 고향을 떠나 외지에서 일자리를 찾기 시작했다. 그는 한때 우한武漢에서 요리를 배우기도 했고, 이창宜昌과 양번襄樊에서 일용직 노동자 생활을 하기도 했다.

1989년, 그는 고향주민 15명과 함께 베이징의 어느 건설 현장에서 일하기 시작했다. 그러나 기술도 경험도 없던 그들은 모두 하루도 되기 전에 현장에서 해고되고 말았다.

새해 첫 달부터 멀리서 일자리를 찾아 베이징까지 왔던 그들은 당장 생계를 걱정해야 하는 상황에 처했다. 당장도 문제였지만, 앞으로의 일을 생각하면 더욱 큰일이었다. 지금 이 일도 제대로 해내지 못한다면 앞으로 무슨 일인들 제대로 할 수 있을 것인가?

룽쑤앙드는 이때부터 기술을 배우기 시작하여, 그 이듬해부터는 다시 건설 현장에서 일하기 시작했다. 새벽 4시에 일어나 한밤중이 되어야 끝나는 고된 일상이었지만, 그는 아무리 시간이 늦어도 반드시 그날 작업한 분량의 상태를 꼼꼼히 확인했고, 조금이라도 문제가 있거나 스스로 만족스럽지 않으면 만족할 때까지 정성을 들여 다시 작업했다.

항상 책임감 있게 일하고 기술도 뛰어난 그는, 얼마 지나지 않아 현장 관계자들의 신뢰를 얻었고, 이렇게 그는 베이징에서 착실하게 성공의 기틀을 닦기 시작했다.

1990년, 그는 청젠城建 그룹이 추진하는 거대한 규모의 힐튼Hilton 호텔 인테리어 공사 프로젝트를 담당하게 되었다. 이것이 바로 그의 일생일대의 전환점이었다.

그가 독립한 뒤 맡게 된 가장 큰 규모의 프로젝트였기에, 그것은 그 자신에게 주어진 시험이기도 했다. 그는 행여 공사에 문제가 생길까 노심초사하며 밤에도 쉽게 잠들지 못했다. 조금이라도 걱정되는 부분이 있으면 한밤중에도 공사현장으로 발길을 옮겼고, 작은 실수라도 발견하는 날이면 당직 직원을 호출하여 밤을 새는 한이 있어도 잘못을 바로잡아 놓았다.

이런 식으로 공사를 진행하다 보니, 첫 시공이 끝난 후에는 돈을 번 것이 아니라 오히려 2만 위안 정도의 적자를 보는 상황이 생기기도 했다. 주위 사람들은 그를 두고 너무 성실하고 완벽을 기하려고 했기 때문에 손해를 본다고 걱정하며 나무랐다. 그러나 그는 이 경험이 바로 하늘이 내려주신 절호의 기회라 믿으며 손해를 볼지언정 자신의 태도를 끝까지 바꾸지 않았다.

훗날, 공사를 의뢰했던 청젠 그룹 관계자들은 그가 완성한 공사에 크게 만족했고, 그후에는 중요한 공사가 있을 때마다 룽쑤앙드를 가장 먼저 찾게 될 정도가 되었다.

화원에 꽃이 한 송이 피었다고 해서 봄이 온 것은 아니다. 화원에 꽃이 만발했을 때야 비로소 봄이 왔다고 할 수 있다. 그는 고향에 있는 가족들이 편안하고 풍족하게 살 수 있게 되어야만, 먼 외지에서 생활하는 자신의 삶도 비로소 풍족해질 수 있다고 생각했다. 이런 생각을 했던 그는 3,200여 명의 고향주민들을 베이징으로 데려와 일자리를 마련해 주었고, 120만 위안을 기부하여 고향에 양로원과 학교를 세웠다. 그는 앞으로도 고향을 위해 더 많은 사업들을 추진하고자 계획하고 있다.

그의 회사는 6차례에 걸쳐 '노반상(魯班奖, 중국 건설업계에서 가장 질 높은 건설사업을 완수한 기업에게 주어지는 상-역자)'을 받았다. 또한 '국무원각 부서가 선정하는 최고의 건설공사' '전국 건축모범사' 등으로 선정되었으며, 8차례에 걸쳐 '장성컵(長城盃-베이징에서 우수한 건설공사에 수여하는 상-역주)'을 획득하는 영예를 안았다. 룽쑤앙드는 사장 개인 역시 전국 모범 노동자로 선정되는 영광을 얻었다.

어떤 분야에 대해 아무것도 모르는 문외한에서 시작하여 그 분야의 뛰어난 전문가로 거듭나고, 일용직 노동자에서 건설업계의 모범으로 거듭난 룽쑤앙드 사장의 시련과 성장 과정은 '뿌린 대로 거둔다'는 인생의 진리를 유감없이 보여준다. 세상에 우연히 성공하는 사람은 없다. 실패를 피하고 싶은가? 그렇다면 먼저 노력의 땀을 흘리라.

귀신들이 사람들에게 바라는 일은 사람이 높은 작위와 녹을 받게 되면 그것을 현명한 사람에게 양보하고, 재물이 많으면 그것을 가난한 사람들에게 나누어 주는 것이다. 귀신이 어찌 재물을 바치기만을 바라겠는가? 지금 그대는 높은 작위와 녹을 받고 지내면서도 그것을 현명한 사람에게 양보하지 않았으니 이것이 첫째 상서롭지 않은 일이다.

묵자 · 노문魯問

세상에 우연한 성공은 없다

겉만 보고 판단하지 말라

"조자지공釣者之恭, 비위어사야非爲魚賜也, 이서이충餌鼠以蟲, 비애지야非愛之也. 오원주군지합기지공이관언吾願主君之合其志功而觀焉."

묵자 · 노문魯問

낚시꾼이 소리 없이 낚시를 물 속에 드리우는 것은 물고기에게 인정을 베풀려는 것이 아니다. 쥐에게 미끼를 주는 것 역시 그것을 좋아하기 때문이 아니다. 눈에 보이는 것만을 그대로 믿지 말고 반드시 그 동기와 결과를 함께 생각해 보고 행동하라.

현상이란 겉으로 보이는 사물의 특징 및 그 특징들 간의 외부관계이다. 현상에는 실상과 허상이 있다. 허상은 일반적으로 거짓된 현상을 가리킨다. 허상은 본질과 가장 뚜렷한 대립구조를 이루며, 분명하지 않은 거짓된 표현이다.

실상이란

직접적으로 본질을 표현해 낸 현상을 가리키며, 허상이란 본질을 왜곡시켜 다른 모습으로 보이게끔 만드는 현상을 의미한다. 예를 들어, 사과가 땅에 떨어지는 현상을 실상이라 한다면, 밤하늘에 보이는 밝은 달빛은 허상이라 할 수 있다. 달은 스스로 빛을 낼 수 없는 위성이지만, 인간의 눈에는 스스로 빛을 내는 것처럼 보이는 착각을 유발한다.

이처럼 눈에 보이는 것이 반드시 사실은 아니다. 태양은 항상 동쪽에서 떠서 서쪽으로 진다고 생각하지만, 그것은 인간의 착각에 불과하다. 인간의 눈은 때때로 자신을 속이는 모습을 볼 수 있다. 실제로는 태양이 지구를 돌고 있기 때문에 해가 동에서 떠서 서로 지는 것이 아니라 지구가 태양 주위를 서에서 동으로 자전하고 있지 때문에 이 같은 현상이 일어난다. 이처럼, 눈으로 볼 수 있는 현상이 반드시 진실은 아니다. 우리는 쉽게 눈에 보이는 허상의 거짓에 속아 넘어가기도 한다.

노나라 왕에게 두 아들이 있었다. 한 아들은 학문을 즐겼고, 다른 한 아들은 재물을 사람들에게 나누어 주길 좋아했다. 두 아들 모두 훌륭하다 보니, 왕은 누구 한 사람에게 왕위를 물려주어야 할지 고민에 빠지고 말았다. 이에 왕이 묵자에게 물었고, 그의 물음에 묵자는 이렇게 답했다.

"지금은 확실히 말씀드리기 어렵습니다. 두 분 왕자님의 훌륭한 행동이 장차 이 나라의 왕위와 백성들의 칭송을 얻기 위함인지 아닌지 알 수 없기 때문입니다. 낚시꾼이 소리 없이 낚시를 물에 드리우는 것은 물고기에게 은혜를 베풀려는 것이 아니라 그것을 잡으려는 것이며, 쥐에게 미끼를 주는 것 역시 그것을 좋아하기 때문이 아니라 그것을 죽이려는 것입니다. 결과만을 볼 것이 아니라, 그 행동의 동기도 함께 고려하여 관찰해야만 사실을 정확히 구분해 낼 수 있습니다."

묵자는 복잡한 현상과 맞닥뜨릴 경우, 반드시 그 현상 전체를 고려하여 그 규칙을 볼 수 있을 때, 비로소 현상의 본질을 간파하고 허상의 거짓에 속지 않을 수 있다고 했다.

춘추 전국 시대, 오나라와 월越나라 사이에는 항상 전쟁이 끊이지 않았다. 더욱이 오왕 합려闔閭가 월나라를 공격했다가 월왕 구천勾踐의 대장군 영고부靈姑浮의 칼에 맞아 오른쪽 다리를 잃고 목숨을 잃은 후, 양국의 관계는 더욱 악화되고 말았다. 부친의 복수를 결심한 부차는 왕위에 오르자 줄곧 복수의 일념으로 전쟁을 준비했다.

그리고 드디어 497년 부초夫椒에서 월나라를 격파하고 월왕 구천을 회계산會稽山으로 몰아넣는 데에 성공했다. 상황이 급박해지자 월왕 구천은 대부 문종文種의 계략에 따라 금은보석과 미녀들을 준비하여 부차에게 자비를 구하고 그의 신하가 될 것을 자청했다. 이에 부차는 눈앞의 뇌물과 구천의 공손한 태도에 속아 결국 그 청을 받아들이고 말았다. 이때 오자서는 월왕을 살려 두면 장차 큰 후환이 될 것임을 경고했지만, 부차는 그의 의견을 귀담아듣지 않았다.

오나라에 항복한 이후, 월왕 구천은 부차에게 충성과 복종의 뜻을 표시했다. 구천은 부차의 뒤를 따르며 종노릇을 하는 것은 물론, 심지어는 직접 부차의 병간호를 하며 대소변 시중을 들기도 했다. 그러자 부차는 겉으로 보이는 그의 충성스러움과 공손함을 굳게 믿고 전혀 의심하지 않았다. 병이 완쾌된 후, 부차는 구천의 충성을 굳게 믿고, 급기야 그를 월나라로 돌려보내 주었다.

그러나 월나라로 돌아간 구천은 지난 굴욕의 세월을 잊지 않기 위해, 매일같이 장작더미 위에 누워 자고 쓰디쓴 돼지 쓸개를 핥으며 복수의 칼날을 갈았다. 10년 후, 마침내 강대국으로 성장한 월나라는 오나라를 멸망시켰고, 오왕 부차는 수치심에 스스로 목숨을 끊고 말았다.

오왕 부차는 처음에는 재물과 여색의 꾐에 넘어가 구천을 살려 두는 잘못을 저질렀으며, 훗날에는 구천의 거짓된 충성을 진실로 믿는 더 큰 잘못을 저질렀다. 월왕 구천이 온갖 고통과 모욕을 참아 내며 목숨을 부지한 것은 훗날의 재기를 노린 행동이었다.

월왕 구천의 이야기를 통해, 목표를 달성하기 위해서는 끝까지 좌절하지 말라는 가르침과 함께, 진실을 간파하지 못한 이의 최후를 통해서도 뼈저린 교훈을 얻을 수 있다.

역사에서 배우기

할머니 한 분이 장을 보러 가기 위해 집을 나섰다. 막 엘리베이터에 올랐을 때, 먼저 타고 있던 한 아가씨가 할머니에게 말을 걸었다.

"할머니, 3층에 무료 안마소가 생겼는데, 병도 고치고 오래 살게 해 준다 하더라고요. 모두들 가는 모양이던데, 할머니도 한번 가 보세요. 다들 좋다고 하던데요."

아가씨의 말에 귀가 솔깃한 할머니는 곧장 3층으로 향했다. 엘리베이터에서 내리자마자 빨간 바탕에 흰 글자로 "무료 봉사 안마 서비스로 평생 건강하고 활력 있는 삶을!"이라고 적혀 있는 현란한 간판이 한 눈에 들어왔다. 안으로 들어서자 곧 안마사의 극도로 친절한 서비스와 설명이 이어졌다. 그러더니 그는 곧장 마사지 오일을 준비해서 할머니께 발마사지를 해 드리기 시작했다. 마사지가 끝나자 안마사는 이렇게 말했다.

"800위안만 내시면 1년 간 무료로 안마를 받으실 수 있답니다. 이런 좋은 기회는 다시 만나기 어려우실 거예요."

이 말에 깜짝 놀란 할머니가 되물었다.

"공짜라 하지 않았소?"

이윽고 안마사의 설명이 이어졌다.

"알고 계신 대로 마사지는 모두 무료지만, 지금 사용하고 있는 이 오일이 워낙 비싼 수입제품이라서 재료비만 받고 있는 거랍니다."

"돈, 그렇게 많이 안 가져왔는데."

할머니가 곤란한 내색을 비추자, 안마사가 시원스럽게 대답했다.

"상관없습니다. 우선 선불로 100위안의 계약금만 내시면, 나머지는 다음에 오실 때 주셔도 된답니다."

결국 할머니는 얼떨결에 100위안을 내고 가게를 나왔다. 이 이야기를 들은 가족들은 그곳이 분명 사기임에 틀림없다고 거기에 속은 할머니를 나무랐다. 그 순간 할머니는 정신이 번쩍 들었다.

'이상한 것이 당연한데, 왜 그걸 몰랐을까? 오일 값만 받고 공짜로 하는 장사라면, 그 사람들이 왜 그런 장사를 하겠누?'

다음 날, 할머니는 안마소를 다시 찾아가 직원에게 계약금을 돌려줄 것을 요구했다.

"나이가 들어서 여기까지 다니기도 불편하고, 다시 안마를 받을 일도 없을 것 같네. 어제 사용했던 오일 값은 낼 터이니 나머지 돈은 돌려주게나."

안마사가 대답했다.

"무슨 말씀인지 알겠습니다. 안마를 안 받으시는 것은 상관없지만, 단 어제 사용했던 오일 값으로 170위안을 더 내셔야 해요. 그 고급 마사지 오일은 다른 손님들에게 다시 사용할 수도 없거든요."

놀란 할머니가 물었다.

"대체 그 오일이 얼마기에 그러는 건가?"

"270위안이랍니다."

뭐가 뭔지 도통 알 수 없게 되어 버린 할머니는 또 다시 얼떨결에 170위안을 지불한 채, 그 오일 병을 들고 집으로 돌아오고 말았다.

나중에 밝혀진 사실이지만, 고급 마사지 오일이라던 물건은 10위안도 안 되는 바셀린 연고였던 것으로 판명되었다. 속아서 지불했던 계약금을 찾으러 갔다가 오히려 170위안을 더 잃고 온 할머니는 결국 두고두고 그 일을 속상해 할 수밖에 없었다.

사기꾼들은 선량하고 단순한 마음이나 가난할지라도 건강하게 살고자 하는 희망을 이용하여 사람들을 속인다. 자신에게 이득이 없는 일에는 나서지 않는다는 말이 있다. 세상에 절대로 공짜는 없다. 만일 아무런 대가도 없이 누군가 당신에게 호의를 베푼다면, 신중히 생각하고, 섣불리 그를 믿지 말라. 이들은 어쩌면 당신을 속이려는 사기꾼일 수 있다.

모든 사물은 옳으면서도 그른 것이 있고, 옳으면서도 그르지 않은 것이 있다. 혹은 한 경우에는 두루 사용되지만, 다른 경우에는 사용되지 않는다. 혹은 한 경우에는 옳지만, 다른 경우에는 옳지 않으므로 항상 똑같이 사용해서는 안 되는 것이다.

묵자·소취小取

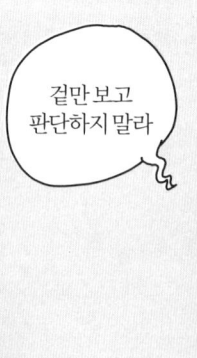

겉만 보고 판단하지 말라

우선순위를 정하고 효율적으로 행동하라

> "범입국凡入國, 필택무이종사언必擇務而從事焉."
>
> 묵자·노문魯問
>
> 무릇 한 나라에 도착하면, 반드시 가장 시급한 일을 선택하여 해결해야 한다. 모든 일에는 우선순위가 있다. 가장 중요한 일을 최우선으로 처리하는 것이 당연하며, 다른 일들과 똑같이 취급해서는 안 된다. 일상적이고 사소한 일들인 경우, 그 '경중輕重'과 '완급緩急'에 따라 순서를 정한 후에 그 일을 해결해야 나아가야 한다.

옛말에 이르길, "일은 경중과 완급을 구분하고, 중요한 것부터 우선적으로 처리해야 한다"라고 했다. 사람은 살아가면서 수많은 문제와 어려움들과 부딪히게 된다. 이럴 때에는 그 일의 경중과 완급을 정확히 구분하고, 계획적, 효율적으로 처리해 나갈 수 있는 삶의 지혜가 필요하다.

묵자가 열국에 유세하며 돌아다니기 위한 준비를 하고 있을 때,

위월魏越이 그에게 물었다.

"스승님께서는 각 나라의 왕들을 알현하실 때, 그 나라의 무엇에 대해 가장 먼저 말씀드립니까?"

묵자가 대답했다.

"어느 나라에 도착하든, 반드시 그 나라에서 가장 시급한 일을 선택하여 해결해 나아가야 한다. 만일 그 나라가 혼란스럽다면 왕에게「상현尚賢」과「상동尚同」의 도리를 이야기할 것이며, 그 나라가 가난하다면「절용節用」과「절장節葬」의 도리를 말할 것이다. 또한, 그 나라가 술과 음악에 빠져 있다면「비락非樂」과「비명非明」의 도리를 말하고, 음란하고 무례한 나라에서는「존천尊天」과「사귀事鬼」의 도리를, 다른 나라를 약탈하고 침범하는 나라의 왕에게는「겸애兼愛」와「비공非攻」의 도리를 말할 것이다."

묵자는 모든 일을 경중과 완급에 따라 처리해야 한다고 했다. 이렇듯 문제를 그 시급성과 중요성에 따라 처리하면, 체계적이고 효율적으로 문제를 해결해 나갈 수 있다.

동한東漢 동군태수東郡太守 조조에게 의탁해 간 우금于禁은 조조를 따라 장수張繡 토벌에 나섰지만, 첫 전투에서 크게 패하고 말았다. 다급해진 조조는 패잔병들을 이끌고 청주靑州로 즉각 후퇴했으며, 장수는 대군을 이끌고 그 뒤를 바짝 추격했다.

때마침, 당시 청주에는 우금과 하후돈夏侯淳이 군대를 주둔시키고 있었다. 그러나 하후돈의 군사들은 원소袁昭군의 이름을 빌려 무고한 백성들을 약탈하는 만행을 일삼고 있었다. 이를 참다못한 우금은 곧 군사들을 이끌고 백성들을 약탈하는 병사들을 모조리 죽여 백성들을 위로했다.

　이에 가까스로 살아남은 청주병들은 이미 전투에서 패하여 청주에 돌아와 있던 조조를 찾아갔다. 그들은 우금이 모반을 꾀하여 청주병을 죽였다고 모함했다. 이에 크게 놀란 조조는 하후돈, 이전李典, 허저 등에게 군사를 정돈하여 우금을 막을 준비를 하도록 명령했다.

　우금이 청주에 도착했을 무렵, 조조와 여러 장수들이 병사를 정돈하여 성을 방비하는 모습이 마치 적을 기다리고 있는 듯 보였다. 이 때 한 신하가 우금에게 말했다.

　"청주병이 조 승상께 장군을 모반을 꾀했다고 모함했을 것이 분명합니다. 지금 승상의 군대가 성을 방비하고 있는 모습을 보니, 그들의 거짓보고를 믿으신 것이 분명합니다. 장군은 어째서 승상께 사실을 밝히려 하시지 않으십니까?"

　우금이 태연하게 대답했다.

　"장수가 이끄는 적병이 추격해 오고 있으니, 곧 이곳에 다다를 것이다. 그들에게 대항할 준비를 먼저 해 두지 않는다면, 어떻게 적을 막을 수 있겠는가? 승상께서 나를 오해하고 계실지라도 그것을 바로잡는 것은 작은 일이지만, 적을 물리치는 것은 큰일이다. 장군으로서 마땅히 사적인 일보다 공적인 일을 우선해야 한다. 그러므로 작은 일은 먼저 큰일을 마친 뒤에 하더라도 늦지 않을 것이다."

　우금이 영채를 다시 정리하여 배치를 마쳤을 무렵, 장수의 군대가 두 갈래로 나누어 공격해 왔다. 우금은 군사들을 이끌고 줄곧 그들을 추격해 오느라 지쳐 있는 적들에게 정면으로 맞서 거센 공격을 퍼부었다. 그러자 장수의 군대는 패배하여 도망치기 시작했다.

우금은 전열을 재정비하여 한 성 밖에 머무르게 한 뒤, 조조를 알현하고 청주병의 만행을 상세히 보고했다.

"청주병들이 부녀자들을 희롱하고 재물을 약탈하여 승상의 위신이 크게 손상되었으며, 유랑민들은 산에 머물며 도적질을 하고 원소의 패잔병들과 유랑민들이 합세하여 위나라 군의 기강을 무너뜨리는 지경에까지 이르렀습니다."

조조가 우금에게 되물었다.

"그렇다면 어째서 나에게 먼저 그 일을 알리지 않고 적부터 막았단 말인가?"

우금은 조조에게 사실대로 설명했다. 조조는 그제야 자리에서 일어나 우금의 손을 맞잡고 여러 장수들에게 말했다.

"우 장군은 쫓기는 긴박한 상황에서도 냉정히 군사를 정돈시키고 적을 막아냈을 뿐만 아니라, 노고를 마다하지 않고 남의 말에 흔들리지 않았다. 이로써 그는 패배할 싸움을 승리로 이끌었다. 옛적의 명장 名將이라 한들 어찌 이보다 훌륭할 수 있겠는가!"

그리고 조조는 우금을 익수정후 益壽亭侯에 봉했다.

우금은 위기 상황에서도 침착하게 상황의 경중과 완급을 구분하여, 나라의 위기를 먼저 해결한 후 자신의 위기를 해결하고자 했다. 소소는 나라를 먼저 살피는 우금의 태도를 긍정적으로 평가했다.

모든 일을 경중과 완급에 따라 처리하기는 쉽지 않다. 그러나 어떤 상황에서든 임기응변으로 대응하는 것은 효율적일 수 없다. 항상 냉정하게 상황의 경중과 완급을 판단한 후, 그 안에서 핵심을 선택할 수 있어야 한다. 이것은 계획을 세울 때 가장 기본적으로 고려해야 할 요소이며, 성공하는 사람들이 가진 가장 중요처럼 전체적인 것을 먼저 생각하는 관점은 전략을 세우는 기본이다.

역사에서 배우기

어느 날 수업시간, 선생님은 교탁 위에 수조를 올려놓고 그 안에 자갈을 가득 채웠다. 이윽고 수조가 채워지자 선생님은 학생들에게 물었다.

"지금 이 수조가 가득 차 있는 것 같나요?"

"네!"

학생들은 일제히 대답했다.

"진짜 그럴까요?"

선생님이 웃으며 물었다. 그리고 이번에는 교탁 아래에서 작은 자갈들을 꺼내서 수조 안에 쏟아 부었다. 수조를 몇 번 흔들자, 작은 자갈들은 자갈 틈새를 채워 들어갔고, 선생님은 더 이상 들어가지 않을 때까지 작은 자갈조각으로 수조를 다시 한 번 채워 넣었다. 선생님이 학생들에게 다시 물었다.

"지금 이 수조가 가득 차 있을까요?"

하지만, 이번에는 선뜻 나서서 대답하는 학생이 없었다.

잠시 후, 한 학생이 작은 목소리로 대답했다.

"아직 가득 차지 않은 것 같아요."

"그렇지!"

선생님은 학생의 대답을 들은 후, 이번에는 수조 안에 모래를 쏟아 붓기 시작했다. 그리고 학생들에게 다시 한 번 물었다.

"지금 이 수조가 가득 차 있는지 아닌지 누구 말해 줄 수 있는 사람?"

"아직이에요."

이번에는 반 학생 전체가 일제히 대답했다.

"아주 잘했다!"

선생님은 이치를 빠르게 깨달은 학생들의 영특함을 칭찬했다. 그리고 마지막으로 이번에는 물을 한 병 꺼내서 이미 자갈과 자갈조각, 모래 등으로 채워진 수조 안에 쏟아 부었다. 여기까지 끝내자 선생님은 진지한 얼굴로 학생들에게 물었다.

"지금 이 실험을 통해서 내가 알려주고자 하는 교훈이 무엇인지 아는 사람?"

학생들 사이에서는 잠시 침묵이 흘렀다. 이때 한 학생이 자신감 있게 손을 들고 대답했다.

"아무리 바쁘고 할 일이 많아도 시간만 잘 배분할 수 있다면, 좀 더 많은 일을 해낼 수 있다는 것입니다."

선생님은 학생의 말에 고개를 끄덕이고는 미소를 띤 채 말했다.

"그것도 좋은 대답이다. 하지만 내가 생각했던 정답은 아니란다."

여기까지 말한 선생님은 잠시 멈춰 서서 학생 전체를 천천히 훑어본 후 입을 열었다.

"만일 가장 큰 자갈을 먼저 수조에 넣지 않았다면, 수조에는 영영 다른 것들이 들어갈 공간은 없었을 것이란 것, 이것이 바로 선생님이 너희들에게 들려주고 싶은 말이었단다."

살다 보면 각양각색의 문제나 어려움과 마주하게 될 때가 있다. 그럴 때마다 이리저리 정신없이 뛰어다닐 때도 있고, 한 가지에 신경 쓰다가 다른 하나를 잊어버리는 일도 있다. 이익과 손해의 기준이 무엇이건 간에, 처음부터 끝까지 모든 것을 완벽하게 해내기란 거의 불가능하다. 이때, 가장 필요한 것이 바로 이 가운데에서 가장 시급한 일을 선택하여 해결하는 능력이다. 가장 중요하고 시급한 일부터 해결해 놓았을 때, 비로소 다른 문제를 해결할 수 있는 여유가 생긴다. 이 사실을 망각한다면, 허둥대며 시간을 낭비하다가 정작 시급한 일을 해결할 시기를 놓쳐 버릴 수도 있다.

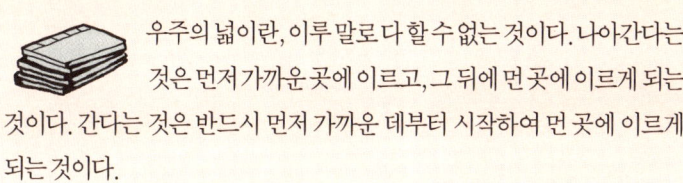

우주의 넓이란, 이루 말로 다 할 수 없는 것이다. 나아간다는 것은 먼저 가까운 곳에 이르고, 그 뒤에 먼 곳에 이르게 되는 것이다. 간다는 것은 반드시 먼저 가까운 데부터 시작하여 먼 곳에 이르게 되는 것이다.

묵자 · 대취大取

인간의 노력이 하늘을 이긴다

맡은바 최선을 다하라

"약이적지소위충신자若以翟之所謂忠臣者,
상유과동즉미지이간上有過則微之以諫,
이유선즉방지상이무감이고已有善則訪之上而無敢以告,
외광기사이입기선外匡其邪而入其善."

묵자 · 노문魯問

제가 생각하는 충신이란 왕에게 잘못이 있으면 기회를 보아 그 잘못을 간언하고, 자기에게 좋은 의견이 있으면 왕께 상의하되 감히 그것을 다른 사람에게 발설하지 않으며, 왕의 잘못을 바로 잡아 바른 길로 인도하는 사람입니다. 최선을 다해 자신의 책임을 지고 있는가의 여부는 평소 일하는 중에도 자연스럽게 알 수 있다. 자신의 책임을 다하는 사람은 겉과 속이 같고 말과 행동이 일치하며, 현실에 안주하지 않고 더욱 발전하기 위해 끊임없이 노력하고 매사에 소홀함이 없다. 또한 나라에 공헌함에 있어도 결코 조건을 내세우지 않으며, 방법을 찾으려 할 뿐 변명을 찾지 않는다.

사람들은 세상의 삶에서 각기 다른 역할을 담당한다. 그러나 그 사람이 세상에서 어떤 역할을 하고, 어떤 행동을 하는 사람이건 간에, 모두 다른 사람에 대한 책임을 지며 살아가고 있다. 이것이 바로 사회의 법칙이며, 도덕과 정신의 법칙이다.

어려움을 꿋꿋이 견뎌내고 성공의 순간에도 평정을 유지하며, 절망에 빠져도 다시 일어설 수 있는 힘, 이것이 바로 우리를 지탱하고 있는 책임이란 존재이다. 고난과 시련을 극복하는 것은 자기 자신을 위한 일일 뿐만 아니라 동시에 다른 사람들 그리고 사회 전체를 위한 일이기도 하다.

공맹자가 묵자에게 말했다.

"군자는 점잖게 조용히 기다리고 있다가, 누가 물으면 대답하고 그렇지 않으면 가만히 있습니다. 이것은 종을 치면 그것이 울리고, 치지 않으면 울리지 않는 것과 같습니다."

이에 묵자가 말했다.

"말에는 세 가지 종류가 있습니다. 말씀하신 그중 한 가지일 뿐이며, 그마저도 당신은 그 안에 담긴 의미를 알지 못하고 있습니다."

왕과 대신들이 음란하고 난폭한 행동을 일삼는다면, 군자가 직접 나서서 그것을 간언할지라도, 오히려 그들로부터 불손하다는 비난을 받을 것이다. 또한 그들의 측근을 통해 조심스럽게 간언해도 그들은 여전히 사사로이 분쟁을 일으킨다 하여 군자를 비난할 것이다. 이것이 바로 군자가 의혹을 품어도 말하지 않는 이유이다.

왕과 대신들의 잘못된 정치로 나라가 위기에 처한다면, 이것은 쇠뇌가 튕겨지려는 것과 같이 위급한 처지이다. 이때, 군자는 반드시 그 위급함을 간언해야 하며, 이것은 국가에 이익을 가져올 것이다. 이것이 바로 종을 치지 않아도 소리가 울리는 경우이다.

왕과 대신들이 나쁜 짓을 일삼는다면, 설사 매우 뛰어난 병서를 얻을지라도 그것을 악용하여 죄 없는 나라들을 해치는 정복 전쟁에 나설 것이다. 전쟁을 일삼는 왕은 이런 물건을 손에 넣으면 반드시 그것으로 영토를 넓히고 백성들의 재물을 약탈하고자 한다. 그러나 이 같은 전쟁은 왕과 그 자신의 나라, 그리고 공격당한 나라에게 모두 손해를 끼칠 것이다. 이 역시 종을 치지 않아도 울리는 경우이다.

묵자는 신하들이 왕에게 대담하게 자신의 의견을 간언하거나 묵묵히 침묵을 지켜야 하는 때가 언제이건 간에, 신하는 반드시 자신에게 주어진 책임을 다해야 한다고 분명히 주장했다.

그는 「친사」를 통해, 신하가 자신의 벼슬과 이익만을 중요하게 여기고 국가의 일에 대해서는 아무런 간언도 올리지 않는다면, 그 나라는 반드시 위기에 처할 것이라고 했다.

그렇다면 맡은 바 책임에 최선을 다하는 신하가 나라를 위해 성실히 일한다면 어떻겠는가? 기원전 490년 마라톤 평원에서 벌어진 그리스와 페르시아의 전쟁에서 결국은 그리스가 최후의 승자가 되었다. 그리스 지휘관은 이 기쁜 승전보를 조금이라도 더 빨리 아테네 시민들에게 알릴 것을 당부하며, 페이디피데스Pheidippides를 아테네로 보냈다. 그는 임무를 완수하기 위해 마라톤 평원에서부터 아테네까지 한시도 쉬지 않고 달렸고, 결국 아테네에 도착하여 승전보를 알릴 수 있었다. 그러나 피곤에 지친 그는 임무를 완수한 후 곧 쓰러져 죽고 말았다. 1896년, 그리스 인들은 자신의 책임을 완수하기 위해 끝까지 달린 페이디피데스의 정신을 기리기 위해 제1회 올림픽 대회의 육상경기 종목으로 그가 달렸던 거리를 기준으로 한 마라톤 종목을 선정했다.

묵자는 자신에게 주어진 책임을 성실히 다하고, 그것을 훌륭하게 완수해 내야 한다고 주장했다. 맡은 바 책임을 다하는 것은 처세의 기본이자, 가장 중요한 태도이다. 사회학자 킹슬리 데이비스 Kingsley Davis는 이렇게 말했다.

"자신에게 주어진 사회적 책임을 방치하는 것은 자신이 이 사회에서 영위할 수 있는 더 나은 기회를 포기하는 것이다."

맡은 바 본분에 책임을 다한다는 것은 인생의 의무를 용감히 감당하여, 적극적인 자세로 주어진 사명을 성실하고 훌륭하게 완수해 내는 것을 의미한다. 그러므로 묵자는 책임감을 가지고 그 사명을 다하기 위해 노력하라고 말했다.

역사에서 배우기

덩펑登封은 허난河南성의 정조우鄭州, 뤄양洛陽, 핑딩산平頂山 세 도시가 만나는 곳에 위치한 중국의 오래된 도시로서, 송산嵩山과 소림사少林寺로 잘 알려진 곳이다. 그러나 현대에 들어서 덩펑은 하루 백만 이상의 유동인구가 움직이고 암흑가 조직들이 활개를 치는 번화와 범죄의 도시로 변화했다. 매년 30여 곳의 성省을 대상으로 실시되는 도시생활 환경평가에서는 항상 꼴찌를 도맡았고, 그로 인해 시민들의 불만이 높았다.

2001년 4월, 이 덩펑 시의 신임 공안국장으로 당시 37세의 런창샤任長霞가 부임해 왔다. 당시 공안국 내부에서는 젊은 여성이 혼자 힘으로 과연이 덩펑 시를 제대로 관리할 수 있을지를 두고 의견이 분분했다. 그러나 그로부터 보름이 채 지나기도 전에 이미 시민들은 그녀를 '런청천(任青天, 중국에서는 청렴한 관리를 포청천에 비유한다-역주)'이라는 별명으로 부르기 시작했다.

취임 초기, 런창샤는 시골 아낙네로 위장하고 직접 잠복수사에 뛰어들어 당시 덩펑 시에서 물건강매와 금품갈취를 일삼고 있던 '칸다오' 조직을 단번에 소탕했다. 신분을 숨기고 적진에 뛰어 들어 삽시간에 폭력조직을 소탕한 여성 공안국장의 흥미진진한 활약상은 덩펑 시민들 사이에서 큰 화젯거리로 떠올랐다.

크고 작은 사건들이 연이어 처리되는 가운데, 또 한 차례의 대형 사건이 발생했다. 바로 피 묻은 손자국이 선명한 한 통의 고발장이 접수된 것이다. 그 한 통의 고발장은 런창샤를 왕송(王松) 일당 검거에 총력을 기울이게 만들었다. 당시 왕송은 백사호(白沙湖, 숭산의 6대 명소 중 한 곳-역주) 지역을 무단으로 점거하고 살인을 일삼고 있었다. 밝혀진 피해상황만 해도 7명의 사망자를 비롯해 백여 명 이상에 달하는 대형 사건이었다.

그로부터 한동안 런창샤는 두문불출하며 이 사건의 전말에 대한 조사를 실시했다. 공안국 사람들조차 공안국을 출입하는 그녀의 차와 밤늦게까지 꺼지지 않는 직무실의 불빛으로만 그녀가 공안국 내부에 있다는 것을 확인할 수 있을 정도였다. 결국 그녀는 왕송은 물론 그 일당 67명을 모두 검거하는 데 성공했다. 이 사건은 2001년도 중국의 10대 범죄안건에 기록되었다.

런창샤는 1998년도 12월에도 시민제보를 통해 입수한 정보를 토대로 폭력조직원들을 검거한 경력도 있었다. 당시 한 범죄조직이 정조우 망산

邙山에서 죽은 조직원의 제사를 준비한다는 정보를 입수한 그녀는 2명의 지원 인력만을 이끌고 새벽 3시부터 잠복근무를 강행하여 폭력조직원들을 검거한 것이다. 비록 두목급의 요주 인물 2명을 놓쳤지만, 조직폭력배 소탕에 큰 공을 세웠다.

범죄자들은 런창샤의 감시망에 걸리면 결코 도망칠 수 없음을 잘 알고 있었다. 한번은 그녀의 가족을 납치하여 자루에 넣어서 황하 유역에 버려두는 것으로 그녀를 위협했던 적도 있었고, "그냥 눈감고 내버려 둔다면 돈은 얼마든지 제공할 수 있소"라는 말로 그녀를 회유하려는 시도도 있었다. 힘들고 피곤할 뿐만 아니라 위험하다는 이유로 그녀의 어머니는 딸에게 공안을 그만둘 것을 계속 권했지만, 런창샤의 대답은 늘 한결같았다.

"이런 일이 두려웠다면 처음부터 공안이 되지도 않았을 겁니다."

혼신의 힘을 다해 자신의 직무에 책임을 다했던 그녀의 태도는 시민들의 민원을 처리하는 모습에서도 엿볼 수 있었다.

런창샤는 덩펑 시에 부임해 온 후, 공안국의 민원접수과의 규모를 대폭 확대했으며, 매주 토요일에는 직접 자신이 민원접수 데스크에 앉아 사무를 처리했다. 그녀가 민원접수 데스크에 앉았던 첫 날은 신청자가 폭주하는 바람에 새벽부터 밤 11시까지 한시도 쉬지 못할 정도였다. 당시 민원접수과의 송하이런宋海仁 과장의 기록에 따르면, 그녀가 처음 부임해 왔던 2001년의 사건접수가 총 3,683건에 달했지만 2002년에는 3,155건, 2003년에는 1,113건으로 감소한 것으로 나타났다.

덩펑 시의 변화가 런창샤 한 사람만의 힘으로 이루어진 것이라고는 할 수 없다. 그러나 그녀는 분명 덩펑 시민들에게 희망의 빛을 가져다 주었다.

책임의식과 그것을 감당할 수 있는 용기를 지닌 사람은, 자신이 짊어진 책임의 무게로 인해 그 삶의 무게가 더 무거워진다. 런창샤가 바로 그런 인물이다. 그녀는 자신의 어깨에 지어진 책임의 중요성을 정확히 알고 있었고, 두려워하거나 도망치지 않았다. 그녀는 항상 자신의 직무에 충실했고, 공직에 있는 사람으로서 나라와 시민들을 일에 전력을 혼신의 힘을 다했다.

선을 행하는 사람과 그렇지 못한 사람에 관해 듣게 되면 모두 그것을 윗사람에게 알려야 한다. 윗사람이 옳다고 여기는 것은 반드시 모두가 옳다고 여겨야 하며, 윗사람이 그르다고 여기는 것은 모두가 그르다고 여겨야 한다. 윗사람에게 허물이 있으면 그것을 바르게 간언하며, 아래에 선하고 현명한 사람이 있으면 그에 대해 알아본 후 추천해야 한다. 위로는 윗사람과 뜻을 같이 하고, 아래로는 나쁜 사람들과 결탁하지 않는다. 이 같은 이들은 윗사람에게 상을 받을 것이며, 아랫사람들에게서는 칭찬을 받을 것이다.

묵자 · 상동

맡은 바 최선을 다하라